# 情報体の哲学

●デカルトの心身論と現代の情報社会論

La Philosophie
de l'Entité
informationnelle

CORPS

ENTITÉ
INFORMATIONNELLE

ESPRIT

INTELLIGENCE
COLLECTIVE

DUALISME

曽我千亜紀
SOGA Chiaki

ナカニシヤ出版

# 序

本論で目指されているのは、端的に言えば、デカルト哲学と情報社会論の融合である。一七世紀の近代の哲学者と、非常に現代的な視点とがどのように結びつきうるのか、訝られる向きもあるかもしれない。情報社会論の思想的側面に詳しい人であれば、なぜデカルトなのか、ネットワークを論じるために有用なのはむしろ『モナドロジー』を著わしたライプニッツや、現代のポストモダン思想ではないのかと問いたくなるに違いない。しかしここでは敢えて、二元論の祖とも言われるデカルトを基盤に置き、これまでの彼の二元論についての理解が一面的であることを指摘したうえで、二元論の新たな側面――これこそが二元論を主張するために最も重要な側面を担うと私は考えるのだが――について論じていきたい。二元論の最も重要な点とはすなわち、二項（デカルトで言えばそれは精神と身体として現われる）の区別と合一を両立させるということである。分けることと合わせることを同時に成立させることなど不可能なように思われる。だが、その不可能に思われる側面を、私たちの認識の枠組みに即して語ろうとしたのがデカルトであった。

私はここで、〈情報体〉（entité informationnelle）という新たな概念を提起したい。〈情報体〉は区別と合一というういわば矛盾した場面をまとめ上げる一つの概念である。たとえば情報と主体の問題（すなわち情報とその担い手をどのように区別するか、両者をどのように融合させるかといった問題）や、個と集合の問題（個々の存在を結びつけ集合へと至らせること、しかも集合に埋没しない個を保つことは可能かといった問題）などが、〈情報体〉という概念を通して捉え直されたとき、そこに新たな視点が生成するのである。

本論では、現代の具体的な問題や実践的場面にその都度目配りはするが、個々の事例を解決することを目的とはしない。むしろ、様々な事例の背後に共通して横たわる視点や考え方を顕在化させ問題化し、今現に起こっている問題だけでなく、今後起こりうる問題や現時点では想定されえない問題にも対処しうるような柔軟な思想を提供したい。その意味において本論は、情報工学や情報科学分野における実践的研究と相補的である。情報論の理論的側面という一面を担うのが本論の役割である。今後、本論と実践的研究とが融合し、両者を合わせて捉えることによって、情報学の新たな様相へと移行することができよう。それこそがまさに、二項の区別と合一の実現である。

本論は四部から構成されており、各部は二つの章から成っている。

第Ⅰ部では、デカルトの二元論を取り上げ、普通は同じレベルで捉えることを断念される心身の区別と合一の両立がどのような意味で可能となるかを論じる。区別と合一の両立こそが、情報体という現代の情報社会思想へと結びつく契機となる。

第Ⅱ部以降、情報体が具体的にどのような場面で関わってくるのかを、情報思想の重要なテーマに従って考察していく。心身問題にとどまらない二項の区別と両立を問題とする。第Ⅱ部では情報と主体が主題となる。情報とは何か、知とは何か、それを担う主体とは何かが問われる。情報や知、主体についての一般的理解が、考察を進めていくにつれて徐々に変容していく。最終的に、情報や知と主体とをまとめ上げる存在――情報体という概念を導入することによって、個々の存在がネットワークへと到達しうる途を拓く。

第Ⅲ部では、情報表現と解釈が主題となる。情報の価値づけ（それをリアリティの問題として捉え直す）とハイパーテクストのレクチュールとエクリチュールに注目する。そこでは、情報と関わる際、有用性や有効性といった側面だけではなく、創造性や独創性といった価値観もまた重要となることを示す。情報を解釈したり表現したりする際の、一つの理想的な形がそこでは語られる。

第Ⅳ部では、サイバースペースにおける他者との関係の構築が問題となる。ここではとりわけ情報倫理の視点から思考が進められる。私は敢えて肯定的で楽観的な論じ方をした。情報倫理の新たな可能性を拓くには、そのような論じ方をおいて他にはないと考えるからである。集合的知性の一つのあり方が、情報体という概念を通して明らかとなる。

本論を貫くのは、デカルト思想と情報体である。一挙にネットワークへと繋ぐ思考ではなく、段階を追って広げていく方途、すなわち、個から集合へ、個別の情報からサイバースペース全体を覆うテクストへ、段階を追って積み上げる方法自体をデカルトに倣っている。そこにおいて、情報体という新たな概念が重要な役割を果たす。区別と合一を併せ持つこの概念を導入することによって、情報論の様々な場面で（あるいは個から集合へ、個別の情報からテクスト全体へと射程を広げていく際に）、多層的で多義的な世界が広がっていることを示すことができるだろう。

情報体の哲学

――デカルトの心身論と現代の情報社会論――

＊目次

序　*i*

## 第Ⅲ部 ハイパーテクスト

# 情報体の哲学

――デカルトの心身論と現代の情報社会論――

カバーイラスト：Julien MENANT

# 第Ⅰ部　区別と合一の両立——二元論再考——

ここでは、私たちの議論の基盤となる二元論について考えていく。二元論的思考は、一般的には、すでに超えられてしまったとみなされることが多い。とりわけ、情報社会論を論ずるにあたっては批判の対象となり、ネットワーク構造を考えるには適さないとされる。だが、二元論は単なる二項対立を意味しない。私たちはここで、精神と身体の区別と合一について考察し、二元論の新たな可能性を探求する。それと同時に、合一する精神と身体が生み出す情報についても考察する。因果の法則を再問題化することによって、情報生成の新たな側面が明らかとなるであろう。

# 第一章　多層的二元論

本章では、デカルトへと遡り、二元論がどのように打ち立てられていったのか、その過程を詳細に検討する。そのとき、重要となるのはこれまでの研究では軽視されがちであった想像という概念である。精神と身体とを繋ぐ二面性を持つ想像概念を積極的に捉えることによって、二元論の新しい解釈を提起する。それによって、二元論的思考が固定的で閉じたものではなく、ネットワーク思考へと積み上げていきうるような動的で開かれた思考であることを示す。私たちはここで、いわば多層的な二元論の可能性を探求する。

## 1　二元論の問題

私たちは事象を捉える際に、無意識に二元論的視点、あるいは二元論的思考の枠組みを引き入れている。そのうえで二項のうちの一項を重視し、他項があたかも存在しないかのようにみなし、いわば一元論でしかないような世界観を打ち立てる。たとえば、精神と物体（身体 corps）とを区別し、精神を蔑ろにする形で発展してきた科学がそれである。そして、物体的秩序のみを重視するこのような人々はすでに二元論を超えたと考え、そもそもの出発点である二元論的視点を批判するのである。しかし、二項のうちの一項を忘却しながら二元論を乗り越えたと言いうるのであろうか。もし二元論を超える方途があるとすれば、それは二項を二項ともに正当な仕方で捉え直し、それぞれを位置づけたうえで探求されるべきである。しばしば見られる二元論的思考に対する批判は、むしろ二項対立的思考への批判であることが多い。しかし二元論と二項対立は同義ではない。なぜなら、二元論とは単なる二項の分離とその対立を主張するものではなく、さらにその先を見据えた思考だからである。

二元論の祖として批判の対象となるデカルトは、ただ単に二項の分離、すなわち精神と身体の区別のみを主張したのではなかった。デカルトはコギトへの到達後――精神を身体から引き離した後――、物体的事物の存在証明をなし、精神と身体の合一を論ずる。ここにこそデカルト的二元論の最も重要な点を見るべきである。分離と合一を同一のレベルで語ることが要請されているのだ。しかし、デカルトが精神と身体とを入念に区別する歩みと、身体（物体）の存在を打ち立てる歩み、そして精神の側と身体の側の両方から合一を語ろうとするその態度を丁寧に追わなければ、その最も重要な点を見極めることはできない。一般に私たちは、すでに分けられたものとして精神と身体（物体）を独立項として前提する（二元論を二項対立として捉える立場はここに由来するのであろう）。そのとき、私たちは心身の区別と合一がなぜ両立しうるのか理解できなくなってしまう。すでに述べたように、身体（物体）的振る舞いに重きを置いて精神を蔑ろにするか、あるいはまた、デカルトが出発点とするコギトの高みをむしろ終着点とみなし、その後に続くデカルトの歩みを辿ることをやめてしまう。

問題は哲学の世界にとどまらない。現代の情報哲学あるいは情報社会論においても事態は同様である[1]。情報論を語る際に大きな問題の一つとなるのは、情報とそれを解釈したり受け取ったりする主体との関係である。一般にこの問題を論じる際に人々が立脚しているのは、二元論的視点を背景にしながらも、二項のうちの一項のみを強調するか、あるいは区別された二項の位置づけをなしえないままに二項の合一を語るか、そのどちらかの立場である。そして、二元論はすでに乗り越えられたと主張するのだ。情報や情報に関わる主体を語るとき、情報の物体的側面のみが強調されたり、[2] あるいは逆に情報伝達の身体的側面が忘れられ、観念や意味だけがひとり歩きしている場合[3]がそれである。たとえば、情報の能動性のみに注目する人々は、情報の解釈者とは常に受け身であって、情報に対して事後的に規定される存在だと考えるであろう。その一方で、主体の能動性のみに注目する人々は、情報は主体あっての存在であって、独立した力など決して持ちえないと考えるに違いない。このような理解はもはや二項対立や二元論ですらなく、もともとの二元論が忘れ去られ、準‐一元論とでも言うべき立場になっている。たとえ、二つの次元や二つの事項を立てることを念頭に置いていたとしても、情報や主体の物体（身体）的側面と観念的側面の理解が曖昧なままに、その両面を含み込む議論がなされてしまう。このとき、二項を区別する境界はなし崩しに消し去られ、事態はむしろ二元論確立以前の混沌へと逆戻りしているようにさえ見える。

私たちが目指すのは、すでに乗り越えられたとみなされている二元論を再び取り上げることである。しかも、二元論的秩序をいったん認めておいて、その二項をそれぞれ個別に検討し、しかしながら両者の合一を同時に成立させようとするものである。そのために参考となるのは、二元論を打ち立てながら合一をも語った、しかも区別と合一の両立を問題とすらみなしていなかったデカルトの議論である。二元論が、デカルトが目指したような本来的な仕方で位置づけられた後に、情報学へと接続される途を探求したいのである。二元論に拠っていてはその到達が非常に困難だと考えられていたネットワーク的思考への途を、私たちは二元論を再考することによって拓こうとする。

## 2　デカルトの歩み

デカルトの二元論は、普通、コギトを頂点とする「思惟する私」と、神の存在証明の後に明らかになる物体的事物の存在、すなわち「身体」の存在との区別に重点が置かれる。[4] しかしながらデカルトは、区別の後に、心身の合一を語る。それは単なる日常生活のレベルではない合一の相である。私たちは心身の区別と合一を同一のレベルにおいて保持するよう努めたいと思う。

しかしながら、デカルトの主著『省察』およびその『反論と答弁』にとどまっていては、区別と合一についてのある一つの様相しか見えてこない。『省察』においては合一よりも区別が強調され、ややもすれば私たちは合一の相へと戻るのに困難を覚えるほどである。それは、あまりにも緊密に結びつき、むしろ混合してしまっている精神と身体（物体）を分け、精神を身体から引き離すことにデカルトが力を注いでいるからである。[5] だが私たちは、デカルト自身が表立って語ることのなかったもう一つの様相を明らかにするために、別の側面から区別と合一に光を当てようと思う。そのときに手がかりとなるのが「想像」(imagination) 概念である。「想像」とは、その語感から私たちが思い浮かべるようなある種の精神的働きの名であるとともに、実際の身体的器官でもある。少なくともデカルトはそのように考えていた。この二面性を含む概念を介してしか、区別と合一のもう一つの次元は顕在化しない。

### 2-1　思惟する「私」

デカルトはまず、疑わしいものをすべて敢えて偽なるものであるとみなす誇張的懐疑を経て、考える限りで存在する私を見出す。[6] 私とは考える働きそのものであって事物ではない。[7] デカルトが思惟実体としての「我」（ego）を語るとき、そこにはいかなる物体性も付与されていないことに注意しなければならない。

このような精神は身体とは独立に存在する（デカルトにとって身体とはむしろ物体的事物へと還元して理解すべきものであり、そこにおいて精神的要素を見てはならない）。二元論のうちの第一の項がここで確立されるのである。普通、デカルトにおいて強調されるのは、この精神と身体の区別である。形而上学側面に注目する人々は、思惟実体としての「我」をめぐる議論を展開し、その後に続く物体的事物の存在証明や、身体との合一に関しては詳細に考察することをやめてしまう。いわゆる観念論を展開するのである。一方、精神とは切り離された物体の独立性に注目する人々は、事物の振る舞いのみを法則化し、あたかも精神が存在しないかのようにみなして、物体の運動によって世界を説明しようとする。いわば物体一元論である。

ところがデカルトは、いったん区別した精神と身体とを、身体と精神の合間に存在する身体的器官であり精神的能力でもある二面性を持つ想像という概念によって接続する。区別とともに合一を理解するのである。私たちはここに二元論の最も重要な点を見出す。精神と身体の狭間に位置するこの特異な想像概念は、一見矛盾とも思える区別と合一の両立をどのような仕方で可能にするのか。

### 2-2　想像と感覚

デカルトは、「第六省察」において感覚を分析することによって心身合一を証明した。しかしながら、合一を証明する際、最初に言及されるのは感覚よりもむしろ想像であり、仮説としてではあるが、合一の働きを説明するのは想像である。だが、想像の分析は物体的事物の存在を証明するには到らず、また、合一を証明するにも充分ではなく、デカルトは結局、議論を感覚へと移すこととなる。デカルトがビュルマンに語ったように、想像の窓は「閉じている」のである。[8] 想像は本来的に精神と身体の二側面を含んでいるにもかかわらず、感覚の分析の後、デカルトはもはや想像による合一の説明へと戻ることはない。

もし想像が、心身合一を証明しえないのだとすれば、デカルトはなぜ感覚の前に想像に言及したのであろうか？　この回り道は何を意味するのか？　そのうえ、物体的事物の存在証明の後でさえ、想像による合一の説明へと戻ることはない。なぜか？　これらの問いに答えるには、感覚から区別される想像の定義から始めなければならない。そのために、デカルトによって最も想像が積極的に捉えられている『規則論』に遡ることにする。『規則論』を読み直すこと、とりわけ『規則論』における想像概念の再考は、『省察』における（さらには諸々の書簡における）合一の問題に別の観点から光を当てることを可能にするだろう。

## 2－3　感覚の分析についての先行研究

心身合一の問題は、一般的に、次のような問いに集約される。心身の実在的区別のあとでどのように合一を理解すべきか？　『省察』の読者は、心身の区別と合一を両立させるのに困難を覚える。しかしながらデカルト自身は、心身合一をさほど問題と思っていなかった節がある。心身の区別に比べて合一に与えられた説明はごくわずかである。だからこそ『省察』の読者による、心身の区別を「証明しすぎている」という批判や「精神は物体的事物の様態だ」というレギウスの「擁護」を、デカルトは驚きをもって読んだ。[9] 彼らが何を理解しないのか、その問題点をはかりかねているようにも見え、デカルトはこの点についてついに読者を説得することができなかった。[10]

しかしデカルトが心身の合一について心身の区別ほど語らなかったとしても、まったく言及していないというわけではない。たとえば「第六省察」においては、痛み、飢え、渇き等々といった感覚によって、自然が私の身体に必要なものを教えると言われる。その教えが信用に値するのは、自然の秩序を確立したものがまさに神だからである。ところで、自然はまた痛みや飢えといった感覚によって次のことも教える。「私が自分の身体に水夫が舟に乗っているような具合に、ただ宿っているだけなのではなく、さらに私がこの身体ときわめて密接に結ばれ、いわば混合しており、かくて身体とある一体を成していること[11]」、そうでなければ、「思惟するものに他ならない私は、そのために苦痛を感ずることはなく、ちょうど舟のどこかが壊れた場合に水夫が視覚によってこれを知覚するように、純粋知性によってその傷を知覚するだけであろうし、また身体が食べ物や飲み物を必要とするときでも、私はこのことをはっきり理解するだけであって、飢えとか渇きとかの混乱した感覚をもつことはないであろうから[12]」である。それゆえ、飢えや渇きといった感覚は「精神が身体と合一し、いわば混合していることから起こるところの、ある混乱した意識様態に他ならない[13]」と言われるのである。同様の主張はすでに『方法序説』「第五部」においてなされていた。肢体を動かすだけならば、「理性的精神は、水先案内人が舟に乗っているような具合に、人間のからだの中に宿っている[14]」と言うだけで足りるであろう。しかしながら、「われわれのもつような感情や欲求をもつことができ、したがって、一人の真の人間を形づくることができるためには、精神は身体にさらに密接に結ばれ合一しているのでなければならぬ[15]」のである。

このように、デカルト自身が合一は感覚によって教えられるとしたため、たとえばマルシャル・ゲルーは感覚の正当化を行なおうとする。それは、延長する事物がなぜ熱や冷といった曖昧で多様な質を持っているのかを説明することでなされる。ゲルーは「神の誠実」の議論を持ち出して、感覚を正当化しようとする。こうして質の曖昧さおよびここから生ずる誤りの原因は神にはないことが証明されるのである[16]。あるいは、他の解釈者たちは身体の精神に対する影響だけでなく、両者の相関関係を示そうとする。たとえばアンリ・グイエは、ガッサンディやアルノーが実体的合一を理解できないのは、心理的困難のためであると断ずる。そして合一を二つの事物の合一ではなく、二つの力の合一において理解すべきだと主張する。彼は、感覚的経験の領域に訴えて、身体の精神に対する作用だけでなく、精神の身体に対する作用にも注目する。[17]

たしかに、感覚による合一の証明の分析はいくつかの事柄を理解する手助けとなる。第一に、身体の精神への影響である。飢えや渇きなど、私たちの意志とは無関係に生じるものが、精神の受動性を明らかにしている。第二に、この分析は、心身合一が直接的に知られる経験の領域を導入する。しかしながら、この分析は精神と身体の同時的働きを等閑視しているように思われる。たとえばグイエは心身の相互作用を論じていたが、二つの作用を別々に、すなわち精神の能動（あるいは作用）と身体の能動を独立して説明していた。ところで、想像の概念は本来的に二つの側面を含むのであった。それゆえ、想像を分析することによって、感覚が示しえなかったもう一つの別の次元、精神の能動と身体の能動をともに一つの運動として捉えうる次元に到達できるのではないか。この予想のもとに、以下詳細に想像の概念を検討していく。

## 2-4　想像の役割——合一の主な座

想像についての最も豊富で、最も積極的な説明は若きデカルトによる未完に終わった著作『規則論』(*Regulae ad directionem ingenii*)[18]において見出される。『規則論』によれば、想像は精神の能力の一つでもあり、同時に脳内に位置する身体的器官でもある。デカルトはまず、暫定的に精神と身体を区別し、二つの側面から、すなわち精神の側からと身体の側から、認識のメカニズムを説明しようとする。想像とは、認識能力の一つであると同時に、「延長を持ち形を持つ実在的な物体」[19]でもある。後に共通感覚あるいは松果腺と呼ばれるこの器官は、心身合一の要でもある。松果腺とは、現在では松果体とも言われるホルモンを分泌する器官である。言うまでもなく、今ではこの器官を介して心身が相互作用するとは考えられておらず、むしろデカルトの生理学を批判する理由の一つとなってしまっている。だが、ここでは敢えてデカルトの見解を受け入れて議論を進めていく。アランも言うように「この松果腺なるものは、〔……〕身体のあらゆる運動は常に全体的に精神に働きかけ、また一方精神は身体のあらゆる運動に全体的な変化を与えるというまさにそのことを、われわれに表象せしめるために、想像力に与える一つの補助手段なようなもの[20]」であるからだ。精神は身体全体と結びついているが、その主な座はここにこそある。

さて、想像という器官は具体的にどのように働くのであろうか？　デカルトが認識のメカニズムを説明するのは「規則一二」においてである。私たちは純粋知性の他に、感覚、想像、記憶といった認識能力を持つ。知性はこの三つの能力によってあるときは妨げられ、あるときは助けられる。これらの能力をうまく用いるためには、その特性を知らねばならない。感覚、想像、記憶は、作用するために身体的場所を必要とする。感覚は感覚器官に、想像と記憶は想像（phantasia vel imaginatio）と呼ばれる脳内の器官にその座を持つ。その他に、感覚器官と想像の中間に位置する、受け取られた知覚を統合する共通感覚（sens commun）がある。共通感覚は、伝統的には、多様な感覚器官から受け取られた外部感覚をまとめ上げる能力として捉えられている[21]。感覚器官によって受け取られた知覚は、受け取られた瞬間に二次元の形象へとコード化される。それはたとえ色であろうと音であろうと、直線によって描かれる図形に置き換えられる[22]。感覚器官によって受け取られたこの形象は共通感覚へと、同時的に、何ら実在的なものが移りゆくことなしに、移される。これはあたかも、ペンの下部の動きが、ペンの上部によって空中に描かれるが如くである。共通感覚はこの形象を、印章が蠟に形を刻印するかのように、想像に印象づける。想像において形象は保存されるのである。この形象がある程度長く保存された場合、私たちはこれを記憶と呼ぶ。想像と記憶は同じ器官を共有する。感覚器官から想像までの伝達はあくまで受動的であり完全に機械的なものである。また想像に刻まれた形象も、想像とともに、精神的要素を含まないまったく身体的なものである。言うならここまでの過程は動物においても見られる、理性の介在しない側面である。しかしながら、この形象を脱コード化するために、純粋知性（intellectus purus）が介入する。

そもそも純粋知性が単独で働くとき、その作用は「理解する（知性によって認識する intelligere）」と言われ、このとき純粋知性は身体をまったく必要としなかった。これは純粋に精神的な力である。しかしこの同じ力、同じ認識の力（vis cognoscens）が、それに関わる身体機能に従って異なる名を持つのである。具体的に見ていこう。純粋知性は想像に保存された形象に自らを向けることができる。このとき形象は脱コード化され、私たちはこれこれのものを「思い出す」。知性が想像とともに共通感覚に働きかけるならば、私たちはこれこれのものを「見たり」「触れたり」するであろう。また、知性が新たな形を作るために想像に働きかけるとき、私たちは「想像する」[23]。こうして、身体内を機械的に伝達された形象は、想像に到ったのち、その解釈を純粋知性に委ねる。純粋知性は想像に保存され、伝達された形象に向き直って脱コード化する。このような受動的で機械的な身体内の伝達と、身体とは区別される、伝達された形象を解釈する精神の認識の力とが同時に働くことによって、認識は成り立っている。このとき与えられる名は機能によって異なるが、本来は唯一の認識の力であり、それが ingenium である。よって、身体的要素をも含む ingenium は精神（esprit）とは区別されなければならない[24]。

ここから私たちは二つの事柄を引き出すことができる。第一に、認識において身体と精神が同時に働くという事実は、合一という事態を表わしている。もちろん、『規則論』におけるデカルトの目的は、心身の区別を語ることでも合一を語ることでもない。だが、「規則一二」における認識のメカニズムの説明は、はからずも、精神と身体の同時的介入と相互作用とを要求している。ここに私たちは心身合一の相を見出すことができる。ただし注意しなければならないのは、たとえば、新たな形を作り出すときに純粋知性が想像という器官に具体的にどのように働きかけるのかといったことはデカルトの興味の対象ではないということである。デカルトは心身合一を実現させることで満足している。第二に、純粋知性が直接に働きかけるのは、たとえ「見たり」「触れたり」するときであっても、想像という器官であるということである。知性は、感覚器官や共通感覚に直接関わるのではなく、常に想像を介して作用する。つまり、想像は精神が身体に働きかけるときの直接的器官となっている。ingeniumが、とくに想像によって助けられた知性を意味するのはこのためである。心身合一は、いわば、想像と知性の間で実現される。

こうして私たちは、想像を分析することにより、合一という事態、とりわけ精神と身体の同時的働きに到達する。ところで、『規則論』において合一とは何を意味していたのか？　デカルトは精神と身体の同時的働きこそが合一だと考えていたのであろうか？

### 2－5　観念の定義――精神は身体によってどのようにかたどられるのか？

デカルトは、想像の働きを説明する前に、ついに『規則論』では答えられることのなかった一つの問いを立てている。それは「身体は精神によっていかにかたどられる（informari）か？[25]」という問いである。これこそがまさに、人間という複合体を形成する仕方である。言い換えれば、初期のデカルトは、人間という複合体のためには、精神が身体をかたどらねばならないと考えていた。複合体としての人間は、身体の受動性と精神の能動性のうちに現われる。この表明の鍵となるのは「かたどる」（informare）というタームである。だが、私たちはこのタームを『省察』の中に見出すことはできない。

しかしながら、このタームは『哲学原理』の中で再び現われる。「人間の精神は身体全体をかたどる（informet）ものではあるが、そのおもな場所を脳の中に持ち、そこでだけ理解し想像し、さらには感覚もする、ということである[26]」。ここで私たちは再び、精神が身体をかたどるという考えを目にするのだ。デカルトが心身合一と脳に位置する合一の座について語るとき、身体の精神に対する能動よりも、精神の身体に対する能動（言い換えれば身体の精神に対する受動）を強調しているように思われる。この仮説を検証するために、デカルトがinformerというタームを用いるもう一つの例を見ることにしよう。それは「第二答弁」における観念の定義の中に現われる。

> 二、観念という語は、それぞれの思考の形相のことであり、形相を直接的に認識することによって、私は当の思考そのものを意識するのである。〔……〕かくして私は想像（phantasia）のうちに描かれた像のみ観念と呼ぶのではない。それどころか、その像が身体的な想像（phantasia）においてある限りは、つまり脳の或る部分のうちに描かれている限りは、私はそれを決して観念とは呼ばない。むしろ、その像が脳のその部分へと振り向けられた精神そのものをかたどる（informare）という限りにおいてのみ、観念と呼ぶのである。(27)

デカルトにとって、観念とは思惟様態である。観念は精神的なものである以上、想像すなわち器官としての想像に描かれた像に観念という名を与えない。ところでデカルトは「第三省察」において観念を「いわば事物の像」であると定義していた。この「いわば」（tanquam）という語は、観念が「本来的に」事物の像ではないということを強調している。観念の名に値するためには、脳の中に描かれているだけでは充分ではない。よって、精神が自らを想像へと振り向け、脳内の像、言うなら身体が精神を「かたどる」必要があるのだ。つまり、『省察』およびその『反論と答弁』においては、身体が精神をかたどること（すなわち身体の能動性）、言い換えれば、精神が身体にかたどられること（すなわち精神の受動性）が重視されているのである。

私たちはすぐに、『省察』における観念の定義が、『規則論』におけるそれとは異なっていることに気づく。デカルトの初期の著作は、堅固な根拠の上に打ち立てられたものでないにせよ、『省察』との多くの共通の要素が見出される。しかし、観念の定義に関しては大きく異なる。「規則一四」において、デカルトは「想像それ自身が、その中に宿る観念もろともに、延長を持ち形を持つ実在的な物体に他ならない」と言っていた[28]。ところで、想像とは「事物の真の観念を形成する」のである[29]。すでに見たように、最終的には精神の力がここに介入するものの、デカルトは身体における観念をより重視する。『規則論』においては、真の観念はむしろ物体（身体）なのである。一方『省察』においては、想像に描かれた観念は必ず精神の介入を要する。『規則論』とは対照的に、『省察』では身体よりも精神の側に重点を置いて観念は理解されるのである。私たちが何らかの観念を持つ際に、どのようなプロセスを経ているのかというその説明自体に、『規則論』と『省察』の間の変化はない。しかし、何をもって本来的な観念とみなすのか、精神と身体のどちらに重点を置くのかという点に大きな違いがあるのだ。『規則論』では観念は身体的であり、『省察』では観念は精神的である。

ここからさらに、『規則論』と『省察』との間のもう一つの違いが見出される。『規則論』においては、脳の中の像をかたどるのは精神の力であった。デカルトは、この力がどのように像をかたどるのかは説明しなかったが、脳の中に新たな形象を形づくる可能性を示唆していた。私たちは、デカルトが複合体としての人間についての問いを立てているのをすでに見た。「身体は精神によってどのようにかたどられるのか?」すなわち、認識するためには、精神が身体をかたどらねばならないとデカルトは考えていたのである。ところで、精神が介入する以前、想像に描かれた像を観念と呼ぶことができた。その重要性にもかかわらず、身体は受動的なままである。いや、むしろ正確には、観念に関わる身体の受動性こそが重要なのである。かたどられる側、すなわち受動性に重きが置かれ、そこに本来的な観念が見出される。それゆえ、「身体は〔……〕どのようにかたどられるのか?」という問いそれ自体が、身体の重要性を示している。つまり、『規則論』において重視されているのは身体の側であり、しかもその重要性は受動性の相のもとに現われる。一方、『省察』においては、脳の中の像が精神をかたどる、すなわち、精神は身体によってかたどられるのであった。『規則論』では身体における像が観念とみなされるのに対し、『省察』においては精神を介さない像を観念と呼ぶことはできない。重点は精神の側にあり、だからこそ精神は受動的である。デカルトは「かたどる」というタームを用いて直接的な問いを立てているわけではないが、私たちは敢えてデカルトに代わって問うてみたい。「精神は身体によってどのようにかたどられるのか?」この問いは、観念の定義のうちに見出されるであろう。精神は、『省察』においてその受動性を明らかにする。すでに述べたように、観念に関する精神の受動性を明らかにすることがそこでは重要だったのである。いわば受動性が観念を決定づける。『規則論』では身体の受動性が強調され、『省察』では精神の受動性が強調される。

こうして、観念とは受動的なものであること、分析によって受動性を顕在化するものであることがわかる。言い換えれば、かたどられるものこそが観念なのである。もし精神よりも身体を重視するならば、観念は身体の側に位置づけられる。観念はある意味、身体と同様の延長を持つものとして理解される。そのとき身体はその受動性を明らかにする。重点を置かれるがゆえに能動的に働くかのように思われる身体が、実際のところ徹底的に受動であって、そのとき精神は能動的に介入するのである。反対に、もし身体よりも精神を重視するならば、観念は精神の側に位置づけられる。観念はあくまでも精神の様態であって、延長実体ではない。そのとき精神の受動性が顕在化する。徹底的に受動的である精神に身体が介入することによって、私たちは何らかの観念を持つことができるのである。

私たちは今や、『省察』において合一を証明する際に、なぜデカルトが精神の受動性を示そうとしたのかを理解する。「精神は身体によってどのようにかたどられるのか?」デカルトは身体とは独立した精神の存在から論じ始めたがゆえに、精神の受動性を重視した。『省察』において合一を言うためには、精神の受動性こそが明らかにされねばならなかった。なぜなら、受動性を明らかにすることは、精神を内側からだけではなく外側からも基礎づけ、その輪郭を浮かび上がらせるからである。精神の力、つまり知性の働きについて、その働きがどこまで及び、どこに限界があるのかを明確にする必要があったのである。デカルトが合一の証明をするために感覚の分析へと移行したのはそのためである。一方、『規則論』においては、身体の介入を要請する必要があった。ここでは、想像によって助けられた知性を用いて解決する問題のみが扱われているからである。すなわち、身体の側に重要性があるからこそ、その受動性を示さねばならなかった。身体の介入が必要とされるのは、私たちが直面する諸問題の一部でしかない。身体が関わりながら解決しうる問題の限定性が、受動性の顕在化へと繋がるのである。よってデカルトは「身体は精神によってどのようにかたどられるのか?」と問う。こうして、『規則論』においては合一を語る際、身体の受動性が言われるのである。

私たちにとって、受動と能動というタームを目にするとき、能動こそが重要であるような印象を受ける。能動は積極的な働きかけであり、力を持ったものが自ら作用することを意味するように思われるからである。しかしデカルトは、単なる能動ではなく、受動の相をも明らかにしようとした。しかも、能動的働きを示した後に、そのものの受動性を顕在化させようとしたのである。それはまさに、精神であれ身体であれ、一つのものの働きが能動でもあり受動であることを示そうとしたからに他ならない。なぜならば、何らかのものの観念を持つということは本来的には一つの働きにすぎず、いわば合一の実現だからである。しかし私たちはそれを精神と身体という二項から分析することしかできない。そのうえ、二項のうちの一項に重点を置くことによってしか、観念を持つという事態を明晰に認識できないのである。デカルトの観念についての定義は、『規則論』から『省察』へと移行する際に、完全に反対となってしまったわけではない。デカルトはそれぞれの著作において、二項のうちの一項を強調したのであって、それは各著作の目的が異なるがゆえであった。問題解決という実践が重視された『規則論』では身体の側に重点があり、心身の区別および存在論が強調された『省察』では精神の側に重点が置かれた。『規則論』と『省察』の二つの著作を合わせて読むことによって、観念の二側面が合一する様子を私たちは理解することができるのである。

こうして同時に、合一という事態が明らかにされる。合一とは、身体と精神が同時的に働く一つの運動である。私たちがどのように観念を持つのかを説明するとき、デカルトは直接、合一を語ることはしない。しかし、その分析を通して、合一という事態が浮かび上がってくる。私たちが何らかの事物の観念を持つとき、身体と精神は同時に働く。しかしながらそれは、単なる心身並行論として片づけられるものではない。『規則論』で論じられた過程と『省察』で論じられた過程は、実際は一つの同じ運動である。観念を持つという事態を理解しようとするとき、私たちは精神か身体かどちらかに重点を置いて方向を定めることによってしか判明に把握することができない。精神と身体は、一方が能動となれば他方が受動となる一つのものとして『情念論』で定義される。だが、何らかの観念を持つということは、より正確に言えば両者がともに働く、ともに能動である事態なのである。いやむしろ、ただ一つのものが一つの力を発揮しているにすぎない。しかし、私たちにとって、その一つのものを区別して考え、一つの力を別々に考察する必要があった。区別することがなければ、私たちはこの事態を明晰判明に捉えることができないからである。そして、区別したのちに私たちは今一度、それらが一つでしかないことを理解しなければならない。だがあまりにも見事に区別された精神と身体（物体）を再び結びつけることに私たちは困難を覚えてしまう。精神と身体の働きの同時性が私たちにとって把握しがたいのはそのためである。

こうして、「かたどる」というタームと想像の分析を通して、私たちは精神と身体の同時的運動へと到達する。もし想像が精神と身体の同時的働き、すなわち合一という運動を明らかにするのであれば、なぜデカルトは、物体的事物の存在証明の後、想像の検討へと戻らなかったのだろうか？

## 2-6　想像——精神から身体へ

私たちは本章の冒頭で、心身合一を証明する際に、デカルトが想像の分析から始めながらもそれを放棄した理由を問うた。『規則論』における想像の分析は、この理由を説明しうる。

そもそも想像とは、それに対して精神が働きかけるもの、あるいは逆にそれを通して精神が働きかけられるものであった。これに付け加えて、幾何学の例、たとえば三角形の例が、想像を通して精神の身体に対する能動を示していることを思い出されたい。『規則論』において説明された想像の働きのメカニズムは、「第六省察」で想定されている想像の働きと同一のものである。よって、この意味において、『規則論』と『省察』の間に想像の概念的な断絶は存在しない。

しかしながらデカルトは、すぐさま、合一を混乱した仕方でしか知ることを可能にしない感覚の議論へと移る。実際デカルトは、「精神と身体の区別とその合一とを、きわめて判明にかつ同時に理解することは、人間精神にはできないと思われる〔……〕。けだしそのためには、心身をただ一つのものと理解すると同時に、二つのものと理解しなければならないが、それは矛盾するから」だと言う(30)。感覚によって、心身の区別と合一の両立を把握することは不可能である。なぜならデカルトは、感覚によって合一を知ること、すなわち二つの事物を一つの事物として捉えることは、合一を混乱した仕方で知ることだと考えていたからだ。感覚は、身体による精神への能動を示すことはできても、精神による身体への能動を示すことはできない。区別と合一を両立させえないのはこのためである。にもかかわらず感覚を論ずる利点は何か。それは「第六省察」におけるデカルトの目的に関わる。ここでデカルトは、物体的事物の存在を証明するために物体的事物の独立性を強調したかったのだ。つまり「第六省察」においてデカルトが目指したのは物体的事物の存在証明であって、精神と身体の区別と合一とを両立させることではなかったのである。

観念の受動性が明らかにされるとき、精神と身体の同時的働きが浮かび上がってくる。観念とは、「かたどられるもの」であった。観念においては受動性を顕わにするものが重要なのである。私たちは、観念において受動的であるものを問う必要がある。それは同時に、観念において能動的であるものを問うことにもなる。なぜなら、受動的とは何かから能動的影響を受けることを意味し、必然的に能動的に働きかけるものを問題にするからである。観念を持つために、精神と身体の両方が介入するが、両者が同時に受動的であること、あるいは同時に能動的であることは不可能である。少なくとも、私たちにとって不可能に見える。もし精神の能動を出発点とするならば、その逆である。この意味において、私たちは、心身の合一と区別を判明に分析することはできても、同時に捉えることは決してできない。人間精神にとって、精神と身体に同時に注目することは矛盾である。それゆえ、私たちはまず、両者を区別し、ついで、あるときは身体の側にとどまり、あるときは精神の側にとどまって両者を考察するのである。

想像の利点、すなわち心身関係において要となるその役割はまた、想像の弱みでもある。『規則論』における想像は、精神的力であるにもかかわらず、身体的器官であるという側面が強調される。よって、心身の区別と合一の両立の分析へと私たちを向かわせる想像概念は、『規則論』においては最終的に身体側に重心を置く。ただし、そのときの身体の存在はあくまでも仮想的なものにすぎず、存在証明を経たうえでのものではない。一方、『省察』における想像は、精神とは区別されるにもかかわらず、精神と深く結びついてしまっている。想像概念は、精神により近いところで理解され、議論の一段階を成すが、「私」の外に存在する事物を証明するには到らない。想像は精神の能動を強調することで、物体的事物に向かう運動の契機となるが、『規則論』におけるのと同様に当の物体的事物の存在を証明することはできない。想像は、たとえ合一の真の場であったとしても、その両義的な身分ゆえに、正確に捉えるには困難な概念となっている。よって私たちは、想像を、あるときは身体へと還元し、身体の器官としてしか理解しないし、あるときは精神へと還元して、思惟としてのみ理解する。精神と身体の区別についての基盤が欠けている『規則論』の認識システムの中では、想像の身分は浮遊している。あるときは器官として捉えられ、あるときは機能として捉えられ、といった具合にである。また『省察』においても、決して「私」の外部へと開かれることがないのが想像である。身体は想像の分析においては想定されるにすぎない。

想像の働きの説明は、想像のどの面を考察するかによって、この揺れ動く身分を利用している。しかしこのような身分は『省察』の議論にとって、障害でしかない。実際、もし想像が思惟へと還元されれば、物体的事物の存在は証明されえないであろうし、もし想像が身体へと還元されれば、感覚はもはやその独自性を失うであろう。デカルトが想像の検討へと戻らなかったのは、感覚が物体的事物の存在証明を果たし、当初の目的を果たしたからである。私たちはここで、敢えて想像を詳細に分析し、しかも『規則論』と『省察』との間における想像概念には断絶がないと主張してきた。想像概念に注目することによって見えてくるのは合一についてのもう一つの次元である。デカルトが、ごく短くではあるが、想像によって精神の身体への能動を示唆したことから、私たちは区別と合一とを両立させうる手がかりを得るのである。

デカルトは物体的事物の存在証明の後、想像による合一の説明の仮説へと戻ることはなかった。なぜなら、『省察』においては、感覚によって知られる合一よりも、心身の区別を明らかにする方がデカルトにとって重要だったからである。別の言い方をすれば、デカルトが観念の分析において重視した受動性が、合一を知ろうとする際には精神において見出され、その点をデカルトは支持したのである。たとえ、それが思惟の混乱した様態しか引き起こさなかったとしても、である。

想像は、合一という事態を見事に説明する。すなわち、精神と身体という両側面から、合一という運動を理解することを可能にする。私たちは、想像のおかげで合一を判明に知ることができるが、このとき、合一を精神の側に還元してしまう危険が残る。この還元という危険性を逃れることができるのは、ただ感覚のみである。しかし、想像は、まず感覚の受動性を浮き彫りにし、ついで示唆されるにとどまるがもう一つの別の次元を示すという、重要な役割を果たす。それは、想像を通してのみ可能となる、明晰にではないが、判明に合一を知るという次元なのである。

## 3　身体の能動性

デカルトが、主に『規則論』において論じた身体の能動性、すなわち、「想像に助けられた知性」である ingenium の働きをもって解決する問題の数々は、まず第一に数学に関する事柄であった。理論上は精確に描くことなどできない線分や点などを想像することによって、言い換えれば、線分や点などの具体的なイメージを敢えて描き出すことによって、私たちは数学的問題を解くことができる。しかし、身体の助けを借りた知性、つまり身体の能動性を重視する知性の働きは、数学的分野のみにおいて発揮されるわけではない。能動性と受動性は、いわば一つの運動の二つの側面である。知性は本来、精神の力だと解され、純粋に精神の力のみが見出されるときには純粋知性と呼ばれる。しかし、そこに身体が関わる際、その関わり方によって、受動的な知性——すなわち、身体側に能動性の見られる知性が理解されるのである。

知性に対して身体が能動的に関わる場面の具体例として、数学の他に、芸術創造の領域が挙げられる。彫刻や絵画、音楽等々の身体的訓練が特別に必要とされる芸術のみならず、詩や散文といったペンと紙さえあれば（あるいはコンピュータや携帯端末さえあれば）誰にでも書き始めることのできる芸術まで、身体的関与とその統御が不可欠である。たとえば、アランは身体という視点なしでは論じることができないのが芸術創造の場面なのだと言う。[31]数学を利用した諸問題の解決に想像に助けられた知性、すなわち身体が積極的に関与する知性をデカルトは要請した。アランは、そのような知性をデカルト的方法によって展開させ、芸術創造の場面へと到達した。『情念論』におけるデカルトの身体統御方法に倣ったのである。[32]数学や芸術の分野における具体的な分析は、いずれ思考の場面へと移行するであろう。思考は一般に、精神の力であると理解され、とりわけ抽象的な事柄に関しては、身体の関与を絶っているかのように思われる。しかしながら、身体の関与を敢えて絶つというプロセス、すなわち、純粋に精神的な力へと高めていく過程が必要なのであって、それは裏返せば、最初は身体の関与がむしろ要請されるということなのである。また、身体を統御したのちに純粋な知性の働きへと移行するプロセスは、情報論においても有効であろう。とりわけ、直接的な身体的関与が表立って論じられることの多くないサイバースペースにおける情報表現や解釈を考察するにあたって、重要な役割を果たしうる。身体の位置づけが正当な仕方でなされなければ、私たちは混乱した思考しかなしえず、サイバースペースの混沌へと巻き込まれてしまう。

以下、第一に、身体的関与が重視されるのはどのような場面かを、第二に、精神に対する身体的関与がどのように削ぎ落とされていくのかを見ていきたいと思う。私たちはまず、身体の能動性が積極的に認められる数学的問題解析の場面と芸術創造の場面を分析していく。そこから、いかにして精神の能動性が重視される思考の場面が位置づけられるのかを検討する。そのとき、身体と精神の二面性を併せ持つ想像概念が興味深い形で関わっていることが明らかとなるだろう。

### 3－1　想像概念の一般的イメージ

想像あるいは想像力という概念によって、一般的に抱かれるイメージは、おそらくまず第一に自由な創造的想像力であろう。それは芸術家の力の源泉でありインスピレーションである。そのような想像力が発揮されることによって、独創的な芸術作品が生み出されると普通考えられているように思われる。想像力は統御されるよりも、むしろ自由に羽ばたくことが重要であって、だからこそ独創性も生まれるかのようである。

しかし、パスカルは『パンセ』の中で想像力（imagination）を次のように定義する。

想像力。

これは人間のなかのあの欺く部分のことである。あの誤りと偽りとの元であり、常に狡猾であるとは決まっていないだけに、いっそう狡猾なのである。(33)

一七世紀までの哲学史における想像概念を概観してみればわかることだが、想像は眼前にないものをあたかも存在するものであるかのように、精神のうちで思い描いたり、再現したりする（その結果、私たちは何らかの物事を思い出すのである）ものである。それを実際に存在するものだと判断してしまえば、誤りの原因となる。すでに分析したデカルトの想像概念もまた同様であった。デカルトは、数学やそれに関わる問題に関して、想像の力を借りることを良しとしたが、同時に、純粋に抽象的な数学概念を想像力を用いて描くことを厳しく禁ずる。ここではまず、想像概念を実際に役立てる際の積極的側面を見ていきたい。それはまさに、身体の助けを要請することによって、精神が身体なしでは成し遂げることのできない思考を進めることができる場面である。

### 3-2 想像の助けを借りた問題解析

さて、デカルトの想像概念とは身体の器官でもあり、認識の力、すなわち精神の力の一種でもあった。想像が、身体の側からも精神の側からも、丁寧に位置づけられ、その能力が見事に発揮されれば、心身の合一が（ある意味において）実際に成立する。合一が実現され、精神と身体の力が一致して働くその肯定的な事例が、たとえば数学の問題を解く場合である。デカルトは感覚と想像の間の能力の差異を理由に、想像の積極的側面を主張する。それはいわば、能動的想像力と呼ばれるものである。[34]

『規則論』の第Ⅱ部（規則一三以降）においてデカルトが扱うのは、それ自体で理解されうる問題であった。それは、たとえば、音の本性は何かとか、磁石の本性は何かという問いである。そのような問題には必ず未知の要素が含まれていなければならない。この未知の要素は既知の要素とともに関係づけられ、直観と演繹により答えが導き出されるというわけである。第Ⅱ部において、問題は物体に関わる事柄に限定され、デカルトは想像の助けを借りて解決を見出そうとする。だが、物体を直接に知覚するのは感覚であるにもかかわらず、なぜ感覚ではなく想像の助けを借りるのだろうか。

たしかに感覚は私たちに直接的に判明な観念を提示する。デカルトも言うように、もし私たちがある事物の判明な観念を持ちたいと思うなら、想像において描こうとするよりも、外部感覚に示す方がより簡単である。問題は、感覚には抽象作用がないことである。たとえば、デカルトは問題の例として、等しい音を発する弦ＡＢＣの太さと長さの関係をどう推論すべきか、を挙げている。このとき、必要なのは太さと長さだけであって、弦の色や手触りなどは不用な要素である。しかし感覚は当面不用な要素も提示してしまう。一方、想像は現前しないものを想像することができる。この場合、弦の太さと長さを省略した形で想像のうちに描くことを可能にする。こうして、私たちは抽象された太さと長さの関係を図によって、あるいは記号を用いて方程式によって表わし、答えを導くことができるであろう。想像は物体の現前なしに働くがゆえに、ある意味で抽象的な作用を可能にする。これが問題の解析に役立つ想像の抽象性である。[35]

もちろん想像は、予め感覚によって形象を受け取ることがなければ何ものもそのうちに描くことができない。

想像の対象は以前に知覚したものに限られる。想像が物体的なものに関わる事柄を対象とするのはこのためである。逆に言えば、想像は完全に抽象的な概念を扱うことができない。完全に抽象的で精神的な事柄は、純粋知性の対象であった。しかしながら想像もある程度の抽象能力を持つのである。では、想像による抽象と純粋知性による抽象の間の違いとは何であろうか？

この問いに答えるために助けとなるのが、デカルトが「規則一四」において表明する「延長は物体ではない[36]」という命題である。この命題から私たちは以下のような議論を引き出すことができるだろう。延長は物体ではない、したがって、延長と延長体は区別されなければならない[37]。なぜなら延長とは、完全に抽象的な観念であり、よって、純粋知性の対象だからである。この「哲学的存在」を抽象する能力を持つのは純粋知性のみであり、私たちは想像においてこの観念を描くことはできない。想像がそのうちに描くことができるのは、常に何らかの主体（あるいは基体）を伴う延長、すなわち、何らかの延長体に限られるのである。こうして私たちは、純粋知性による抽象と、想像による抽象の違いを知る。純粋知性による抽象は完全であり、そのうちにある観念も概念も物体的な事柄を含まない。一方、想像はそのうちにある観念および形象とともに物体的であり、物体に関わる事柄をそのうちに描くことができるのである。

こうして、感覚と想像の相違、想像と純粋知性の相違が明らかとなる。デカルトが問題解析に必要としたのは、感覚の詳細な知覚ではない。なぜなら、問題を図式化し方程式化するためにはある程度の抽象が必要とされるからである。たとえば、線分によって整理された図であるとか、記号によって表わされた等式である。これは感覚の領域ではない。その一方で、純粋知性の完全な抽象能力も必要とされていない。なぜなら純粋知性は、たとえば、直線を想像のうちに描くことを拒むであろうからである。直線は、数学の定義に従えば、場所を持たない点の集合である。この定義を厳密に捉えるならば、私たちは決して直線や線分を、想像においても、紙の上においても描くことができないであろう。私たちが描くものは常に場所を占めるからである。だがデカルトが有用と認めるのは、抽象的線分、数学の定義に従う直線ではなく、想像や紙の上に描きうる線分であった。このような線分を利用すれば、問題を図式化し、その意味を一目で把握することができるからである。それゆえデカルトは、たとえ「点は線の限界である」という命題が真であるとしても、これは想像から遠ざけるべきものであり、さらには、『規則論』においてはこれ以上論じないとする。そしてデカルトは、想像における観念こそが、真なる観念であるとさえ断言するのである。すなわち、物体に関わる事柄についての観念は、常に何らかの主体とともに、想像において描かれるべきなのである。

想像が適さないのは、純粋に抽象的な数学的概念を捉える場面である。これに関しては本章**3**-**5**の思考の条件において扱うことにしよう。ここでは、想像の力を積極的に借りはするが、注意が必要とされる場面を考察する。それは、芸術作品を創造する場面である。想像の力を借りるためには、ある一定の条件を満たさなければならない。そうでなければ、精神と身体の区別、あるいは両者の力のバランスが崩れ、想像がむしろ「誤りや偽りの元」になってしまうからである。

そもそも創造的想像力は芸術活動において肯定的に評価されるのだろうか。アランはこの点について否定的である。想像とは第一に、身体からの働きかけであり、対象が現前にないだけに、もともと私たちが持っている情動や情念を必要以上に助長してしまう。しかしながら、美とは、荒れ狂う身体を鎮め、情念を抑制することによって生成する。芸術は情念の発露ではなく、むしろ情念を抑制するからこそ美しいのである。

想像力のとりこになった人間、すなわち感動や情念のとりこになった人間は、その場合に応じてうめいたり、叫んだり、わめいたり、あえいだりします。そうした響きが言語にも数多く残されているとはいえ、これではほとんど言語活動とは言えないし、歌にもなりません。音楽的な音とは、制御された叫びです。[38]

芸術家が注目するのは、自分の情念ではなく対象であって、情念にはむしろ反発を――とりわけ、怠惰な夢想には苛立ちを――覚える。[39]

こうして、芸術創造にはまずもって身体的訓練が要請されるのである。それは情念を鎮めるという意味でもあり、対象や世界と向き合うという意味でもある。この過程を経ることによって、私たちは思考の高みへと上昇することができる。逆に言えば、このプロセスを蔑ろにしてしまっては、混乱した思考しか得られないということになる。以下、私たちは想像を用いるための条件について考察していこう。

### 3-3　思考のための身体的訓練

身体的訓練が芸術創造には不可欠である。そのことはたとえば、芸術家が創作に励む際の、技巧に集中する態度において見出される。ベルクソンは、知性（intelligence）と、思考（pensée）や精神（esprit）とを区別する。[40]そして、知性の働きをむしろ、知覚と並列しうるような、身体的活動を含むものとして捉えている。[41]芸術家は、何か独創的なものを作り上げようとか、思考の関わりを意識しようとするのではない。物質的振る舞いを学び、物理的法則にむしろ支配される形で、技巧を磨こうとするのである。それは、繰り返しや制作が前面に出る場面であり、創作を分析する側面ではない。

そのとき、知性は受容に徹する。まずは物質的事物に即して感覚器官を駆使して観察し、事物の動きを記憶するのである。デカルトが身体的過程として理解した、あの五官から脳へと移されるプロセスである。記憶とは、脳の中に何らかの形象を刻み込み、持続させることである。それによって身体は、物質的事物の振る舞いに寄り添った内面化を果たす。デカルトに沿って考えるならば、身体的な技巧が上達するとは、このような意味であった。

しかし、知性は完全に退いてしまったわけではない。知性は物体的事物や身体の動きを分析し、繰り返しを同定し、法則化することができる。その法則に従って予測をすることもできる。身体的習得は、法則に従った予測から完全に切り離されるものではなく、すなわち知性から完全に分離されるものでもない。ここではまず、技巧を磨くためには身体を動かすことが要請され、知性の予測のみに依存していてはならないという点に注目してみよう。すると、物体的事物に向き直り、実際に触れ、相互に関わり合うという具体的な場面が、身体にとって第一に必要とされていることがわかる。物体自体の抵抗[42]に身体が向き合い、実際に対処していかねばならない。それが具体的事物に関わるということであって、抽象的な事柄への道は、この具体を通してしか拓かれない。アランが「芸術の生理学」(physiologie des Beaux-Arts)[43]を考察する必要があると言ったのはこのためである。アランは、人間の身体的運動や生理的側面から人間の持つ情念や情動を分析しながら、それが芸術へと、すなわち美へと高められる過程を論じている。アランにせよ、ベルクソンにせよ、芸術への身体的関与を重視するのである。身体は情念によって乱されやすい。しかし、その秩序を整えることで美への道を拓く。身体的関与を重視するといっても、荒れ狂う情念に身を任せたり、彷徨する想像力のなすがままにしたりすることを意味しない。あくまでも落ち着いた思考を進めるための前段階として身体を準備するのである。

身体には身体独自の秩序がある。身体に属するもの(それはつまり物体的秩序に属するということを意味する)は、身体的秩序へと返さなければならない。デカルトの『情念論』が書かれたのは、まさにそのためであった。精神の働きを身体的関与から引き離し、思考へと上昇させるには、身体が身体的秩序のうちに位置づけられることが必要だからである。

身体に属するものを身体へと返すために、芸術創造にせよ、思考にせよ、まずは対象に向かい合うことが必要なのである。すでに述べたように、対象の抵抗のない芸術創造や思考など考えられない。対象の抵抗を受けない精神、すなわち抵抗から自由な精神は、真の意味で自由なのではないからだ。自由とは、いかなる制限も受けないとか、何をしても許されるということを意味しない。[44] そうではなく、知性と意志の完全なる一致、認識と判断の完全なる一致が自由なのである。[45] デカルトの自由論については、本論第六章でテクストの考察に関わって詳細に展開することにして、ここでは概要のみを述べておく。デカルトにおける自由とは、知性の及ぶ範囲に自らの意志の及ぶ範囲を制限することを意味する。それは、神における絶対的知性と絶対的意志とが完全に一致する事態をあたかも模倣するかのようにして私たち人間が実現しうる自由なのである。[46] もし、知性を働かせることなく意志による決断を下したり、知性の及ぶ範囲を超えて判断を下したりするのであれば、そのような自由はむしろ程度の低い無差別な（indifferens）ものとなる。[47] 何らかの抑制や抵抗を受けながら、それを抵抗だと感じさせないレベルへと移行させることが自由の条件である。秩序は混乱を統御するから生まれるのであって、混乱のないところには秩序も生まれない。混乱を制限するための規則や秩序があるからこそ、美が意志の力によって現われる。[48] 自由は抵抗や抑制があるからこそ生まれるのも、それと同様である。

デカルトは、後期の著作のうちの一つである『情念論』の中で、身体の能動（すなわち精神の受動 passions）について論ずる。情念は精神の受動であるがゆえに、身体の生理学的プロセスと、身体が主導権を握って精神へと働きかける側面とが詳細に論じられる。そのうえで、人間の持つ様々な情念、すなわち、驚き、怒り、悲しみ、喜びといった個々の情念の特徴が述べられている。興味深いのは、コギトによって思惟する力を哲学の基礎に置いたデカルトが、その精神的力のみに主導権を与えないことである。もちろん、思惟する力は第一のものであり、最初に知られるものでもあるが、しかし、身体が能動であるときに、精神は受動とならざるをえない。この受動的側面を蔑ろにしてはならないのである。デカルトによる情念の定義は次のとおりである。

「精神の知覚または感覚または情動であって、とくに精神自身に関係づけられ、かつ精気のある運動によって引き起こされ維持され強められるところのもの」[49]である。

情念とは、精神のうちに起こるものであるが、それは精気の運動、すなわち身体によって引き起こされる。身体の能動（action）に対し、精神の受動（passion）というわけである。デカルトはこのような精神の受動の一種として想像力を挙げている。中でも身体が完全に主導権を握っているのが受動的想像である。思考はさまよい、身体の混乱に影響され、私たちは実際に存在しないものを思い描く。そのようなイメージは、身体の影響によって維持されたり強調されたりする。この点を指してパスカルは誤りの元と言ったのである。感覚が実際の事物を現前にして知覚させるのに対し、想像はそのような知覚の「影や画のようなものにすぎない」[50]とデカルトは言う。しかし知覚の影が、実際の事物に似ているために、私たちは判断を誤るのである。このような傾向を矯正するために、私たちは身体の影響を正当に把握する必要がある。影響を受けること自体は避けられなくとも、どのように影響を受けるのか、そのとき精神はどのような情念（passion）を持つのかということを知れば、私たちは間違った判断を下すことが減るだろう。それればかりか、むしろ情念を見事な仕方で昇華させることによって、美へと結びつけることができるだろう。アランは、デカルトに倣いつつ、統御された情念を美へと向かわせる道筋をつけたのである。

アランは、ほぼ身体的な動きで構成されるものから、徐々に外部の対象を変化させるものへと、段階を追って芸術を位置づける。すなわち、物体と身体とが切り離されず、自らの身体をもって、自らのためになすものを最初の芸術とする。それはたとえば、舞踊や歌、音楽といったものである。これらは身体的訓練を要し、身体を完全に統御し、身体を用いながら表現される。ここからさらに、身体から切り離された外部の対象を変化させる芸術へと移っていく。身体から切り離された芸術対象は、身体とは別のものとしてその存在を確立し、人間が実際に関わり続けなくとも独立に芸術作品として存在する。建築や彫刻、絵画といったものがそれである。そのような対象による抵抗（最初は自分の身体であり、次いで素材としての対象となろう）が、私たちに絶えず、身体的訓練と、情念の統御の重要性を訴えるのである。散文は様々な芸術の中で、最も上記のような抵抗から遠い芸術だと言えよう。なぜなら、紙とペンさえあれば（今であればコンピュータや携帯端末さえあれば）、誰でも書き始めることができるからである。しかし、紙とペンにせよ、コンピュータにせよ、身体を使って書いたり、入力したりせざるをえない。そのように紙やスクリーンに向かい合う行為が、私たちを情念の奔放からかろうじて守るのである。情念が荒れ狂い、身体が整わない状態であっても、おそらく私たちは書くことができる。しかし、以下の二つの理由から、そのような状態は真の意味で書くことを私たちに許さない。第一に、怒りや悲しみの赴くまま、勢いで書き続けることは不可能であろう。情念に強い影響を及ぼされた身体は、震えたり、硬直したりして、筆を進めること（あるいはキーを叩くこと）を妨げるに違いない。第二に、怒りや悲しみに身を任せた文章が美しくないことを、私たちは知っている。私たちは、自分の文章を読み返し、その最初の読者になることによって、美の判定を下すことができる。書き手が読み手へと変化するその瞬間、私たちは情念にとらわれた身体が生み出した文章が、いかに身体の統御された文章から隔たっているかを知るであろう。

アランにとって、芸術家がまず何よりも身体を使って作り出したり、歌ったり、踊ったりすることが重要となる。私たちが一般に思い描くのとは異なり、創造的想像力によって頭の中に思い浮かべられる芸術的アイディアや計画は、実際に作り出され目の前に存在する対象（それは絵画や彫刻といったわかりやすい外的対象だけでなく、音楽やダンスといった身体から切り離しがたい対象をも意味する）ほど、芸術家に影響を及ぼさない。可能的にしか存在しないものは、現実の存在ほど強くも美しくもないからだ。

たんに可能だというにすぎないものを相手に、どれがもっとも美しいかと考えるのは時間の無駄というものだ。可能なものはどれも美しくなく、現実のものだけが美しい、まず作り出し、そのあとで判断せよ。それがすべての芸術をなりたたせる第一条件だ。芸術家（artiste）と職人（artisan）が親類語であることからもそれは納得できる。しかし、想像力の性質について反省を重ねていくと、現実の対象を欠いた瞑想はどうしても実を結ばない、という重要な考えに確実に行きあたる。作品を考えよ、というのは、その通りだ。しかし、人は存在するものしか考えない。だから、作品を作り出せ、なのだ[51]。

ところで、もし身体的技巧を磨くための模倣や繰り返しが、芸術活動の起点であり、基点であるとするならば、どこに独創性が見出されるのであろうか。芸術作品を創り出すにあたって、芸術家のオリジナリティは重要ではなかったのだろうか。言うまでもなく独創性は重要である。芸術家の存在意義はまさに独創的な作品を作り出すことにある。しかし、彼らにとって第一義的に重要なのは、思考や精神ではなく、身体的活動を蔑ろにすることのない知性、身体を整えることによって初めて現われ出る知性的活動なのだ。それは、身体や物質を抽象してしまい、まったく別の秩序にあるものとして対象化してしまう精神の働きとは対極にある。ベルクソンに言わせれば、そのような仕事は哲学者に任せておけばよいのである。

われわれは自分たちの生活の加工者として、いや、われわれが欲する時には芸術家として、過去および現在がわれわれに提供する物質をもって遺伝および周囲の状況によって彫刻家が粘土に与える形のように独特な新しい独創的な姿を絶えず捏ね上げる仕事にかかっている。この仕事とその独特な点にわれわれももちろんその仕事がおこなわれているあいだに気づくが、肝腎なのはわれわれがその仕事をするということである。われわれはその仕事を深く究めるにはおよばない。芸術家が自分の創作力を分析する必要がないように、われわれはその仕事を十分に意識する必要さえない。芸術家はそういう面倒は哲学者に任せて自分は甘んじて創作していく。(52)

重要なのは、身体性に重点を置いた行為なのだ。芸術においては、具体的な身体活動から抽象へと昇らねばならない。だが、そのような抽象は、身体的活動を精神や思考から切り離し対象化するものであってはならないのである。ベルクソンの知性（intelligence）が意味するのは、まさに身体的活動を通した、身体的活動を含み込んだ精神的活動なのである。身体は整えられなければならない。しかし、同時に、身体的活動を対象化してもならないのだ。

これは芸術家の活動に限られない。私たちは私たち自身を「創造する」(53)。私たちの習慣や性格は私たち自身によって作られる。私たちが行動する際、まずもって物理法則の支配を逃れることはできない。物質の慣性的な振る舞いは、私たちに繰り返しを要求する。その惰性は私たちを浸食し、まるで何も新しい事柄は生まれないのではないかという印象を私たちに与える。しかし事態は逆である。繰り返されるからこそ、私たちはその繰り返しを安定的で規則的な基点とし、そこをはみ出す新たな事態、いわば独創的な事態に気づくことができるのである。繰り返しという行為から新しい発見が生まれる。安定した基点に身を置くからこそ、知性は法則をはみ出す事象や印象を独創的なものとして捉えることができるのだ。これこそ私たちが自らを創造するということの意味である。

## 3‐4 自由な想像力と知性の調和

目指されるべきなのは、自由な想像力と知性を調和させることである。自由な想像力というのは、精神の統御を離れてひとり歩きをしがちな身体的関与の強い想像力のことであり、そのようなひとり歩きを知性が抑制しなければならない。しかしながら同時に、身体の積極的関与を認めなければならない。まずは行動することから始まるのである。これが心身合一の一つの側面である。人間におけるこの心身の区別および合一が、悪しき二元論克服の第一歩となろう。身体と精神を区別しながらも、両者を見事に調和させることによって、二つの働きを一致させさらに先へと進めることのできる人間が生まれるからである。この原理は、以後、情報と主体の区別とその合一（すなわち情報体）、情報体と世界の区別とその合一（すなわち集合体あるいは集合ネットワーク）といったように、多層的に広がっていくであろう。

思考を進めるためには、精神のうちで自己完結するのではなく、まずは感覚によって知覚し、想像することが必要とされる。それが現実へと足をつけ、思考を骨抜きにしないための条件である。ただし、『ビュルマンとの対話』でも明らかにされるように、想像は外へと開かれない。知覚、それも身体のメカニズムによって説明される以前の、契機としての知覚（感覚）が、唯一、思考を開かれたものへと繋ぐ道である。

ここではデカルトやパスカルのような人のことを考えてみよう。かれらはつねに大地を求めているのがわかる。頭の思考はいささか思い通りに進みすぎるのだ。そして、凡庸な人間にとってはあんなにも喜びの源となる組み合わせの力に、名人はすぐに飽きてしまう。だから、名人たちは足元の大地を求め、かれらの最高の思考を最小の不幸に結びつけ、体にまで思考させようとする。大地を歩みながら思考するデカルトの『情念論』はそこから生まれたし、至るところに深淵を見るパスカルの恐怖もそこから生まれた[54]。

思考は対象を作り出さねばならない。たとえそれが抽象的なものであったとしても、具体物の支えのない抽象的思考は単なる散漫であり、言葉遊びに堕するおそれがある。思考は物の助けを随所で必要とするのである。その意味において、私たちは対象に向かい合うことを恐れてはならないし、忘れてはならない。それは情報に関しても同様である。身体の関与や物体的事物の秩序を蔑ろにしては、私たちは整えられた思考へと移行することができないのである。アランは次のように言う。

体から出た歌と、精神から出た意味とが、互いに少しも無理を強いることなく一致し合うのです。というよりもむしろ、両者は互いに助け合うのです。思考はあたかも、あらかじめ調整されたこの響きと反響の形式を待って、はじめてのびのびした表現を得て立ち現れるかのようだし、肉体はあたかも、この音楽によって思考を生み出しながら、ひたすら自分自身の幸福と素朴な欲求だけを追っているかのようです[55]。

身体と精神のこの一致、自由な想像力と知性のこの調和は、幸福な一瞬間である。しかしそれは偶然を待つことで得られる奇跡ではない。私たち自身が、精神と身体というそれぞれの秩序を理解し、位置づけ、区別したうえで、協働させること。ここから初めて私たちは思考の段階へと移行することができるのだ。

## 3－5　思考の条件

整えられた身体から思考の段階へ移行する際に、私たちは想像の限界を知ることになる。それは数学的対象を想像によって捉えようとするときに顕在化する。すでに述べたように、デカルトは数学が関わる問題について、想像の助けを借りて分析することの重要性を説いた。そこでは想像のいわば半‐抽象作用を利用する形で、イメージをまずは想像に描くことが要請された。

たしかに、私たちは任意の三角形を想像において描くことができる。そこには何の困難も見出されない。同時に、私たちは三角形の特性――内角の和が二直角である、その最大の角には最大の辺が対するといったもの――を、知性によって把握することができる。つまり、このような特性を、論証によって明らかにすることができるのである。この二つの事柄、すなわち、想像に描くことと論証によって把握することの間に、一見、断絶はないように思われる。あるいは想像の助けを借りながら、最終的に論証へと到達するというプロセスも考えられよう。そのとき、想像を用いることから論証を用いることへはスムーズに移行するように思われる。しかし、それが千角形となれば事態は異なってくる。

ところで、もし私が千角形について考えようと欲するなら、なるほど私は、三角形が三つの辺から成る図形であることを理解する場合と同じように、それが千の辺から成る図形であることをよく理解するにしても、しかし、(三角形の三つの辺との場合と) 同じように、その千の辺を想像することは、すなわち、あたかも現前しているもののように直観することはできないのである。もちろんこの場合にも、私には、物体的なものを考えるたびごとに常に何ものかを想像する習慣があるので、おそらく私は何らかの図形を漠然と思い浮かべるであろうが、しかし、その図形が千角形でないことは明らかである。なぜなら、その図形は、私が万角形とか、もっと多くの辺を持つ任意の図形とかについて考えるとき思い浮かべる図形と、何ら異なるところがないし、またその図形は、千角形を他の多角形から区別せしめる特性を見つけ出すうえに、何の助けにもならないからである。[56]

三角形、四角形、五角形……、と辺の数を増やしていき、各々を想像に描こうとするならば、ある一定の数を超えたところから、各多角形の違いを想像において描くのは困難になってくる。それはもはや、多角形というよりも限りなく円に近い、ぼんやりとした図形となるであろう。そのとき私たちは、精神の緊張を感ずる。

ここにおいて私は、想像するためには、ある特別な心の緊張を必要とするが、これは、理解するためには私の用いないものである、ということを明白に認める。[57]この新しい、心の緊張こそ、想像の働きと純粋な知性の働きとの間の相違を明らかに示すものなのである。

この緊張は、まさに身体の影響とその限界を示すものである。想像に描くとはすなわち、身体の助けを借りることを意味する。『規則論』における問題解析では利点と思われた身体の助けが、たとえば千角形を理解しようとするときには、純粋知性の働きを阻害するのである。千角形を把握することは、想像ではなく知性の役割である。翻ってそれは、数学の真の概念は知性によってしか把握できないことを意味する。三角形を私たちは「精神の眼で直観」[58]するが、それは想像の働きに他ならない。あたかも眼で見るように三角形を把握することは、数学的概念を把握するためには本来的に適していない。三角形の把握に関しては、想像から知性への移行が断絶なく行なわれるがゆえに、私たちは身体の影響を積極的に評価しうる。しかし、千角形の事例において、想像は理解の妨げでしかない。こうして、私たちは最終的に、身体の影響から脱して、純粋な知性による把握へと上昇することが求められることに気づくのである。

「精神の眼による直観」は「精神による洞見」――それはまさに純粋知性の作用である――とは区別される。「第二省察」における蜜蠟の分析において、デカルトは物体を把握するために必要とされるのは、感覚でも想像でもなく、純粋知性の働きであると言う。

〔蜜蠟を〕把握する働きそのものは、視覚の作用でも、想像力の作用でもなく、また、たとえ以前にはそう思われたにしても、決してそういうものであったのでもなく、精神のみによる洞見なのである。[59]

物体に関わる事柄は、まず感覚や想像によって捉えられる必要がある。外的世界に属する事物は、まず第一に、外へと開かれた感覚によって知覚されなければならない。第二に、物体的事物は、想像において描かれることで、私たちの理解をまずは助ける。想像の半‐抽象作用は、数学を用いた物体的事物に関する問題を解くために、大いに有効である。しかしながら、物体的事物の本性それ自体を把握するのは、感覚でも想像でもない。物体的事物の概念把握は、物体それ自体ではない抽象的な事柄である。すでに述べたように、延長と延長体の把握は異なるのだ。よって、必要とされるのは純粋な知性の働きである精神の洞見である。

それゆえ、思考はまず知覚や感覚から始める必要がある。それを介さなくては外部へと開かれないし、アランも述べるように、思考は浮遊することになってしまう。しかし、身体を整えて、協働したのち、精神は最終的に身体の影響から脱する。これは心身合一が実現されたからこそなしうるのである。ここに到って初めて、身体は背後に退き、精神が主導権を握る。精神の能動の究極の形が意志の力によって進められる思考である。この意味において、デカルトは精神を第一に置き、身体なしに精神が存在すると主張した。しかし、知性は常に受動から始まることを忘れてはならない。そうでなければ、知性は能動的に思考することができない。デカルトが身体も精神も落ち着いたときを見計らって省察した（méditer）のはそのためである。[60]

こうして、私たちは身体の能動から精神の能動への移行を通して、つまり、精神と身体それぞれの秩序を整え尊重することによって、正当な意味での思考を論ずることができる。私たちは、思考は精神の働きであるという命題を出発点に置いてはならない。思考を純粋知性の働きへと高めるために、私たちはまず精神の受動を明らかにすることから始める必要がある。精神の受動、すなわち身体の能動から始めることによって、精神の能動へと到達することができるのだ。精神と身体とを区別し、両者の協働を語ることで、最終的に精神単独の働きが顕在化する。思考はこのようにして位置づけられる。創造に関しても事態は同様である。まずは対象と向き合い、しかしながら身体を統御することによって、何らかの作品を私たちは創り出すことができる。それは言葉によって思考を表現したり解釈したりする行為――すなわち情報の表現や解釈にも関わってくるであろう。この点については第Ⅲ部で論じることにしよう。

（1） ここでは仮に「主体」というタームを用いるが、主体という概念に必ずしも固定的で実体的な意味を付与しているわけではないことを付け加えておく。主体についての詳細な考察は本論第四章を参照せよ。

（2） たとえばシャノンとウィーヴァーが情報概念から意味論を排し、情報を物理的側面からのみ理解したようにである。シャノン／ウィーヴァー『コミュニケーションの数学的理論』（Claude Shannon and Warren Weaver, *The Mathematical Theory of Communication*）を参照せよ。とくに、ウィーヴァーによる「通信の解析的研究の一般的背景についての序説」（Recent contributions to the mathematical theory of communication）という節において、情報の意味論的側面は哲学者の仕事であると明確に主張されている。

(3)　ボードリヤールがシミュラークルという観点から、もはやリアルを参照しない「ハイパーリアル」な世界を描いたのは、この一つの例と言えよう。詳しくは、ボードリヤール『シミュラークルとシミュレーション』(Jean Baudrillard, *Simulacres et simulation*)を参照せよ。とりわけ第一章「シミュラークルの先行」(La précession des simulacres)においてその理論的側面が展開されている。

(4)　以下2－6までの議論は、二〇〇七年六月にディジョンのブルゴーニュ大学で行なわれたデカルトセミナーにおける発表(*Imagination entre le corps et l'âme*)をもとに加筆修正を施した。

(5)　一六四三年五月二一日付エリザベト宛書簡(*Descartes à Elisabeth*, 21 mai 1643, AT. III. 664－665)。以下、デカルトからの引用はすべてアダン・タヌリ版全集 *Œuvres de Descartes*, publiées par Charles Adam et Paul Tannery, Paris, 1996 による。これをATと略記し、引用に際してその巻数と頁数を示した。なお、日本語訳は、野田又夫編『世界の名著　デカルト』(中央公論社)、『デカルト著作集』(全四巻、白水社)、『精神指導の規則』(野田又夫訳、岩波文庫)、『省察』(山田弘明訳、ちくま学芸文庫)、『デカルト＝エリザベト往復書簡』(山田弘明訳、講談社学術文庫)、『デカルト全書簡集』(全八巻、知泉書館)を参考にした。

(6)　デカルト「第二省察」AT. VII. 27。

(7)　デカルトが「思惟する事物」として精神を位置づけているのではないかという反論もありえよう。たしかにデカルトは私(あるいは精神)を、「思惟実体」(substance pensante)であるとか「思惟する事物」(res cogitans)であると言う。実体に付与されるイメージ、そして、事物(res)というタームに引きずられて、精神をある意味で固定的なものであるとみなす立場もありえよう。しかしながら、デカルトが「実体」と言うときの意味合いは、むしろ「それ自体として独立で存在する」、つまり身体から完全に切り離されて存在するということにある。よって、ここでは「考える限りにおいて私はある」ことを第一に理解し、「私」あるいは「精神」を働きや運動の相のもとに解釈することとする。詳しくは第Ⅱ部第四章を参照せよ。

(8)　デカルト『ビュルマンとの対話』(*Entretien avec Burman*, AT. V. 162)。

(9)　「第四反論」(AT. VII. 203)および「掲貼文書への覚え書」(AT. VIII. 342－343)を見よ。Gouhier, *La pensée métaphysique de Descartes*, p. 323. も参照のこと。

(10) グイエによる次のような指摘を参照せよ。「歴史の役割は、デカルトが彼自身の哲学において理解しなかったことを理解することではなくて、ガッサンディ、アルノー、レギウスから繰り返しなされた、デカルトが理解しなかった問いのタームをよく理解することである」(*Ibid.*, p. 328)。あるいは、「デカルトの形而上学が思惟する物体と延長する物体の間の、人間におけるそれらの合一の事実とはほとんど相容れない区別を肯定すること、ここにおいて、哲学者の前で哲学者とともに議論された問題があるのである。ところで、彼の答えは、最も良い心構えを持つ論敵をも説得できなかった」(*Ibid.*, pp. 322－323)。

(11) デカルト「第六省察」AT. VII. 81。

(12) 同書、AT. VII. 81。

(13) 同書、AT. VII. 81。

(14) デカルト『方法序説』「第五部」AT. VI. 59。

(15) 同書、AT. VI. 59。

(16) Gueroult, *Descartes selon l'ordre des raisons*, t. II, chapitre XV.

(17) Gouhier, *op. cit.*, pp. 338－339.

(18) 普通『精神指導の規則』と訳される作品であるが、私たちは『規則論』と呼ぶことにする。

(19) デカルト『規則論』「規則一四」AT. X. 441。

(20) アラン『デカルト』一三五頁(Alain, *Idées*, p. 116)。

(21) 中村雄二郎『中村雄二郎著作集Ⅴ　共通感覚』を参照のこと。また、アリストテレス「睡眠と覚醒について」『自然学小論集』『アリストテレス全集6』二四五頁(Aristoteles, *Pavra Naturalia*, 455a10－455a30)も参照のこと。

(22) デカルト『規則論』「規則一二」AT. X. 413。

(23) 同書、AT. X. 416。

(24) Fichant, *Science et métaphysique dans Descartes et Leibniz* の第一章参照。フィシャンは、一六四三年六月二八日付エリザベト宛書簡(AT. III, 691)において採られた表現をとって、ingenium を「想像によって助けられた知性」と呼んでいる(p. 5)。

(25) 詳しくは以下の引用を参考にせよ。「ここに私は、人間精神が何であるか、身体は何であるか、後者は前者によっていかにかたどられる（informari）か、この複合物全体において、事物を認識するのに役立つ能力はいったい何であるか、それらはそれぞれどのような働きをするか、を説明できればしたかったのである」（傍点引用者）（「規則一二」AT. X. 411）。

(26) ただし、仏訳は《informer》ではなく、《unir》という語を使っている（AT. IX-2. 310）。『哲学原理』第四部第一八九節参照のこと。

(27) デカルト「第二答弁」「諸根拠、定義二」AT. VII. 160 - 161。

(28) デカルト『規則論』「規則一四」AT. X. 441。

(29) 同書、AT. X. 445。

(30) 一六四三年六月二八日付エリザベト宛書簡（*Descartes à Elisabeth*, 28 juin 1643, AT. III. 693）。

(31) アラン『芸術の体系』一三 - 一四頁（Alain, *Système des beaux-arts*, p. 12）および『芸術についての二十講』九頁（Alain, *Vingt leçons sur les beaux-arts*, p. 7）を参照せよ。

(32) デカルト『情念論』の第一部を参照せよ。とりわけ第四六節では、身体からの強い能動（すなわち精神にとっての受動であり情念passion）を抑えるために、精神のできることは多くはなく、身体が鎮まるのを待つことだと述べられている。

(33) パスカル『パンセ』第八二節（Pascal, *Pensées*, 82）。配列はブランシュヴィック版に従う。

(34) デカルトは『情念論』において能動的想像と受動的想像を区別する。精神が積極的に何らかのイメージを描こうとしたり、思い出そうとする行動は能動的想像に属する。受動的想像を統御しながら芸術の議論へと展開したのがアランである。『情念論』の、とりわけ第二〇、二一節を参照せよ。

(35) デカルトは次のように述べている。「事物が多数あっても、その一々を知性が判明に直観する助けとはなりえない。で、しばしば多くのものの中からただ一つを抽き出す必要があるが、それには、事物の観念からして現在注意する必要のないものをすべて除去し、残部がより容易に記憶に留められるようにすべきである。そして同様にして、この時物自身を外部感覚に示すべきではなくむしろ物の或る省略された形を示すべきであり、この形は、記憶の誤りを避けるに足りさえするなら、小さければ小さいほど都合がよいであろう」（「規則一二」AT. X. 417）。このようないわば半 - 抽象作用とも言うべきものは想像（力）にしか備わっていない。

(36) デカルト『規則論』「規則一四」AT. X. 444。

(37) 詳しくはベイサッドによる論文を参照せよ。Jean-Marie Beyssade, "《L'étendue n'est pas le corps》(Regulae XIV, AT X, 444, l. 18)" dans *Descartes au fil de l'ordre*, pp. 89–104.

(38) アラン『芸術についての二十講』二五－二六頁（Alain, *Vingt leçons sur les beaux-arts*, p. 15)。

(39) アラン『芸術の体系』五一頁（Alain, *Systèmes des beaux-arts*, p. 26)。

(40) ベルクソン「可能性と事象性」『思想と動くもの』一四一頁（Bergson, "Le possible et le réel" dans *La pensée et le mouvant*, p. 102)。

(41) 同書、一四一－一四二頁（*Ibid*, p. 102)。

(42) アランに従えば、抵抗とはそもそも、彫刻家にとっての大理石や建築家にとっての資材といった物体的事物である。しかし、詩に関しては、守るべき形式や踏まねばならない韻律となる。これもまた、一種の抵抗となろう。散文にもこの種の抵抗がある。文章は文法的に意味を成すように成立しなければならない。すべてが論理的である必要はないが、破綻しないように話の流れや前後関係を尊重しなければならない。このような「抵抗」から解放されることが自由なのではない。自由とは、抵抗を抵抗とは感じさせないこと、抵抗を見事に乗り越えることである。

(43) アランは芸術論を始めるにあたって次のように述べている。「私はこういう巨大な理論構築をヘーゲルにならって再現するつもりはないし、また、芸術の実際の歴史にも触れるつもりはなく、むしろ芸術の生理学といったものの概略を、描きたい、もしくは描こうとつとめたい、と思っています。人間というものの形態、構造、感覚や神経や筋肉の機能、これは歴史の流れのなかで取り立てて変化していないので、これを考察し、そこからさまざまな芸術の誕生と再生とを読み取るのですが、そこには一つの自然の秩序があり、それが絶えずくり返されて行って、さまざまな芸術を常に区別し、さらには互いに対立させるでしょう」。人間の身体の生理学から人間の情念を分析する方法はデカルトから受け継いでいる。しかしながら、そのような情念を芸術へと昇華させるプロセスはアランが独自に展開している（アラン『芸術についての二十講』九頁、Alain, *Vingt leçons sur les beaux-arts*, p. 7)。

(44) アランは次のように言う。「自由な運動は表現しすぎる、いやむしろ、無差別にすべてを表現する、と言うべきだろう。わたしたちを規制する外的行動や、探究の手がかりも推測の手がかりもない一時的な情動についても、同じことがいえる」

(『芸術の体系』九七頁、*Systèmes des beaux-arts*, p. 45)。
(45) デカルトは、理性によって真であると明証的に理解した事柄を選択するときに、ますます自由が増大すると述べている。(「第四省察」AT. VII. 57 – 58)。
(46) 同書、AT. VII. 58 – 59。
(47) 同書、AT. VII. 58。
(48) アランもまた言う。「混乱のない秩序は宙に浮いた秩序であるし、観念しか制御しないのは、なにも制御しないのと同じことだからだ。だとすれば、すべてにおいて美が真を完成させるということができる。そうと分かれば、美が道徳の王者だという言も驚くに当たらない」(『芸術の体系』七三頁、*Systèmes des beaux-arts*, p. 35)。
(49) デカルト『情念論』第一七節。
(50) 同書、第一六節。
(51) アラン『芸術の体系』五〇頁 (Alain, *Systèmes des beaux-arts*, p. 26)。
(52) ベルクソン、前掲書、一四一 – 一四二頁 (Bergson, *op.cit.*, p. 103)。
(53) 同書、一四一頁 (*Ibid.*, p. 102)。
(54) アラン『芸術の体系』三三五 – 三三六頁 (Alain, *Systèmes des beaux-arts*, p. 139)。
(55) アラン『芸術についての二十講』三五頁 (Alain, *Vingts leçons sur les beaux-arts*, p. 20)。
(56) デカルト『省察』「第六省察」AT. VII. 72。
(57) 同書、AT. VII. 73。
(58) 同書、AT. VII. 72。
(59) デカルト『省察』「第二省察」AT. VII. 31。
(60) 「今日私はあらゆる気遣いから心を解き放ち、落ち着いた閑暇を手に入れて、ただひとり閉じこもっているのである」(『省察』「第一省察」AT. VII. 17 – 18)。

# 第二章　因果律の二つの様相

第一章では、二項の区別と合一について想像という概念を通して考察した。この思想は、第Ⅱ部以降で、情報と主体という二項、個と集団という二項といったサイバースペースにおける具体的な場面を分析することによって、さらに展開されるであろう。ここでは、そのような二元論の具体的展開へと移る前に、情報の生成に注目したい。情報がまさに生成するという場面、情報が創り出されるという場面についての再考を試みる。

私たちは何らかの事物や出来事について考察する際、一般的に、通常の時間概念のもとで、原因と結果という形式において、個々の事物や出来事の生成を位置づけようとする。そこでは、二つの事柄が前提とされている。第一に、これまで過去から現在へと時間が絶え間なく流れてきたように、これからも時間は現在から未来へと流れていくであろうという臆見である。それは、過去を未来へと投げ込みながら得られる均質的な時間概念である。時間を図示する際、数直線を描こうとしてためらわずに過去から未来へと一本の線を引くように、時間は直線的に流れていくという前提を私たちは立てている。第二に、何らかの出来事がある程度繰り返し生起する場合、それを法則化しうる、つまり帰納的に物事を秩序化しうるという前提である。二つの出来事や事物の間に強い関係を、しかも因果関係を見出し、Aという原因には必ずBという結果が付随するという法則を確立する。そこではいったん法則化が成立するや否や、第一の前提が影響力を持つ。すなわち、まず最初に何らかの原因があり、その原因が特定の結果を生起させるという通常の時間概念のもとでの原因結果の理解が成立するのである。原因は常に結果に時間的に先立ち、すでにそこに存在しているのである。

しかしながら、物事が法則化される以前、私たちが何らかの秩序を確立し、法則それ自体を作り上げようとする際には、結果から原因へと議論を進める。言い換えれば、種々の結果を取り集めながら、初めてその結果に対する原因を同定する際には、原因は結果を起点として決定される。そこでは、結果あっての原因なのである。ところが私たちは、その後、通常の時間概念に寄りかかりながら、事態を法則化し、その法則が法則化以前の過去にまで遡って適用されるかのように絶対化する。このような絶対化によって、あたかも原因は常に結果に時間的に先立つものであるかのように、法則化それ自体のプロセスとは逆の順序が確立されてしまう。それゆえ、私たちは原因は常に予め存在するものだと思い、そのような原因によって結果が生み出されるという順序を習慣的に受け入れている。

このような法則化は私たちに安心感を与える。なぜなら、物事は常に予測通りに展開し、ある原因が起これば必ずそれに合致する結果が生起することになるからである。安定性を獲得する一方でしかし、私たちは創造性を失うことになる。そこでは、私たちの想定外の出来事は決して起こらず、常に一定の同じ結果がもたらされるにすぎない。

問題は、この原因から結果へという順序が生成に関するいかなる物事にも適用されてしまうことである。先に、法則化それ自体のプロセスでは原因と結果が時間的に通常の順序において現われないと言ったが、このように、何か新しい物事が創り出される際には、通常の因果律で考えてしまってはうまく説明ができない——あるいはその創造性が明らかとならない——という負の側面がある。ここで因果律の議論を展開するのは、私たちが情報の生成においてまさに創造性を重視するからである。そのためには、通常の因果の原理のもとだけでなく、因果律それ自体が生成する場面に即して物事の生成を捉え、物事についての考察を多面的に行なう必要があるのではないか。それは、ある一つの事物あるいは出来事について、その生成に関する二つの軸を考慮することに他ならない。

この通常の因果律批判の手がかりとなるのが、デカルトの作用原因の議論である。生成に関する二つの軸の考察へと進む前に、少々回り道をして、デカルトの哲学的議論を追ってみることにしたい。

## 1　因果律批判

デカルトは、コギト、すなわち思惟する私の存在は確実であると認めたのち、今度はそのような「私」の原因を探求する。その際、今現在、私を生み出しつつある原因に注目する。それは上記の二つの前提を疑うところから始まる。まず第一に、通常の時間概念が批判される。時間は、私たちが信頼しているような形で流れているものではないかもしれない、時間の各瞬間は独立しているかもしれないという誇張的懐疑のもと、[1]デカルトが求めるのは「今この瞬間に私を生み出すもの」であり、「各瞬間ごとに繰り返し私を生成するようなもの」であった。[2]そのような私の生成は、いわば連続的な創造であり、瞬間ごとに新たな私が創り出される。ここでは、時間に対する私たちの信頼が覆される。それに伴って、瞬間ごとの生成（まさに今、新しいものが生み出される！）という、原因と結果を通常の時間概念の中で理解していては説明のできない事態が想定される。「私」の原因として求められるのは、たとえば両親やそのまた両親といったように、時間的に先なるものとして次々に辿っていけるものではない。そうではなくて、〈今ここで思惟している私〉の存在の原因である。それが作用原因（causa efficiens）と呼ばれるものである。各瞬間ごとに生成し直される私を支えているのは、瞬間ごとに働きかけ私を生み出している作用原因なのである。[3] この原因の考察を通して、以下に見るように、デカルトは通常の因果律を批判していく。この原因についての考察は、最終的に神の存在証明へと進んでいくが、私たちの議論の中ではそこに深入りする必要はない。ここでは時間概念批判が理解されれば充分である。

さて、時間の各瞬間の独立性が言われたのち、上で第二の前提として引き入れられていた、因果の原理も検討される。デカルトは、作用原因について次のように述べている。

自然の光[4]は、作用原因の理拠にはそれが時間的にその結果よりも先にあることが要求される、と言い立ててはいないのです。というのも、逆に、本来的に作用原因が原因たる理拠を持つのは、ただそれが結果を産出しつつある限りにおいてだけなのであり、したがって作用原因は結果よりも先にあるのではないからです。[5]

このように作用原因という名のもとに、因果律批判が展開されている。作用原因という概念によって理解されているのは、必ずしも原因が時間的に結果に先立つものではなく、むしろ結果を生み出す限りにおいて原因はあるということである。結果と原因のいわば同時性が言われる。たとえば、ウメの花の中にサクラの花が混じっている場合を考えてみよう。植物に取り立てて詳しくない人間は、それらをすべて同じウメの花と捉えてしまう可能性がある。しかし、「この花はサクラである」ということをウメの花との違いとともに教えられた途端、その人にとって「サクラの花」がその瞬間から存在し始める。これはまさに、ソシュールが主張した名づけられることによって何らかの事物が存在し始めるという事態である。[6] この事態を通常の時間概念のもとで理解してしまうと、

「サクラの花」はすでに存在していたことになってしまい、作用原因の相が見えなくなってしまう。たとえ、予め「サクラの花」が存在しているように見えたとしても、「ウメの花と区別されない花、ウメの花と同じように見える花」ではなく「サクラの花」が存在すると判断された瞬間に、「サクラ」は「ウメと同じように見える花」とは異なるものとして存在し始める。「サクラの花」が「サクラの花」として存在し始めるのは、まさに名づけられた瞬間からなのである。ただし、名づけの瞬間に「サクラの花」はあたかも予め存在していたかのように見えてしまう。それは、名づけた途端に「サクラ」という名を過去へと引き伸ばして適用してしまうからである。私たちの混乱は、通常の時間概念、つまり数直線的な時間概念のもとで、与えられた名前を過去にまで遡って当てはめてしまう点に由来する。

私たちが、通常の時間概念のもとに原因が常に結果に先立つ因果関係を見るのは、ある特定の前提のもとで成立する事態にすぎない。それにもかかわらず、いったん確立された法則は、私たちを過去から未来へと一直線に流れる時間軸の中へと追いやり、原因が常にそこにあるものだと思い込ませる。しかしながら、重要なのは、時間が各瞬間に独立している可能性を考慮に入れること、そして、原因と結果の同時性を想定することである。デカルトの批判は、物事の生成について単一の軸ではなく、二つの軸において考察することを可能にする。生成という事態は、多面的な様相のもとで考えられなければならない。

## 2　予測と創造

デカルトの作用原因の思想は、アリストテレスの議論へと遡ることができる。アリストテレスは事物の生成を可能態（デュナミス）から現実態（エネルゲイア）への移行と捉えている。たとえば「木は可能的に種子においである」と言われるとき、種子はいまだ目的を達成していない可能態である。種子の目的とは木、すなわち現実態となって完全に自己を実現することにある。このとき、種子が木になる過程をどのように捉えるかによって、異なる様相が現われる。それは、予測と創造という二つの側面のうち、どちらを重視するかという問題である。

もし、種子から木、そしてまた種子へと戻る運動を円環運動と捉え、すでに成立した法則とみなすのであれば、木は種子においてすでに存在し、実現されることを待っていることになる。種子には実在性を除く木の要素すべてが予め備わっており、現実化されることだけが残されている。ここでは安定した運動が一つの固定したものとして捉えられ、法則に基づく予測が立てられている。運動とは言いながら、実は種子から木、木から種子への流れは固定化された一つの塊とみなされている。そこに運動のダイナミズムを見出すことはもはやできないが、その代償として私たちは安定した予測を獲得できるのだ。その一方で、法則それ自体を打ち立てようとする側面、あるいは、法則に基づくある程度の予測をしながらもその予測を逃れる側面を考えることができる。なぜなら、種子が木になり、また種子となるプロセスには、未知の要素が関わってくる可能性が常に残されているからだ。各プロセスは決して完全に同一なものではなく、そこには創発性が求められる。一般的な木ではなく、この木へと生長したのは、予測を逃れた影響のもとでの創発的な出来事である。ここでは運動は運動として保持され、木となり種子となることそれ自体が問題とされている。このとき、可能態にすべてが予め含まれているとは言えず、現実化の過程で働く創造的要素を等閑視することはできない。

この予測と創造という二つの側面は、自然的事物の発生だけでなく、出来事の生起や私たちが何かを作り出す際にも関わってくる。この二つの側面を区別することによって、私たちは事物の発生や物事の生起を異なる視点から捉え直すことができるだろう。

## 2-1 可能なものとリアルなもの

以下、生成に関する二つの軸を考察していくが、その第一段階として、ベルクソンによる「可能なもの」(possible)と「リアルなもの」(réel)の関係を確認しておきたい。ベルクソンは、生成に関して一つの軸にとらわれていては事態を見誤ると指摘する。

いわゆるデカルト主義者たちは世界を機械的なものだとみなし、科学を発展させてきた[7]。それは法則化されており、予測可能な世界である。言い換えれば、通常の時間概念のもとで確立された因果律に基づいて理解された世界である。しかし、世界は常に私たちの予測をはみ出す仕方で実現(réaliser)されるのではないか。世界はむしろ予見のできない「連続創造」(création continue)[8]である。私たちが行動する場合も同様である。どれほど綿密に計画を立て、そのプランに沿って行動を起こそうとしても、必ず予想外の出来事に遭遇するか、予想外の行動を起こすことになる。実現化(事象化 réaliser)は、ベルクソンによれば、常に独創的(original)な形を取る[9]。

このとき次のように言われるかもしれない。予測をはみ出すとか予想外といった印象は、たかだか心情にすぎない。気分的には、あるいは精神(âme)にとっては[10]そうであるかもしれないが、事物の運動においては、そこに独創的なものなど見出せない。なぜなら、物質は法則に従って動いているにすぎず、基本的に例外は認められないからだ。だからこそ私たちは安心して慣性的世界に身を任せているのではないか。

ここに私たちは二元論的視点と、それに対する二通りの態度を見出すことができる。世界を物質的なものと精神的なものに区別し、物質を科学法則に従う規則的なものだとみなすのが第一の立場である。すでに見たように[11]、この立場に身を置く人々は、二元論を立てておいて、物質のみが存在するかのように考える。あるいは敢えて物質のみが存在するものとみなす。そして、その物質がいかに見事に機械的な振る舞いをするのかを示してみせる。精神的なものから切り離された純粋に物質的な世界は、私たちの予測の範囲に収まる法則の世界である。

しかしながら、物質のみが存在すると考えているのは、まさに人々の精神である。物質という概念を操作することによって、世界の法則化が成り立つのだ。ところが、法則に従う物質的世界を描く精神の存在を、そのような人々は見ていないか、あるいは存在しないものとする。むしろ世界の背後に精神が退いてしまっているかのように、考察の対象外に置かれるのである。哲学的に言えば、世界から精神（あるいは魂）といったものを除き、抽象し、純粋な物質的世界を描こうとする。しかしその抽象という働きは、実際のところ、精神に拠っているのである。

第二の立場を取る人々は次のように考える。世界は単に物質的事物だけで構成されているわけではない。とりわけ、情報という視点から世界を捉え直そうとする場合には、物質的側面だけではなく、意識、意味、生命といった様相を無視するわけにはいかない。すなわち、法則化できず、予測を常に逃れる世界に私たちは対峙していることを忘れてはならない。逆に言えば、世界から精神や魂といったものを排除しようとするその運動が、世界にはある意味分かちがたくそのようなものが絡みついて存在しているという証左になる。抽象によって物質的世界を出現させるという作業が有効であるのは、抽象される以前の世界が渾沌としているからに他ならない。こうして計算不可能な世界が私たちの前に広がっていることが意識される。

なぜこのような二つの立場がありうるのだろうか。ベルクソンに従って考えるならば、それは可能なもの（possible）とリアルなもの（réel）をどのように捉えるかによって決まってくる。つまり、可能性（possibilité）をリアリティ（実在性 réalité）に先立つと捉えるのか、そうではないものとみなすのかという違いである。第一の立場に賛同する人々は、前者の見解を取る。すなわち、事物の可能性がその実在に先立つと考えている。すでに見たように、私たちは普通、物事が生起するプロセスを法則化し因果律において理解しようとする。そのとき、私たちは可能性を過去の中に置き、まるですでに常にそこに存在したかのようにみなしている。たしかに、限定された閉じられた系の中ではこのような理解が可能なこともあろう。現に諸科学は、法則を適用しうるレベルを区別し、領域を限定し、その領域の範囲内で通用する理論を打ち立てている。しかし、ベルクソンに言わせれば、事態はまったく逆である。とりわけ、創造に関わる事柄についてはそうなのである。ベルクソンはここで言う第二の立場に立つ。「可能的なものは実在を獲得することによって実現されるという思想は、まったくの錯覚[12]」であるとベルクソンは主張する。たとえそれが人間の精神にとって自然に見えたとしても、である。「リアルなものが可能になるのであって、可能なものがリアルになるのではない」(c'est le réel qui se fait possible, et non pas le possible qui devient réel)[13]のだ。可能的なものは事後的に発見される。ある物事が生成して初めて、その生成に関わる原因と結果とを私たちは特定しうる。そのとき、原因を時間軸上で過去に置くために、可能なものをリアルなものに先立つと錯覚してしまうのだ。可能なものに何らかの実在が付け加わってリアルなものになるのではなく、結果としてのリアルなものが後に可能なものを規定するのである。

ここに見られるのは、まさに因果の時間的順序の逆転を彷彿とさせる思考の動きである。原因と結果を事後的に理解するのか、それとも、法則化された事象における時系列の中で理解するのかによって、原因と結果の関係性は変化する。しかしながら、法則化するという運動は、あるいはベルクソンの言う潜在的事物からの創造は、何らかの原因があって、それが結果をもたらすという時系列においては説明できない。原因としての要素が確固とした具体的な形で予め存在するのではないのである。そうではなく、結果が生成して初めてある一つの関係性の中で同定され位置づけられるのが、潜在的な原因なのだ。デカルトは、私たちが普通考えるような仕方で時間は流れていないかもしれないという疑いに基づき、各瞬間が相互に独立している可能性を想定した。そのような時間概念のもとで、原因と結果の同時性が言われたのであった。ベルクソンはむしろ、原因が事後的に決定される順序の逆転を主張する。つまり、因果の原理を前提するがゆえに私たちは原因は結果に先立ってあるという先入観を抱くが、原因は私たちにとって常に予め明らかにされるものではないことを主張するのだ。

こうして、閉じられた系の内部での安定した予測よりも、未知の要素によって影響を受ける可能性を常に残しながら、可能態（デュナミス）は事後的に発見される。潜在性の強調は、創造的エネルギーと運動におけるダイナミズムについて語ることを可能にする。ただし、可能的なもの（possible）というタームに残るアリストテレスの思想に、すなわち法則化され固定化され常にすでにそこにあるものとして硬直化した運動にとらわれないように注意しなければならない。私たちは動きを動きとして捉えるよりも、運動を止めて閉じられた系の中で固定的なものを思考することに慣れている。常に新しいはずの運動は、放っておけば閉じられた円環運動に還元され、最終的には動きそのものを止められてしまう。

### 2-2　可能-リアル（possible-réel）運動とヴァーチャル-アクチュアル（virtuel-actuel）運動

ベルクソンはリアルなもの（réel）と可能なもの（possible）という二つの概念の持つ意味合いを故意に変化させながら、réalisation——実現化の運動に創造性を見出そうとする。このベルクソンの問題意識をさらに深化させたものに相当するのが、フランスの思想家ピエール・レヴィによる可能-リアル（possible-réel）運動とヴァーチャル-アクチュアル（virtuel-actuel）運動の相違に関する考察である。ベルクソンが possible-réel の過程を二つの立場に分けて考えたものを、レヴィは、virtuel-actuel 運動というもう一つの軸を導入することによって、その相違を明確にする。これが先に述べた生成に関する二つの軸である。

レヴィはとりわけヴァーチャル（virtuel）あるいはヴァーチャル化（virtualisation）という概念に注目して、上述の四つの要素を詳細に分析していく。ベルクソンの問題意識を明らかにするために、まずはレヴィの議論を追ってみることにしたい。

そもそもヴァーチャルなものとは何か。レヴィは私たちがヴァーチャルなもの（virtuel）という言葉を耳にしたときに一般的に抱く印象を払拭しようと努める。[14] 一般的に用いられているヴァーチャルという用語からは、普通、偽物であるとか、二次的なもの、幻想という印象を私たちは受ける。この用語はまた、ヴァーチャルリアリティという言葉と相俟って、先の印象をさらに強めているのである。しかし、ここでレヴィが定義するヴァーチャル、あるいはヴァーチャルなものは、決してリアルなものに対立するものではない。すなわち、ヴァーチャルリアリティという用語から出発して、リアルあるいはリアリティという基準に基づき、ヴァーチャルやヴァーチャリティを二次的なリアル、想像上の産物、実際には存在しないが存在しているように見せかけているといった意味に理解してはならないのである。ドゥルーズも言うように、「ヴァーチャルなものにはヴァーチャルである限りでのリアリティが存在する」[15]。むしろ、リアルを基準に事物を見ることを批判することが、ヴァーチャルを再定義することの意義である。すなわち、現実に存在する事物、より正確に言えば、存在するということを批判や吟味なく受け入れられている現実の事物を起点として、事物の存在の強度や意味づけをすることをいったんやめてみようという提言が、ヴァーチャルという視点を導入する意味なのだ。

そのとき、ヴァーチャルなものは、存在するとかしないとか、現実に存在する事物に近いとか近くないといった基準を導入するリアリティとはまったく別の視点を私たちにもたらす。ヴァーチャルなものとは、「問題提起的な複合体」であって、アクチュアル化を要求する。[16] たとえば、ヴァーチャルな企業と言われるとき、一般的に、遠隔労働が可能な、物理的に同じ敷地内で働くことを要求しない組織の形が思い浮かべられるだろう。ネットワークで接続されたヴァーチャルな仕事場が現われる。しかしそのとき、古典的労働形態における身体的現前（プレザンス）とは何か、労働空間や労働時間をどのように理解すべきか、といった点が問題化される。このような問題化がまさにヴァーチャル化であり、問題提起は解決、すなわちアクチュアル化へと向けて進んでいくであろう。[17] ヴァーチャルとは、決して幻想でも二次的なものでもなく、それ自体エネルギーを持ち、新たな問題を喚起し、別の意味や価値を掘り起こすものなのだ。だが、レヴィの目的はそれだけではない。それを知るためには、ヴァーチャル－アクチュアルの運動を可能－リアル運動と比較してみればよい。

可能なものからリアルなものへの移行は、設計図から製品へというように、計画の段階に存在以外はすべて含まれているような運動である。一方、ヴァーチャルなものからアクチュアルなものへの移行は、問題提起とその解決という、可能なものからリアルなものへの移行とは別のレベルの運動である。たとえば、机を製作する場面を取り上げよう。この場面は二つの視点から分析することができる。アリストテレスに即して考えるならば、目指される机の形は、製作者のうちに可能的に存在する。その形は質料原因である木において現実化されるであろう。設計図や計画としての机の本質は、作成前に製作者においてすでにあり、実現されるのを待っている。こうして、同じ計画のもとに同じ机がいくつも作成されることになる。工業製品的生産と同様である。しかし一方で、どれほど綿密に計画を立て設計図を引いたとしても、製作者は机を作成する時点で当初の予測を外れる事態に陥ることを完全に避けることはできないであろう。そのとき製作者は、状況に合わせながらその都度、当初の計画を変更したり手順を前後させたりして、修正した形での机を創り出す。それは、機械的な製作とは異なり、いわば創造的な制作とも言える場面である。アランは芸術家（artiste）と職人（artisan）の違いに言及しながら、両者が限りなく近づく瞬間を次のように描写する。

> 残された問題は、芸術家と職人とはどこがちがうかだ。どんな場合でも、観念がまずあって、観念が実行行為を律するというのが工業だ。とはいえ、工業においてさえ、職人が仕事にかかったとなると、前もって考えていたより事態がよく見えるという意味で、作品が観念を修正するのはよくあることだ。そのかぎりで、

職人は瞬間的に芸術家になるといえる。(18)

アランの言う「観念」とは、アリストテレスにおける製作者のうちにある目的原因としての完成図である。しかしながら、実践は観念よりも強力であり、実践における修正は芸術家における創造とほぼ同義なのである。

こうして私たちは、レヴィの区別した二つの運動、すなわち可能‐リアル運動とヴァーチャル‐アクチュアル運動が、同じ一つの出来事における視点を変えた二つの軸になりうることを理解する。設計図に従って作られる製品は通常、可能‐リアル運動の中に位置づけられる。なぜならば、計画において実際の存在（すなわちリアリティ）以外のすべてが備わっているからだ。しかし計画が実践において修正を施され、作成過程の各状況において何らかの工夫や創造的要素が求められるのであれば、そのプロセスはヴァーチャル‐アクチュアル運動に属することになる。作成過程において生じる問題とその解決は、まさにヴァーチャルとアクチュアルの運動、問題提起とその解決の絶え間ない繰り返しとなる。一見、同じ一つの過程に見える製品の生産が、二つの異なる視点から光を当てることによって、違った姿を私たちに見せる。問題は、私たちがどちらの姿に重点を置くかである。

### 2‐3　ヴァーチャル化（virtualisation）の特殊性

以上のような運動の二つの軸の中で、レヴィが最も重視したのはヴァーチャル化の運動である。〈問題提起から解決へ〉という一方向だけではなくて、いったん解決されたと思われる事態に対して、新たな問題を提起すること、問題を掘り起こすことがレヴィの注目した創造的運動である。それはまた、法則そのものや秩序それ自体を打ち立てる運動でもある。新しい秩序を導入するためには、アクチュアル化された物事を通して初めて原因を発見すること、つまりヴァーチャル化して原因を探求することが不可欠だからである。これは、可能‐リアル運動の中では考察しえない側面である。先ほどの机の例で言えば、机を作り出すことを惰性による生産と捉えるのか、あるいは今まさにこの机を生み出しているという運動それ自体を重視するのかによって、事態は異なる様相を呈するということだ。前者は可能‐リアル運動において机の生産を捉えることであり、後者はヴァーチャル‐アクチュアル運動において机の制作を理解することである。机の制作に伴う問題の発見とその解決は前者の運動においては語ることができない——あるいは創造的運動として積極的に語ることができない。

ヴァーチャルなものとは、ある事物や出来事のあり方、存在の仕方（より哲学的なタームを使えば存在様態）であって、どのような存在者にも見出すことができる。それは、事物や出来事におけるリアルだとかリアリティとは別の存在の仕方を示している。ヴァーチャルなものとは、事物や出来事、すなわち存在者に伴っている力である。それは存在者を問題化するための潜在的なエネルギーなのだ。このエネルギーは、何らかの解決へと向かおうとする。それがアクチュアル化の過程である。しかし、その解決は予め決定されているわけではなく、問題化された時点で模索されるものである。重要なのは、何らかの解決が永続的な解決を意味するわけではないことだ。その解決もまた何らかの存在者であり、ヴァーチャル性を孕んでいるからである。結果とともに見出される原因という二つの事項の確定は、永続的なものではない。今度は別の結果が生成し、以前に結果として確定された事項が原因の相の下で現われるであろう。結果はアクチュアル化されたものであるが、しかしヴァーチャル性を失っていない。すなわち、問題化されうるエネルギーを含んでいるのだ。それゆえ、解決もまた、再問題化されうるし、アクチュアル化された解決はアクチュアルなものにとどまらず、再びヴァーチャル化され、新たなアクチュアル化を求める。このアクチュアル‐ヴァーチャル運動が存在者を位置づける別の様態なのだ。

さらに言えば、何らかのアクチュアル化がなされて初めて、ヴァーチャル化の次元が明らかになるということもありうる。すなわち、アクチュアル化を生み出した原因であるヴァーチャル化は、必ずしも時間的に先立って明らかになる必要はないということだ。たとえば、何らかの思想を表現する場合、思想の言語化や明確化はアクチュアル化であると言える。けれども、そのアクチュアル化を喚起した問題提起が必ずしも予め意識されている必要はない。すなわち、何らかの思想を言語化しつつ、アクチュアル化しつつ、初めて自分が何を問題化しようとしているのか、何に応えようとしているのかが明らかになる場合があるということだ。これは、アクチュアル化されることによって初めて、そのエネルギー源となったヴァーチャルの次元が顕わになってくるという事態である。私たちは、自分が何を知っているか知らない段階であっても、言葉によって何かを紡ぎ出すことができる。言語化されて初めて、自分にとっても自分が何を語りたかったのかが明らかになることがある。たとえばメルロ＝ポンティは次のように言う。

もしも言葉が思惟をあらかじめ想定するものだったら、もしも語るとはまず何よりも、認識の意図または表象をもって対象と合致することだったなら、どうして思惟がまるで自分を完成させるためであるかのように〔言葉の〕表現へと赴くのか、どうして最もなじみ深い対象でさえも、それの名前が憶い出せないうちはどうも落ちつきの悪いものに思えるのか、また、自分の書こうとしていることを正確には知らぬうちに本を書きはじめた多くの作家たちの実例が示しているように、どうして思惟する主体自身も、彼が自分の思想を自分にたいしてはっきりと定式化するかあるいは口にしたり書いたりさえしないうちは、自分の思想にたいして一種の無智の状態にとどまることになるのか――こうしたことが解らなくなってしまうであろう。思惟が言葉となったり、他人に伝達されたりする際のわずらわしさを避けて、ただ自分にたいしてだけ存在することに満足してしまっていたら、そんな思惟は生れるや否や、たちまち無意識に陥ってしまうであろうし、それはけっきょく、自分にたいしてさえ存在しないということになってしまうだろう。[19]

このとき、アクチュアル化とヴァーチャル化は同時的である。思考と表現は分かちがたく結びついている。さらに言えば、表現することによって初めて思考が明らかになるとさえ考えうるのだ。思考の表現は、すでに自らのうちで形づくられた考えの言語を媒介にした翻訳ではない。思考をすでにある何ものかの移し替えだと理解することは、考えるという営みを可能 - リアル運動において捉えることである。メルロ = ポンティが主張するように、思惟することとそれ自体はアクチュアル - ヴァーチャル運動において理解されるべきであり、そこでの〈思惟〉と〈表現〉は、通常の時間概念のもとでの原因結果ではない。〈思惟〉は何らかの〈表現〉によってアクチュアル化され、それによって事後的にその〈表現〉を生み出した〈思惟〉が見出される。アクチュアル化を駆動するヴァーチャルなものは、原因として規定されうるが（そして原因として規定された途端、アクチュアル化以前へと位置づけられるおそれがあるが）、順序としては結果より後に発見されるのだ。思考の表現は一回なされれば終わるというものではない。表現され（アクチュアル化され）、思考が見出されたとき（ヴァーチャルなものの発見）、今度はアクチュアル化された表現それ自体が問題化されるであろう。そして再び思考が展開されるであろう。問題化とその解決は繰り返される。

ところで、もし問題化がその内部に問題の解決をすでに含むものとしてなされるのであれば、それはヴァーチャル - アクチュアル運動のカテゴリーには属さない。むしろ、可能 - リアル運動のうちに含まれるであろう。たとえば、問題のうちに選択肢としての解決がすでに入り込んでいる場合がそれである。アクチュアル化の条件とは、問題に対する創造的な解決である[20]。単なるリアル化（すなわち実現）を目指す可能の状態は、たとえそれが問いの形態を取るにしても、問いのうちに解決は含まれており、ただリアリティが備給されるのを待っているのだ。予め決定されているいくつかの選択肢からの解決と、新たな質や視点を生み出す創造的な解決とは、根本的に異なっている。アクチュアル化が新たな質や視点をもたらすからこそ、次のヴァーチャル化が養われるのだ。ヴァーチャル‐アクチュアル運動に伴うこの創造的エネルギーこそが、可能‐リアル運動とそれを決定的に区別するものなのだ。これはまさに、ベルクソンが創造性について語った事柄と同様である。たとえば、芸術作品の創造という歩みは、可能‐リアル運動の行程の中で理解されてはならない。つまり、手持ちの材料の中に可能なものを見て、すでにできあがった未来から反射するかのように現在を捉え、原因としての可能なものがすでに存在していると考えてはならないのである。可能なものは創造された芸術作品から遡って発見される。それはヴァーチャル‐アクチュアル運動において捉えられるべきであって、可能性にただ実在性が付け加わったわけではない。

こうして、事物の生成に関する運動の二側面が明らかとなった。レヴィの区別した可能‐リアル運動と、ヴァーチャル‐アクチュアル運動は、因果律の二つの形を表現している。すなわち、すでに確立された法則の中で理解されているのが可能‐リアル運動であり、結果が生じることで初めて原因を同定するという創造性を重視するのがヴァーチャル‐アクチュアル運動である。とくに、ヴァーチャル化という運動に注目することで、結果から原因へと遡るという順序を保持したままの因果関係から、私たちは創造性を伴う生成に関しても語ることができるのだ。

## 3　暗黙知とブリコラージュ

以上のいささか抽象的な議論を、今度は具体的な情報生成の場面において展開させてみたい。ここで導きの糸となるのは暗黙知とブリコラージュである。私たちは、それが何か新しい情報を形成するのに有用であると知る以前に、様々な情報を検索したり、収集したり、ストックしたりすることができる。何らかの新しい情報が生み出されて初めて、もしくは自分なりのデータのまとめ上げ（すなわち情報化）が成立して初めて、私たちは原因を事後的に辿ることができる。なぜなら、何かある事態を理解したり認識したりすることができるにもかかわらず、なぜそのようにわかるのかを説明することのできない知の次元があるからだ。それを暗黙知の次元とマイケル・ポランニーは呼んだ。[21]

「まだ何かの役に立つ」(ça peut toujours servir) として資材を集めるブリコルール (bricoleur)[22] の姿には、インターネット上で情報を集めたり、種々のテクストを読みながら（本や論文を渉猟しながら）テクストの断片を収集する私たちの姿が重なる。私たちは、何ものにもなっていないが、しかし将来自らに関わってきそうな情報を集めることができる。それがどのように具体的な形で役立ち、具体的な主題のもとに位置づけられるかは、私たちはまだ知らない。それでいて、あらゆる情報がすべて等しく収集されるのではなく、ある意味で取捨選択は前もって行なわれるのである。暗黙知の次元で、情報は収集されたり捨てられたりしている。

私たちが情報を収集し、ストックし、切り貼りし、変形し、編み直す過程は、どのような意味において創造的であり、また何によって駆動されるのであろうか。まずはレヴィ＝ストロースの議論を追ってみたい。

### 3－1　ブリコラージュの潜在的性質

レヴィ＝ストロースは『野生の思考』において、神話的思考と科学的思考を区別し、神話的思考に独特な方法を見出す。それがブリコラージュ (bricolage) である。ブリコラージュとは、「ありあわせの道具材料」を使用して「自分の手でものを作る」[23] ことである。ブリコラージュを行なう人——ブリコルールは、今手元にあるものを用いて、いくつものプロジェクトに対応した結果を生み出す。材料が集められた時点では、個々の要素は具体的でありながら（木切れや釘や余った金属片など）、同時に潜在的である。すなわち、諸要素は次回どのような計画のもとに使用されるかがまったく未知数のまま収集され、ストックされている。そして、何らかのプロジェクトが決定された場合、ブリコルールは自分の手元にあるストックをすべて入念に確認し直す。いったい自分は何を持っているのか。ブリコルールの世界は手元にあるもののみで構成された閉じた世界である。その閉じた世界の中で、ブリコルールは、ある計画のもとに手持ちの資材を隅々まで検討し目的を定める。しかしそれは必ずと言っていいほど、後に変更されてしまう目的である[24]。作業の過程で、資材は当初目されていた部分とは異なる部分に使用されたり、異なる方法で適用されたり、あるいは逆に、使われないこともある。諸要素の位置づけはその都度、変更される。どのように使用されるかによって全体像は変化する。すなわち、要素の組み合わせによって構造体そのものが変化するのである。

レヴィ＝ストロースによれば、科学者もブリコルールも、情報やメッセージを目指している。科学者は、新たな情報を引き出そうとし、手持ちの情報の向こう側を目指す。それに対し、ブリコルールにとって情報はいわば「前もって伝えられているもの」[25]である。情報を生み出す人たちはブリコルールと同様、ある主題のもとで、手持ちのテクスト（あるいはテクストの断片）を隅々まで検討し、目的を定める。しかし目的は必ずと言っていいほど後に変更される。執筆の過程、あるいは編集の過程で、各テクストは、当初予定されていた部分とは別の部分に配置されたり、別の位置づけや価値評価をされたり、あるいはまったく使用されなかったりする。テクストの断片がどのように配置され位置づけされるかによって、そのテクストが構成する全体、構造体としてのテクストも姿を変える。テクストの組み合わせによって、構造体そのものが変更されるのである。

手持ちの材料から生み出される物は、原因結果という通常の因果律のもとで理解するならば、すでにある資材の単なる組み替えでしかない。資材は具体的な存在であり、資材の世界は閉じている。しかし、結果から原因へと遡る逆転した因果律のもとで理解するならば、もともと存在する資材を、まさにこのように、このような目的のもとで、この部分に対して使用することは、結果があって初めて了解される事態なのである。この意味において、資材は具体的ではなく、潜在的（virtuel）な存在である。資材は世界に開かれてある。同様に、テクストの断片はその位置づけや配置によって身分を変える。要素それ自体に変化はないにもかかわらず、全体との関係性が変化することによって、身分が変わるのである。通常の時間概念における因果律を適用するならば、テクストの断片や要素は固定的で、すでにそこにあり、配列だけは変化するが、その性質は不変のままである。しかしながら、結果とともに原因が特定されるという順序の逆転を読み込むならば、新しい全体（レヴィ＝ストロースによれば構造体）が生み出されるとともに、断片やテクストはその場における独自の地位を獲得すると言える。新しい全体の原因としての断片がそのとき初めて発見されるのである。

　そのとき私たちが行なっているのは単なる切り貼り作業ではない。それが切り貼り作業、もしくは創造性の要素のない編集作業に見えるのであれば、この行為を通常の因果律のもとに理解しているからである。すなわち、原因としての諸テクストが確固としてあり、そこから結果としての諸テクストの組み合わせが存在するというものである。しかし、私たちは、なぜそのような諸テクストが集められているのかわからないのである。なぜ手元にこのような情報があるのか。いわばそれを探求するために、私たちは情報化を行なうのである。情報化とは、ただ情報を集めるだけの作業ではない。個々の情報を秩序づけ価値づける作業であって、そこにこそ、当初では予測のできなかった創造性が見出されるのである。諸要素としての諸情報は、組み合わせ次第によって、姿を変える。通常の因果関係において理解される諸要素は、どのような組み換えをされようと、その固定的で具体的な形態を変えることはない。しかしながら、通常の時間概念にとらわれない因果律において理解される諸要素は、原因と結果によって姿を変えるのである。位置づけや価値づけが変化することによって、諸要素は具体性よりもその潜在性（virtualité）を強調される。

私たちは、何を探求しているのかを具体的に知らないままに、問題を立て、その答えを求める思考を続けることができる。おそらく問題は、立てては崩され、また新たに立て直されることであろう。その過程を繰り返すことによって、私たちにとって探求すべきものとともに問題それ自体が明らかになってくる。この「何を探求しているか具体的に知らないままに問題を立てうる」次元のことを、ポランニーは「暗黙知の次元」と呼んだ。私たちは明確に言語化する前に、何かを識別し、認識し、ある意味でわかっている。問題を探求する際に、様々な情報の中から関係がありそうなものだけを取り出し、組み替え、ばらばらにし、もう一度組み替え直すことができる。そこで暗黙のうちに情報が取捨選択されるその仕組みを、私たちはうまく説明することができない。それでいて、様々な情報を眺め、吟味することで、私たちにはなぜか情報間の関係が見えてくるのだ。

### 3－2　身体の能動あるいは構造の優位

では、暗黙知の次元やブリコラージュは何によって駆動されるのか。手探りで問題の探求を始めたり、将来何の役に立つのかわからないままに情報をストックできたりするそのメカニズムはどのようなものなのだろうか。とりあえず探求されたり集められたりする問題や情報の価値あるいは重要性は、〈私〉の意識に最初から前景化するわけではない。それゆえ、問題を探求させたり情報を収集させたりする力は、〈私〉のうちに見出せないものなのか、あるいは、〈私〉のうちにあるにもかかわらず気づかれないものなのか、それを決定することは難しい。レヴィ＝ストロースはそれを構造に帰したが、ポランニーは意識化されない身体の運動から説明しようとした。後者は、デカルトやアランを彷彿とさせる。それは、精神にとって受動ではあるが身体にとって能動であるような、身体主導の知や認識であると言うこともできるであろう。

　レヴィ＝ストロースもポランニーもよく似た例を挙げている。それは人の顔を識別することについてである。

私たちは千人、いや百万人の人々の中からでも知っている顔を見分けることができる。[26] しかしどのようにその顔を認識しているのかを言葉によって説明し、他人に理解させることは非常に困難である。「人の顔ほど記述するのが難しいものはない[27]」とレヴィ＝ストロースは言う。なぜなら「対象となる現象の変数の量があまりにも大きいため、現象の本質に到達すべくすべての変数を記録しつくしたとは、遂に言えずに終わる[28]」からだ。多種多様の鼻や口の特徴を言葉に置き換えることは容易ではない。

レヴィ＝ストロースはここでドイツの画家であり版画家でもあるアルブレヒト・デューラーの発見を援用する。デューラーは、座標空間の中に人の顔を描き、座標のパラメータを変化させることで、様々な顔を得る。縦軸を伸ばしたり、垂直な軸を彎曲させたりすることによって、多種多様な顔のモデルが現われる。レヴィ＝ストロースは、ここから次のように主張する。言葉による記述は相変わらず困難であるにもかかわらず、座標空間を導入するだけで、人の顔の種類が「単純な規則によって規定されている」ことがわかる。[29] 私たちは個々の顔を描写することはできないが、個々の顔の違いを規定する関係そのものを、つまり構造を描写することはできるのである。言い換えれば、個々の要素を規定することは困難であるが、要素間の関係や差異を表現することは容易であるということだ。一方、ポランニーはモンタージュ写真の例を挙げている。様々な鼻や口の選択肢から一つを選び取り、それらを配置することで、私たちは似た顔を組み合わせ作り上げることができる。ここでもまた、言葉による描写は困難であるにもかかわらず、私たちはモンタージュを完成させることができることがわかる。ここでポランニーが強調するのは、「自分が記憶している顔の特徴」と、モンタージュの個々の要素の「コレクションの中の特徴」を私たちが照合しうるという点であり、しかも「私たちは、どういうふうにして照合したのか、言葉にすることはできない」ことである。[30] 私たちはどこかで記憶のうちにある一つの顔をとどめている。それはすでにわかっていることである。しかしその顔を個別のものとして描写することはできない。多種多様の顔の要素（たとえば鼻であり口である）の組み合わせを実際に行なうことで、記憶の中の顔とモンタージュの顔を一致させ、目の前に表現することができるのだが、記憶の中の顔はモンタージュを行なう前からすでにそこにあったのだ。

ポランニーは暗黙知の次元を、まずもって身体における意識化されない知覚から説明しようとする。彼がショック綴り字[31]や探り棒[32]の例を挙げるのはそのためである。身体は私たちが意識するよりも多くのことを知っているのだ。ただ、その過程が私たちの意識にすべて明確に現われないため、なぜわかるのかわからないという奇妙な事態が生じるのである。一方、レヴィ＝ストロースは、言うまでもなく、構造によって私たちが動かされていると主張する。構造は、時代や地域を超えて私たちを支配している。〈私〉が主体的に決定したり考えたりしていると思い込んでいる事柄は、それほど主体的ではないのだ。構造やネットワークが〈私〉を動かすのか、それとも〈私〉における意識化されない個別的な身体が動かすのか、この問題の詳細な検討はここでは措く。少なくとも、情報収集や、諸情報に秩序を導入したり情報の価値づけを行なったりする際に、主体が常に意識的に意志を行使してそれをなしているわけではないことを指摘するにとどめる。この問題は、主体をどのように定義し、位置づけるのかという問いへと展開されるであろう。主体は私たちにとって明確であり意志の力で統御しうる存在だとみなすのか、あるいは逆に、私たちにとっても知られえない領域を持つ何ものかであるとみなすのか。この問いは次章以降において主題化されるであろう。

## 4　情報体のネットワーク

第一章と第二章の議論を踏まえたうえで、私たちの情報論＝情報体論に基づく枠組みを示し、従来の情報学がどのように位置づけられ、また私たちの今後の議論がどのように展開されるのかを概観しておきたい。

まずは、主体と情報という二つの要素に分ける。さらに、情報を二元論的に捉えることにしよう。すなわち、情報についての物理的支持体という側面と意味という側面とを分けるのである。その際、世界は二通りの現われ方をする。

情報の物理的支持体という側面に注目するならばどうなるか。そのとき、情報が織り成す世界は無機質で法則化されたものとして現われる。そこでは情報の伝達、解釈、表現が繰り返し行なわれていると理解される。とはいえ、何が表現され、どのような解釈がなされ、どのように伝播していくかは、予測可能な世界である。人々の反応もいわば機械的で、そこにおいて創造性を見出すことができない。いわばレヴィの可能‐リアル運動に還元されるような世界である。たしかに、この立場は伝達技術の発展に寄与することができる。実際、情報伝達速度、情報伝送量の増大など、情報工学の分野は飛躍的な進歩を遂げている。この進歩なくして現在の情報化社会はありえなかったし、私たちがここから多くの恩恵を受けていることは改めて言うまでもない。問題は、この世界におけるコミュニケーションが閉じた世界の思考停止した反応と捉えられてしまい、そこには創造性も独創性も見出せないことである。すべてがすでに確立された法則の中で動いている。その動きは、常に同じように繰り返され、運動と言いながらも止まっているかのようであり、いわば結晶化している。

それでは、情報の意味的側面に注目するのであればどうなるか。そのとき、無機質ではない、生命や意識といったものを視野に入れた情報の世界が現われる。たとえば、西垣通は情報論に生命あるいは生物学的視点を導入することを主張する。それは、従来の情報工学や情報科学とは異なり、意味作用を重視する視点である。意味作用を見るためには、情報を生命活動と切り離してしまってはいけないと西垣は言う(33)。たしかに情報の中に生命活動を読み込むことによって、機械的運動とは異なる情報の振る舞いや動きを論ずることができる。たとえば創造性についての積極的な議論がそれである。生命が生まれ、成長していく場面における創造性は、機械的運動のみで説明されえない。遺伝情報は、環境や外的影響によって発現の仕方が異なり、すべての事柄が予め決定されているわけではないからである。ただし、次の点は問われてもよい。西垣は生命や意識によってどこまで視野に入れているのか、たとえば精神といったものを生命レベルに還元してはいないか、という問いである。

ある情報から何が生まれ、どのような反応が返され、広まっていくのかは、常に予測可能ではない。この予測からはみ出す部分を創造性とみなすことができよう。興味深いのは、同じ一つの運動であっても、前者のように無機質な物体的運動と捉えることもできれば、後者のように創造性を含む運動と捉えることも可能なことである。すなわち、予想を超える部分を誤差として切り捨ててしまい、法則のうちに押し込めてしまえば無機質な情報世界の範疇において理解しうるであろうし、逆に想定外の部分に一瞬一瞬対応しようとする態度を積極的に認めれば、生命的情報世界に属するであろう。

しかしここで私たちは西垣の主張のさらに先を目指したい。情報の新たな創造ということを、それは遺伝情報の発現が予測不可能だというレベルとは異なったものとして捉えたいのである。どんなにイメージしても、どれほど自由に想定を膨らませたとしても、リアリティ（現実 réalité）はそれとは違った形で現われる。ここに創造性を見ることにする。遺伝情報の予測不可能性は限定的なものにとどまるが、私たちの目指す予測不可能性は限定されないものである。そのような創造性を論ずるためには、情報が物理的支持体という側面と意味という側面を別々に持ちながらも一つのものであることを認めねばならない。すなわち二項の区別と合一を両立させること、情報を情報体（entité informationnelle）として捉え直すことである。

今度は、情報の側ではなく主体の側に精神と身体という二元論的区別を見ることにしよう。デカルトに従えば次のように考えられる。精神あるいは純粋知性は、身体へと自らを振り向けることによって観念を形成する——すなわち、事象を知る。そのとき、この一連の過程は二つの視点から語られうる。一つは、精神のうちに能動を見る視点である。知性が自ら身体へと向き直り、さらに、知性が身体をかたどるようにして、観念が形成される。観念は、知性がかたどることによって初めて生成する。言い換えれば、知は、精神の関与があって初めて生ずるのである。それは、感覚とは異なる精神の能動性を表わしている。しかしながら、この過程を逆から辿ればむしろ、知性の受動性が明らかになる。これがもう一つの視点である。すなわち、知性は身体によってかたどられ、観念を形成する。観念の本質は、身体に刻み込まれた形象においてである。このとき、知性はあくまでも働きを受けるものであって、身体側に能動性が認められる。知は身体の能動的関与において生ずるのである。しかしこれらは同じ一つの事態の二つの側面であって、別の事象ではない。私たちにとっては矛盾とも思えるこの二つの側面は、両立するのである。

こうして、主体に関してもその身体的側面と精神的側面とが区別され、さらに身体と精神の二項が合一するという事態が生ずる。これもまた情報体なのである。ここから今度は、情報体としての情報と、情報体としての主体が、区別されつつ合一している新たな情報体となる。このような段階を辿りつつ、情報創造が論じられるのである。すでに述べた芸術作品創造の場面と思考の条件について思い出されたい。

情報や芸術作品を創造する際には、精神による抽象ではなく、むしろ身体的に関わることが重要となる。それは、繰り返しから習慣を形成し、技巧に集中するという側面である。まずは身体を通して、世界の中に安定的な出発点を築かなければならない。逆説的であるが、意識を含む世界は、何よりも身体によって開かれるのである。その後、改めて精神的側面が事後的に浮かび上がってくる。技巧に関する哲学的思索を展開するのはたしかに精神の仕事であるからだ。しかしながら、技巧に関わるのは、身体の領域である。精神の領域を明らかにするためには、身体の領域を定めなければならない。

もし超人間的な知性（intelligence surhumaine）であれば、意識と身体というこの二つの極を一挙に捉え、この先何が生じ、何が展開されていくのかを完璧に予測することができるであろう。[34]しかし、私たちにとっては、この二つの極を同時に判明に捉えることは不可能である。私たちには可能なのは、二極を区別し、どちらかの極に基盤を置いて事態を捉え、実際はその両極が一つの事態であると理解することだけである。それが、一見私たちにとって矛盾に思われる二元論における二項の両立を目指すということである。

情報と主体の区別と合一を両立させる情報体は、さらに別の情報体と関わり、合一し、新たなグループやネットワークを形成する。議論を少々先取りするが、情報体がネットワークへと拡大していく点を概観するならば次のようになる。情報体の集合が、集合体、すなわち情報ネットワークの一つの全体を表わすことになる。情報体は、単数でもまた複数でも存在する。[35]ある一つの情報に注目して、その情報を解釈する主体をただ一つ想定するとき、そこには一対一の関係が見出される。情報とそれの担い手で完結される一つの情報体が理解されよう。一方、一つの主体は複数の情報を解釈したり表現したりする。そのとき、主体という基盤を考えればそれは一つのまとまりを持つ主体、むしろ複数の情報を含む情報体である。だが、情報という側面からは、各情報の担い手という意味で、主体の複数性が明らかになる。それは、一つの情報が複数の主体に共有されることを考える場合も同様である。そこには一つの情報をめぐる情報グループが見出される。一つの情報を複数の担い手が共有する。一つの情報を通して複数の主体が顕わになってくるのである。

この意味で、主体（あるいは情報の担い手）は、そのうちに単数性も複数性も併せ持つ存在であることに注意しなければならない。こうして、大きな情報ネットワーク、あるいは情報の集合体を考えるならばどうか。その中でやり取りされる諸情報に注目すれば、ネットワークとは、情報が様々に形を変えながら次々と繋がり、解釈され、表現され、全体として常に新しく変更されていく集合であると認められる。その結節点が、あるいは主体と呼ばれうるものであり、ネットワーク上に〈事後的に〉形成されていく。一方、情報ネットワークを形成する情報の担い手の能動性に注目するならば、ネットワーク上に結節した主体が一時的なものではなく、ある程度〈持続的に〉存在する面が強調されるであろう。それによって、意味を与えるエネルギーは主体の側に由来し、主体を介すことで情報が初めて活かされる点に気づかれる。まるで、ネットワークが結節点を中心に、色を与えられるかのようである。その色づけは各主体に委ねられており、ネットワークは単色で塗りつぶされることはない。こうして、私たちは、集合という一つのまとまりを考えると同時に、そのまとまりを形成する個の多様性もまた確保することができるのである。

このネットワークを再び一つの情報体としての集合体として捉え直すならば、情報としての側面と情報を担う主体としての側面が、絡み合って存在することが理解されよう。ネットワークにおける情報は主体に能動的に影響を与える。しかしその能動性は固定的なものではない。今度は主体が能動的に情報に意味づけを与える。しかしだからといって、主体の能動性は永続的に維持されるものではない。再び情報を受動的に受け取る場面へと返っていくのである。この運動に終わりはない。むしろ運動そのものが情報にも主体にも、情報体としての集合体にも力を与え、エネルギーを備給し、豊かなものにするのである。

これ以降、私たちは様々な二元論的区別と合一を考察していくことになろう。

第一に、すでに論じた精神と身体の二元論。精神のみによって世界を語ることはある意味で可能である。しかし、外へと開かれることはない。身体を介入させることにより、外界、さらには他者との関係を構築する端緒が開かれる。そのためには同時に心身の合一を語ることが重要となる。なぜなら、合一によって私たちは正当に身体を位置づけることができるからである。しかし一般には、切り離された身体（あるいは物体）をそれ自体として独立に存在するものとみなし、むしろ精神を忘却するようにして身体（物体）の秩序のみが語られる。だが私たちは、精神と身体が区別されつつ合一しているものを主体と呼ぶ。それが情報体なのである。

第二に、主体と知の二元論。ここではひとまず知を広く曖昧な意味に取っておく。たとえば情報や知識とも言い換えられるものとして捉えておく。主体のみによって世界を語ることはある意味で可能である。しかしそれは閉じた世界である。精神と身体の二元論同様、知を介入させることにより、主体は外界や他者へと開かれるのである。そのためには主体と知の区別だけでなく主体と知の合一を語らねばならない。私たちは、合一によって正当に知を位置づけうるのである。しかし一般には、身体同様、切り離された知（情報）をそれ自体として独立に存在するものとみなし、むしろ主体を忘却するようにして知（情報）の秩序のみが語られる。

第三に、情報（あるいはテクスト）の二元論。情報や知識の物体的側面と精神的側面。すなわち、紙やコンピュータの画面といった物理的支持体と、知の内容、情報や知識の意味的側面の二元論である。内容のみに注目して知や情報を語ることは可能である。また逆に、意味的側面を論じることなく物体的側面のみを考察対象とすることもできる。物体的側面を考慮に入れなければコミュニケーション、他者との関係を考えることはできなくなる。その意味において物体的側面は基盤をなす。しかし知や情報の内容を蔑ろにすることもできない。こうして二つの側面の両立が重要となる。

二元論における区別と合一を同時に捉えようとする試みが、以降、私たちに多層的でダイナミックな世界を顕在化させるであろう。

（1）　デカルト『省察』「第二省察」AT. VII. 48 – 49。
（2）　同書、AT. VII. 49。
（3）　デカルト『反論と答弁』「第一答弁」AT. VII. 108 – 109。このような原因についての考え方は、アリストテレスの四原因説に遡ることができる。原因は大きく言って二つ、すなわち質料原因（matter, matière）と形相原因（form, forme）に分けられる。後者には、ここで注目する作用原因と目的原因とが含まれる。

（4） 自然の光（lumen naturale）とは人間の理性に備わっている認識能力のことを言う。超自然的な認識能力である「恩寵の光」と対比される。
（5） デカルト『反論と答弁』「第一答弁」AT. VII, 108。
（6） 丸山圭三郎『カオスモスの運動』八九‐九七頁を参照のこと。丸山はソシュールを引きながら、命名行為は、単に事物に対して言葉のラベルを貼り付けることではなく、言葉による世界の解釈の仕方であると主張している。
（7） ここで「いわゆるデカルト主義者」という表現をしたのは、後のデカルト派の人々が必ずしもデカルト自身の思想に忠実であるとは限らず、ときにはむしろ、デカルトとは正反対の主張を展開したり、デカルトの思想の一部分のみを取り出して、あたかもそれがデカルト哲学の全体を代表するかのような解釈をしているからである。つまり「いわゆるデカルト主義者」はデカルト自身と対立しうるのであり、ここでは批判的意味が込められていることに留意されたい。
（8） ベルクソン「可能性と事象性」『思想と動くもの』一三七頁（Bergson, *La pensée et le mouvant*, p. 99）。
（9） 同書、一三八頁（*Ibid.*, p. 100）。
（10） 同書、一三八頁（*Ibid.*, p. 100）。
（11） 本論第一章を参照せよ。
（12） ベルクソン、前掲書、一五四頁（Bergson, *op.cit.*, p. 112）。
（13） 同書、一五八頁（*Ibid.*, p. 115）。
（14） 厳密に定義されたヴァーチャルなものは、偽物、幻想、想像的なものとは何の親近性も持ってはいない。ヴァーチャルなもの（virtuel）は決してリアルなもの（réel）と対立するものではない（『ヴァーチャルとは何か？』p. xii‐xiii）。清水高志『来るべき思想史』の第一章にはレヴィの議論を踏まえたヴァーチャル論が展開されている。
（15） ジル・ドゥルーズ『差異と反復』三一五頁（Gilles Deleuze, *Différence et répétition*, p. 269）。
（16） レヴィ『ヴァーチャルとは何か？』三頁（Lévy, *Qu'est-ce que le virtuel ?*, p. 14）。
（17） 同書、六頁（*Ibid.*, p. 16）。
（18） アラン『芸術の体系』五五‐五六頁（Alain, *Systèmes des beaux-arts*, p. 28）。
（19） メルロ＝ポンティ『知覚の現象学1』二九一頁（Merleau-Ponty, *Phénoménologie de la perception*, p. 206）。

(20) レヴィ、前掲書、四頁(Lévy, *op.cit.*, p. 15)。

(21) マイケル・ポランニー『暗黙知の次元』を参照のこと。ポランニーは「私たちは言葉にできるより多くのことを知ることができる」(ポランニー『暗黙知の次元』一八頁、Polanyi, *The tacit dimension*, p. 4)という事実から出発して、知とは何か、創造的で新しい問題の探求がいかにして可能かという議論を展開している。

(22) レヴィ＝ストロース『野生の思考』二三頁(Lévi-Strauss, *La pensée sauvage*, p. 27)。

(23) 同書、二二頁(*Ibid.*, p. 26)。

(24) ブリコラージュにおいては「一つの選択がなされるごとに構造は全面的に再編成されるので、それがはじめに漠然と想像されていたままであることも、当初によりよいと考えられていたままであることもけっしてない」のである(同書、二五頁、*Ibid.*, p. 29)。そして「でき上がったとき、計画は当初の意図(もっとも単なる略図にすぎないが)とは不可避的にずれる」ものなのだ(同書、二七頁、*Ibid.*, pp. 31－32)。

(25) 同書、二六頁(*Ibid.*, p. 30)。

(26) マイケル・ポランニー、前掲書、一八頁(Polanyi, *op.cit.*, p. 4)。

(27) レヴィ＝ストロース『構造・神話・労働』三九頁。

(28) 同書、四〇頁。

(29) 同書、四〇－四一頁。

(30) マイケル・ポランニー、前掲書、一九頁(Polanyi, *op.cit.*, p. 5)。

(31) ラザルスとマックリアリは被験者に多数のでたらめな綴り字を見せ、いくつかの特定の綴り字を見せた後では電気ショックを与えた。まもなく被験者はショック綴り字を目にするだけで、電気ショックを予期できるようになった。ところが被験者はどれがショック綴り字なのかは見分けがついていない。ここからポランニーは、人間は言葉にできるよりも多くのことを知ることができると結論づける(同書、二三－二四頁、*Ibid.*, pp. 7－8)。

(32) 探り棒や杖を使う場合、はじめは無意味に感じられた手に対する衝撃が、探りの対象に触れているという有意味な感覚へと置き換えられる。私たちは道具を使用して得られた結果を介し、道具の感触が意味するものに注意を向けるようになる。ポランニーはこれを暗黙知の「意味論的側面」(semantic aspect)と呼ぶ。詳しくは同書、三一－三二頁(*Ibid.*, pp. 12－

13）を参照せよ。

(33) 西垣通『基礎情報学』を参照のこと。とりわけ第一章において、生命的情報を重視する根拠が述べられている。ただし、西垣がどこまで（創発性ではなく）創造性を重視しているのか、生命のレベルと意識（精神）のレベルを同一視してよいのかは問われるべきであろう。この点については、本論第四章の主体の考察においてより詳細に展開される。

(34) ベルクソン、前掲書、一三八頁（Bergson, *op.cit.*, p. 100）。

(35) 単数性と複数性の問題については、本書第Ⅱ部第四章において詳しく展開する。

# 第Ⅱ部　知とは何か

二元論の理論的側面を再考した後、私たちは、よりいっそう具体的な様相を考察していく。ここでは、知と主体を区別しつつ合一したものとして考えることを試みる。まずは区別された知あるいは情報を主題として取り上げ、知あるいは情報それ自体の二元論を（すなわちその物体的側面と意味的側面について）考察する。次に、知や情報についての主体を主題化する。ここでもまた、デカルトの哲学を基盤として考える。一般的に理解されている固定的な主体とデカルト的主体とは異なることを示すと同時に、しかしながらそれは常に変化し続ける動的な主体にとどまらないこと（すなわち、ある種の持続性を備えた主体であること）をも示す。

# 第三章　知あるいは情報をめぐる二元論

知が主題化される際、意識的にせよ、無意識にせよ、知に関する二元論が立てられる。知とそれを所有する主体（あるいは人間）[1]を切り離し、相互に独立した存在とみなす立場である。ここには「知」について、予め前提された一つの理解が引き入れられている。まず第一に、知とは主体から分離しうるものであり、それ自体として存在しうるという理解である。それゆえ、知はあたかも事物のように受け渡し可能であり、誰のもとに送られようが、誰によって所有されようが、その知自体の価値は不変となる。第二の前提は、知は主体によって所有可能な存在であるというものである。そのとき、（後に検討することになるが）知は次のように捉えられている。たとえば何らかの事柄を知りたいと願う人間が、インターネットで情報を検索する。問題なく必要としていた情報を入手したときに、知はその人によって所有されたと理解される。この意味において、主体は次々と情報を入手し、取り集め、知を増やしていくことができる。

こうして知と主体が区別された後、通常はどちらか一方を重視する形で他方を忘れ去る、あるいは蔑ろにする主張がなされている。一つは、知を重視し、人間から切り離されて存在するいわばデータとしてみなす立場であり、もう一つは、知を所有する人間を重視し、そこにアイデンティティを見ようとする立場である。前者の立場からは、蓄積可能であり、受け渡しもまた容易な知の姿が浮かび上がる。所蔵書の多い図書館が評価されるように、多くのデータを収集すればするほど、データベースの豊かさとして評価されるであろう。主体との関わりで言えば、できる限り多くの知を得たものが、まさに博識であって、最も評価されることになる。主体はどのような知をどれだけ蓄積しているかによって価値評価され、能力はリスト化され、量によって判断される。一方、後者の立場からは、何らかの主体自ら「知っている」ことが重要となる。知をどのように結びつけ、理解し、秩序づけるかが問題となるのだ。このとき、知を所有する者としての主体が評価される。知は主体に関係づけられて初めてその価値を獲得するからである。このように知よりもむしろ主体を重視することによって、たとえば、私たちは何らかのテクストの作者としてその固有名を支持することが可能となり、固有名のもとにテクストを二次的に置くことになる。作品を支えるのはまさに作者としての主体であるからだ。

しかしながら、前者の立場では、知は固定的なものとみなされ、質や価値よりもむしろ量によって判断されてしまうおそれがある。知をそのような事物化したものとして捉えることは果たして妥当かが問われるであろう。翻って後者の立場では、逆に主体を固定的なものと捉えてしまうおそれがある。知の帰属先としての主体が予め立てられ、古典的なアイデンティティへの揺り戻しの危険が冒されるからだ。

したがって、このような二元論を乗り越える必要が私たちにはある。それは、知を重視する立場と主体を重視する立場を両立させることによって成り立つであろう。知と主体を分割して考えてもよい。むしろ、ひとまず両者を分けて考えることが重要である。しかしその後、再び知と主体とを合わせて捉え直すことへと向かわねばならない。知とそれを担う主体との区別と合一が正当に語られて初めて、私たちは集団に埋没することのない、しかしながら孤立することなく連繫しうる個と、伝達可能ではあるが事物的ではない知の意味と価値とを論ずることができる。知（あるいは情報）と主体とが一体化したものとしての情報体という存在を認めることによって、私たちは固定的な存在としてではなく、エネルギーや働きとしての知および主体について考えることができる。

私たちは、第Ⅰ部における二元論再考の議論を手がかりに、知に関する二元論を出発点とする。すなわち、人間（あるいは主体）と知との二元論である。本章では知を主題化し、次章では主体を主題化する。サイバースペースにおける知をめぐって、私たちはこの二つの要素を検討しつつ、人間と知とを区別しながらも一体となったものとして捉える可能性、すなわち情報体として捉える可能性を探求する。

## 1　知とデータベース

知とは何かを考察するにあたり、私たちはひとまず知と呼ばれうる対象を非常に広い射程で捉えておく。いわゆるアカデミックで正統的な知だけではなく、日常的にやり取りされる情報やいわゆる雑学的な知識や知恵まで知の名の下に取り集めておこう。アリストテレスは「すべての人間は、生まれつき、知ることを欲する」[2]と言った。どのような人間であっても何かを知っているし、何かを知ろうと欲するものであると紀元前のギリシアの哲学者は考えた。私たちがここで、知（savoir）という概念の中に通常よりも多くの意味を含ませるのは、知を限定的に捉えることを避けるためである。すなわち、権威に裏づけられた学問的知に限らず、日常生活におけるノウハウ（savoir-faire）や、職人や伝統の世界に受け継がれてきた技術や、サブカルチャーについての知識といったものまで広く知であるとみなしたい。ギルバート・ライルの言を借りれば、内容を知ること（knowing that）だけではなく、方法を知ること（knowing how）もまた知に含めたいということである。[3]しかしながら、知の概念が覆う範囲をただ広げるだけでは充分ではない。知の捉え方それ自体を私たちは再考しなければならない。それは、何かを知っていることや何かを学ぼうとすることが、私たちにとってどのような意味をなしうるのかを問うことでもある。

このような問いを立てた後、表現されたり伝達されたりするすべての情報、いや、情報のあらゆる断片を含み込むかのような知の理解は、以下の検討により徐々に変更されていくであろう。私たちが目指すのは、知の正統性の伝統を頑なに守ることでも、従来の伝統に代わる何らかの新基準を導入して別の新しい知のヒエラルキーを作り上げることでもない。私たちを取り巻く状況の変化の中で、つまりインターネットが普及しマス・メディアの影響力が少しずつ弱められていく中で、私たちが何を知りたいと思うのか、私たちの学ぶ欲求が何に由来するかという点を問題にしていきたいのである。

まず、私たちは主体や人間と切り離した形で理解される知について見ていく。そのような知は主体と独立した位置を獲得しながらも、主体の介入を要請する。そして、重点は次第に知から主体へと移っていくであろう。以下この過程を詳細に考察していこう。

### 1－1　蓄積されるデータ

データや情報を主体や人間から切り離し、主体よりも重視する場合、まずはそれらを蓄積しようとすることは自然な流れである。電子データベースの作成やテクストのデジタル化を次々と進めていくことは、評価されるべきであるし今後も進めていくことが望まれる一つの道である。そもそも私たちはこれまでも、何らかの知を得るために、百科事典を引いたり書物を渉猟したりしてきた。あるいは教師や博識な人々に尋ねたりしてきた。何かを知るとは、外部から何ものかを受け取ることから始まるのである。知を得るために主体はひとまず受動的にならねばならない。そのような知、あるいはデータや情報が一箇所にストックされることによって、主体が受け取ることのできる情報もまた増加する。

主体から切り離された情報に目を移すとき、サイバースペースは最大の情報空間であると言われるだろう。日々その情報量を増やし膨張しつつあるものとして、この空間は私たちの前に広がっている。サイバースペースという主題のもとに知とは何かを問われれば、多くの人は一般的にデータを思い浮かべるに違いない。たとえば、「インターネットは知の空間である」という言明を、そのような人々は「インターネットは日々更新されていくデータの集積であり情報空間である」と理解することだろう。私たちの前には無際限の情報空間が広がっている。私たちは望む答えを（あるいは自ら望む問いすらも）いまだ発見していないかもしれない。しかしながら、答えは見つけ出されるのを待ってすでにそこに存在する。私たちは普通、すでに存在する答えへと到達する道筋さえつければよいと考えているのだ。

ところで、日常的な使い方において、データと情報と知識はもはやほとんど区別されていない。何かを知るとか学ぶといった場合に取得できるものは、データであっても知識であっても違いはないと考えられている。ドイツのメディア論者ノルベルト・ボルツは、この三つの概念を次のように整理している。まず、データとは計器や指標が表わしたり示したりするものである。[4] そこには、或る意味で解釈や意味づけが入り込む余地はなく、いわば客観的な数値が表示されている。[5] それに対して情報とは区別をもたらすものである。[6] 情報がもたらされることによって、それまで同じものであるとか、境界が曖昧であるとみなされていたものの間に、差違が導入される。データはその意味で「潜在的な情報」[7] であると言える。なぜなら、データが引き出され、解釈され、意味づけられることによって、情報として現に働くからである。しかし、情報は単に区別をもたらすものであって、そこに価値基準や意味があるかないかという指標を持ち込んではならない。というのも、情報理論においては情報はどのようなものであれ、同等に扱われるからである。ボルツは「情報」という概念に、古典的なコミュニケーション理論の理解を当てはめ、シャノンが情報概念から意味論を排したように、[8] 情報とエントロピーを結びつけてひとまず整理している。しかしボルツが重視するのはむしろ知識のあり方である。

知識の位置づけは、データや情報と根本的に異なる。ボルツに従えば、データや情報と「知識とはさしあたり何の関係もない[9]」のである。その背景には情報量の増大と、情報の海を目の前にして茫然としている私たちの姿がある。情報は増えたところで私たちに混乱をもたらすばかりなのだ。多すぎる情報、すなわち多すぎる「区別」は、もはや私たちに秩序を与えてはくれない。私たちはまず、自分が求めている情報がどこにあるかを見つけなければならない。こうして、データや情報とは異なる概念としての知識が注目される。知識とは知そのものを指すだけではなく、知の「在りか」を指し示すものでもあるのだ。[10] 問題は知識の欠如にあるのではなく、オリエンテーション、すなわち情報の海をどのようにナヴィゲーションするのかという点にある。私たちはもはや無知なのではない。ただ単に混乱しているにすぎない。現在のマルチメディア社会においては、情報は増やすことではなく、減らしたり圧縮したりすることによって価値を与えられる。こうして情報の量ではなく、情報の在りかを見出すこと、情報に関する地図作製〈マッピング〉が重要となってくる。〈私にとって〉重要な情報を見つけ出すことが必要とされるのである。これはまさに情報検索の問題である。

### 1－2　情報検索

今日では、インターネットのおかげで、検索に要する手間や時間が以前とは比較にならないほど縮小された。すでに述べたように、普通、ネット空間には私たちが必要とする知の大部分がすでに存在していると考えられている。そのとき、知は検索可能なものとみなされ、ネットに接続可能な端末からデータベースにアクセスすれば誰であっても入手可能なものとなるだろう。インターネットの利点が語られる際、そのデータの豊富さと入手の容易さは周知の事実として語られる。実際、電子図書館サービスや時刻表の検索、ウィキペディアなどの利便性はここで改めて述べるまでもない。また、私たちが何かある事柄について知りたいと思ったときにインターネットで検索するが、もし望むような答えが見つからない場合は、掲示板や質問箱などで問いかける。それに対する回答は、多くの場合、見知らぬ他者の好意によって与えられるであろう。そのとき、より多くの人々が接続すればするほど、私が望む答えを手に入れる可能性は増えるように思われる。

　こうして、より多くの人々が接続し合い、集合となり、集合が巨大化すればするほど、知の量は増えていく。ウィキペディアのように、人々が相互に検証し合い、その精度を高めていくシステムは、多くの人々が関わることによってさらに豊かなものになるであろう。[11] こうして、ネットワークを広げていくことのメリットが語られる。集合の大きさと知の豊かさは、ある面では比例すると言えよう。

　しかし同時に、ボルツも言うように情報増大の弊害が言われるようになった。ここで注目されるのが情報検索である。増えすぎた情報をふるい分けるために重要なのは、望む答えへと辿り着く技術を磨くことである。情報の海をどのようにサーフしていくのか。検索エンジンを使用して目指す答えを得ようとするならば、検索ボックスにどのような言葉を入力するのかが問われる。そこでは答えを限定し囲い込むためのある種の創造性が求められる。求める答えを入手するための工夫をしなければならない。その過程を記録し、検索エンジンの向上を目指すことは実際に行なわれているし、また実行されるべき一つの選択である。ただし、ここではまず第一にデータとしての知があり、第二に何らかの主体が目指すデータを探し出すという構造が不変のものとして前提されている。私たちが〈ある種の創造性〉と限定したのは、この構造がすでにできあがっていて変化しないからである。問いと答えの対応関係は変化しない。答えはウェブ上のどこかにすでに存在し、発見されるのを待っていると信じられているからだ。

しかしこれが（あるいはこれだけが）本当に私たちの望むものなのか。問いは予め設定され、変化することはないのだろうか。それは、問いと答えが一対一対応の関係にあるのかどうかを問うことである。

### 1-3　逍遥空間としてのインターネット

知が問いと答えという一対一の対応関係に収まらないものだとすれば、ネット空間において、私たちはどのように学び、問題を発明したり、解決を生み出したりするのであろうか。より具体的に言えば、問題それ自体を発明するような次元で、なおかつ検索技術を使いこなすことは可能であろうか。アレクサンダー・ハラヴェは次のように主張する。

セレンディピティという言葉は、初期の「ウェブ・サーフィン」でも使われる言葉だった。このメタファーは、ネットの情報を見て回る際に、引き返す点があったり、迂回路があったり、ネットの構造がこうした行動を促進する面があることを示唆していた。ウィキペディアの場合でも、エントリーからエントリーへと見て回ることを指す新たな言葉「ウィキペデストリアン」(wikipedestrian) が生まれている。たとえ目標を持ってネットを見ている時でも、「逍遥」することでのみ得られる知識がある。つまり、事実の集積からではなく、何度も間違った曲がり角を曲がることで認識を得る、ウェブ「遊歩者 (flâneur)」の余地があるのだ。(12)

ここで私たちはアリストテレスの二つの概念、キーネーシスとエネルゲイアに喩えられる二つの読書の形態を思い出すことができる。キーネーシスとエネルゲイアとはどちらも動きや働きを表わしているが、前者は運動、後者は活動と解される。キーネーシスはある目的に向かって動くことであるが、過程（……しつつある）と結果

（……してしまった、あるいは……してしまっている）とが乖離している。一方、エネルゲイアはそれ自身が目的であり、現在（すなわち過程）がそのまま完了（すなわち結果）であるような動きである。[13] アリストテレスは、前者の例として歩くこと、後者の例として思惟することを挙げているが、ここには曖昧さが潜んでいる。[14] 藤澤令夫は、歩行のための歩行、たとえば散歩をする場合が考えられるように、あらゆる歩行をキーネーシスと捉えることには批判的である。[15]

私たちは藤澤の解釈に従って、一つの行為の二つの側面という意味でキーネーシスとエネルゲイアを考えてみたい。さて、この二つの側面は読書と結びつければ次のように理解されよう。米山優によれば、キーネーシス的読書とは、「自分自身が運動体となってしまうような効率的な読書」であり、エネルゲイア的読書とは「効率性の入り込む余地のない活動としての読書」である。[16] 前者は予め設定された目的へと向かって、自分自身をいわば物のようにして進んでいく形態の読書である。目指されるのは効率性であり、目的は予め設定され、そこに辿り着く時間が短縮されればそれだけ評価される。一方後者は逍遥の読書であり、目的はなく、むしろテクストを読んでいることとそれ自体が目的であるかのような読書である。読みつつあるという過程と、読んでしまった、あるいは読んでしまっているという結果が一体化している。このような逍遥的レクチュールは、ネット空間においても日常的になされている。私たちがネットを利用するとき、目的を持って検索をすることもあれば、思いつきや連想から次々と読みを進めていくような逍遥的レクチュールをすることもある。

ユーザがどのようなタームを検索ボックスに入力し、どのような結果を得ることができたかということを調査し、その満足度を測定することはもちろん可能であろう。問題は、逍遥することによってユーザに引き起こされる様々な発想や知識（それは必ずしも検索を始めた時点で意識的に求められていたものではない）が、どれだけユーザに貢献したかということを、客観的に表わす指標はないということである。ネット上におけるユーザの足跡を追うことはできたとしても、それが何をもたらすかに関しては、ときにはユーザ自身でさえ具体的に述べることはできないのだ。

第二章で言及したブリコラージュの議論を思い出してみたい。「まだ何かの役に立つ」(ça peut toujours servir) として資材を集めるブリコルール (bricoleur)[17] と、情報を取捨選択しながら収集する私たちとの類似の議論である。情報あるいは情報の断片が集められるとき、その取捨選択の基準は明らかにならず、目的もまた定かではなく、暗黙知の次元で情報は収集されたり捨てられたりするのであった。ハラヴェもまた次のように言う。

むしろ問題は、ユーザー自身が、自分の探していることを正確に知っているとは限らない、というところにある。もし自分の探していることが正確に分かっているのならば、検索する必要さえないかもしれない。searchという言葉は、なくしたものを見つけるというニュアンスがあるが、人々は検索エンジンで単に「見つける」よりは、「学習し」、「(新たなことを) 発見」したいのである。おそらく理想の検索エンジンは、ユーザーの望んでいるものを理解するだけではなく、ユーザー自身が意識していない欲望をも知っているのだ。これは難問だが、実現不可能な課題ではないだろう。[18]

この主張はプラトンの『メノン』における次のような問いを思い起こさせる。ソクラテスの対話者メノンは知をめぐる一つの矛盾を指摘する。すなわち、「人間は、自分が知っているものも知らないものも、これを探求することはできない。というのは、まず、知っているものを探求するということはありえないだろう。なぜなら、知っている以上、その人には探求の必要はないわけだから。また、知らないものを探求するということもありえないだろう。なぜならその場合は、何を探求すべきかということも知らないはずだから」と言うのである。[19] これは、私たちがなぜ、ある問題を考察することができるのかを問う重要な指摘である。ここでソクラテスは、不死の魂を暗示しながら、私たち人間がかつて見た真実を思い出すのだという想起説を持ち出して、この問いに答えようとする。

ここではプラトンの想起説を受け入れるか否かを中心問題として取り上げない。むしろ、私たちが知っているものを探求する場合と知らないものを探求する場合の違いに、焦点を当てたい。

先に述べた答えがウェブ上にすでに存在しているとみなす立場は、私たちが「予め何を知りたいのかすべて知っている」状態と同一視される。ソクラテスの二分法で言えば、知っているものを探求する場合に当たる。私たちは問いの答えを「知らない」が、どのような答えを与えられれば満足するか、予めわかっているのだ。言い換えれば、それは、問いを立てた時点でその問いの中に答えがすでに含まれている状態である。第二章で言及したピエール・レヴィのタームを借りるならば、可能‐リアルの運動において理解される知である。たとえば、忘却した事柄を尋ねて答えを与えられるとき、私たちはもやもやとした落ち着かない状況を解消できる。この場合の知とは、それと同じである。たとえ本当に「忘却した」事柄でなかったとしても、たとえ新しい事実を知ることとなったとしても、問いの中に答えが含まれているときには、これと同じ状態であると言える。ソクラテスは、この場合を指して「探求する必要がない」と言うが、むしろ「探究することができない」、あるいは「探究の名に値しない」と言った方が正鵠を射ているであろう。

一方、私たちが知らないものを探求する場合とは、「何を知りたいのか知らない」状態にあたる。むしろ、問いそれ自体が掘り起こされる状態だと言えよう。問いそのものが初めて作り出されるのであれば、問いを立てた時点で答えが含まれるはずもない。答えは、真に新しい事柄をもたらし、さらなる問いを生み出しうる。私たちは問いと答えにすぐさま気づく状態ですらない。もしかすると、答えを知って初めて問いを確立することもありうるだろうし、問いと答えを手にしながらも、その意味に気づくのはずっと後になることすらありうるだろう。レヴィのタームに従えば、ヴァーチャル‐アクチュアルの運動に位置づけられる知である。ソクラテスが「何も知らないのであれば、何を探求すべきかわからない」と呼んだ状態は、このように解釈されうる。私たちは何を探求すべきかわからないからこそ、それを発見するのである。すなわち、答えどころか問いそれ自体が、探求され発明される状態なのだ。

## 2　知が属する者としての主体

プラトン研究者である納富信留は個々の情報をばらばらに獲得することを批判する。[20] そこには情報を繋ぎ合わせる理論も、根本的な原理も存在しないからである。むしろ重要であるのは、各情報をまとめあげる存在である。すなわち、「知」そのものではなく「知っている人のあり方」を重視しなければならない。ソクラテスは、「知」と「行為」とを直結した。たとえば、酒の害を知りながら酒を断つことのできない人間は、本当の意味で酒の害を知っているとは言えない。ソクラテスにとっては、「知る」とは「善き生、徳ある人間の実現」[21]であったのだ。しかし、「知」の重要性は徐々に「知られたもの」へとシフトしていき、現在では「知っている人のあり方」が忘れられていると納富は主張する。「知」は「人」から切り離され独立したものとみなされ、注入したり蓄積したりできるような事物として理解されている。「知識」を担うのは「人」でなくとも「コンピュータ」や「ネット」でいいわけだ。このとき、「知」は「生」から切り離されている。

「人」から「知」が切り離され、インターネットの発展とともに「博識」であることの価値は失われた。なぜなら、端末さえあれば、いつでもどこであってもインターネットで情報を検索することが可能だからである。「博識」であるというあり方は、コンピュータに取って代わられた。記録に関して人間は機械にかなわないからである。しかしインターネットがあらゆる事柄をカバーするわけではない。納富はそれを「知っている人のあり方」、すなわち知を担う主体に見ようとする。知それ自体ではなく、知の主体を再び取り上げることによって、各情報や各知識を結合し、その間に関係を見出し、原理を読み取る存在に注目しようとするのである。こうして、私たちは第二の立場を検討することができる。すなわち、知よりもむしろ主体あるいは人間の側を重視する立場である。人間のあり方を等閑に付すことなく、しかも検索によって知識を持つ人間を発見するという方法はどこまで可能であろうか。

### 2―1 ソーシャブル・サーチの可能性

理想の検索エンジンはユーザ自身にも気づかれていない欲望すら知ることができるとハラヴェは述べていた。彼が思い描くこのような理想の検索エンジンは具体的にはいったいどのようなものなのだろうか。

ハラヴェは、納富と同様に、人間と知とを切り離すことなく、一体化したものとして捉えようとする。そして、情報を検索するときにはむしろ、人と切り離された情報ではなく、むしろある知を持つ人間それ自体を探し出すことに重点を置こうとするのだ。なぜなら「欲しい情報は時に、誰かの頭の中にしかない」[22]からである。ハラヴェはこれを、「ソーシャル・サーチ」あるいは「ソーシャブル・サーチ」と呼ぶ。

検索エンジンが索引的に働き、ある特定の単語がウェブ上のどこにあるのかを指示するものであるのに対し、ソーシャル・サーチはすでにある共同体やグループが選び出し、価値づけしたサイトやコンテンツを集める[23]。それは、人間関係を頼り、関係の糸を手繰りつつ、情報を入手しようとすることと似ているのだ。このときハラヴェは人間をウェブページに喩える[24]。人間は孤立して存在するのではなく、様々な関係をネット上であれ、現実であれ築いている。そして自分の知識や能力を外部に向けて発信している。そのような知識や能力の「正当性」を担保するのが関係それ自体であるとハラヴェは言う[25]。

ハラヴェは、表面に現われにくい事柄すらも検索の対象にすることを目指そうとする。だが、人々の「頭の中にあっても明示的には記録されていない暗黙知[26]」を検索することは可能だろうか。もし、人間と知識を切り離すことなく、暗黙知の部分を探る役割を、検索エンジンではなく人間自身が担うのであれば、それが実現されるかもしれない。検索エンジンは人間自体を探り当てる。しかし、その人間の奥底に隠された部分を検索エンジンは表に出すことができない。人々が本当に知ろうとしていることを発見するのは、人間しかなしえないのである。ハラヴェは次のような具体例を挙げる。たとえば、私たちが本のタイトルを知りたいとき、うろ覚えの内容や構成などを表現して回答を求めようとする。そのとき、検索ボックスに入力するだけではうまく求める答えに辿り着くことができないかもしれない。しかし、掲示板や質問箱といった場で尋ねるならば、かなり高い確率で望む回答が書き込まれるだろう。それは答えを書き込む人間が、質問者の意図を汲み取って、検索エンジンがなしえない推測を働かせるからに他ならない。人間は、状況や文脈を把握し、表面に現われていること以上の事柄を理解し、推し量ることができる。人間と知識を切り離さないということは、知識を単なるデータとしてどこかに記録したり、引き出したりするにとどまらず、知識をその位置づけや価値、判断や評価とともに伝えたり受け取ったりすることなのだ。

ハラヴェ自身も述べるように、このソーシャブル・サーチはピエール・レヴィの主張する集合的知性の可能性を拓く[27]。個々の人間が孤立して考えるのではなく、集まって、ともに思考する可能性である。そこでは、社会的な連繋が重要な一課題として注目される。人々が繋がることで初めて実現されうる知性と、そのような知性による知の創造が課題となる。こうして、人と切り離された知ではなく、知と一体化した人を（あるいは人と一体化した知を）検索するソーシャブル・サーチは、新しい情報の創造や、情報の価値づけの議論、しかもそれが集合によってなされるという議論までをも含み込む。ただし、ハラヴェの議論は、情報検索を情報創造へと繋げるためには不充分な側面がある。なぜなら、彼の想定する問いは、先に例を挙げたような「うろ覚えの本のタイトル」や、「子供連れで飛行機に乗るためには」というような、答え手に推測を要求するものであるが、かといって、創造的な答えや、新たな問いを生み出す可能性を拓くわけではないからである。言い換えれば、ハラヴェの考える検索とは、一対一対応の問いと答えという形態ではないが、問い手のうちに別の価値観や視点をもたらすものでも、答え手がこれまでにない物の見方を提供するものでもない。少なくとも、そのようなレベルの情報創造を必ずしも求めてはいないのである。ハラヴェがどこまでシンパシーを持ってレヴィと自らの議論を結びつけているのか、本書の記述からだけではかりかねるが、レヴィの集合的知性の思想は、ハラヴェの具体例をはるかに凌駕する視点から語られている。

ウェブ上のデータにメタデータを付すことのできるタギングは、情報の価値づけと検索の精度を上げるうえで重要な役割を果たしている。興味深いのは、個々のユーザが各自の価値観でタグを付けることができること、しかも、多くのユーザによってその情報が共有されることである。多くのユーザがタグを付けることによって、情報やデータの位置づけや意義は、多層的で多彩なものとなるだろう。ソーシャルタギングが成立するために、大勢の多様な人々がタグ付けに参加していることが条件となる。単なるデータの蓄積ではなく、集合を構成する諸個人がデータに意義を与えるのである。このようなタグに頼る検索は、まさにソーシャブルなサーチである。

ただし、他者をどのような存在とみなすかによって、今後の方向性が異なってくるだろう。もし、他者を自分に必要な回答を与えてくれる便利な存在、いわばデータの集積としてみなすのであれば、それは結局、第一の立場へと回収されてしまう視点でしかない。情報と切り離しえない人間を想定したところで、それはデータの蓄積先としての主体を前提しているだけである。新しい知識を生み出すためには、ただ単に、より多くのデータが集まるだけでは充分ではない。他者とのコミュニケーションは、一方的な学びと教えの関係でもなければ、単なる人々同士が接続した集合でもないのだ。

データの集積のみが私たちに利益をもたらすわけではない。データベースにアクセスできる手段を手に入れただけでは不十分である。データを活かすのは他でもない人間それ自体であるからだ。このとき、私たちは記録と記憶の差違を考察することで、主体の重要性を強調することができる。

## 2-2　記録と記憶

データベースは、記録されているデータの量によってその豊かさが評価される。データは、まずは価値づけされることなく、すべての人間にとって同等なものとして可能的に存在している。しかしながら、データベースはすべての人間が等しく使いこなせるものではない。同じデータをどのような文脈に位置づけるか、どのように他のデータと関連づけるか、どのように自分の議論に活かしていくか。それらは、データを利用する者に依存している。

データベースを所有すること、さらに言えば、データベースにいつでもアクセスできるという可能性を手に入れることは出発点にすぎない。データを輝かせるためには、可能性を現実のものにする必要があるのだ。そのためには、単なる記録として存在するデータを、自らの記憶とすることが求められる。すなわち、データの身体化である。その具体例がパーソナルデータベース[28]である。

個人的なデータベースを他の人間が使いこなすことは容易ではない[29]。なぜなら、データベースを構築する際に、それを構築した人間の記憶が入り込んでいるからだ。記憶は記録と同義ではない。データベースとは、一見、単なるデータの寄せ集めに思われる。しかし、ある個人が自分なりの視点と価値基準をもって取り集めたデータの集積、つまりパーソナルなデータベースは、機械的に集められたものとも、一つの全体をただ構成するために集められたもの（すなわち、ある著者のテクスト全部や、何らかの調査についての全記録といったもの）とも異なるのである。個人的に構築されたデータベースはいわば、その人間の身体の拡張とでも言うべきものである。刻印が押されるかのように記憶が刻み込まれる場として脳があるとデカルトは述べたが、それはデータを自らの内側に取り込み、一度は受動的に受け入れることを意味する。このとき受動的となるのは精神、より正確に言えば純粋知性であり、身体はむしろ能動的に働く。

このような刻印は、文字や画像等によって表現され保存しておくことのできる情報と類比的に考えることができる。記憶は、私たちの思考の潜在である。思考はいわゆるテクスト化された情報、すなわち文字や画像等々で表現された情報として保存される。そのとき、思考の働きそのもの、いわば思考のダイナミズムは、物体的事物、とりわけ身体のうちへといったん沈潜する。いわば思考の身体化がなされるのである。身体化した思考は、保存されたまま、もはや現実化されないこともありうる。保存されたテクストを誰も読むことがなかったり、書き手ですら思い出さないテクストが考えられうるからである。しかし、身体化した思考を、その思考を表現した本人であれ、別の主体であれ、今まさに現実化しようとするとき、思考は再び力を得る。いわば、ある種のエネルギーを補われるのである。それは思考を再び実現しようとする営みであり、身体化した思考に息を吹き込む、すなわち精神を与える過程である。脳に刻み込まれた記憶に、精神が自らの力を敢えて向けようとするとき、私たちは思い出したり、想像したり、新たな事柄を創り出したりすることができるとデカルトは言う。身体化された記憶に精神の力を振り向けることは、身体化された思考にエネルギーを与えることである。これは単なる記録では起こりえない事態である。

『パイドロス』においてプラトンは、エジプトの神テウトの例を引きながら、ソクラテスに文字の弊害を主張させる[30]。文字は知恵と記憶の秘訣として生み出された。ところが文字を学ぶことによって人間は自ら記憶することを忘れてしまう。つまり自己の内部に刻むことなく、外部に記憶を預けることで、安堵してしまった姿勢を批判するのである。そのとき、人はもはや思考していない。文字を通して人間がなすのは「想起する」ことにすぎない。ただし、プラトンの批判点を敢えて積極的に捉えることも可能である。記憶を外部に託すということはすなわち、文字のおかげで人間は安心していったん「忘却する」ことが可能になったということである。たとえ、文字が「想起する」手助けしかしないとしても、文字の利点は私たちの記憶を外部化し、誰の眼にも触れるようにしたことにある。文字化されることで思考は共有される道を拓くと言えよう。文字化——言い換えれば思考の身体化は、文字化された思考を、私自身によってだけでなく他者によっても想起される可能性をもたらしたのだ。

記録は、主体にとって端的に外部である。しかし記憶は主体の中にいったん内部化される。他者の記憶であっても同様である。他者の思考の記憶であっても、今ここで私がその記憶を自らのうちに受け入れるならば、今度はその記憶は他者のものとも私のものとも区別のつかない混じり合った形で現実化されるであろう。他者の記憶を自己のものとして内部化し、つまり身体化し、その後で私がその記憶を改めて思い出す。そのとき、思い出されるものは、彼（あるいは彼女）の記憶でも、私の記憶でもない、私たちの記憶である。

しかしながら固有名のアイデンティティはいまだに根強くその影響を私たちに及ぼしているように思われる。たとえば、ある情報やテクストがテクストとして存在する場合、その作者や所有者はそのテクストを書いた人間であると普通、考えたくなるであろう。そのようなテクストをその作者の記憶ではなく、私の記憶あるいは私たちの記憶と言いうるだろうか？　私たちのうちに残っているのは固有名を持つ主体の強さである。

## 2-3　固有名のアイデンティティ

知に対する主体の優位性、あるいは重視を強調する場合、私たちは必然的に固有名のアイデンティティの主張へと到達する。何らかの知を所有する者の名前や何らかの作品の作者としてのアイデンティティに対する信頼は、現に根強く存在している。

人間と知の一体化を考える際、単に重心が知から人間へとシフトされるだけであってはならない。知を所有しうるものとみなすことは、たとえば、作者という一人の存在へとテクストを帰することである。ミシェル・フーコーが「作者とは何か」で問おうとしたのはまさにこの問題であった[31]。フーコーは、テクストに関して、単純に作者が存在しなくなるという意味で作者の死を言おうとしたのではなかった。ロラン・バルトの言う「作者の死」を文字通り受け入れてしまえば、誰のものでもないテクストの断片が散らばる世界が想像されよう[32]。そのとき、テクストはいかなる求心力も持たず、何らかの作者を主張するよりも事態は後退する。フーコーはむしろ、作者とは何か、もし私たちが作者という存在を認めうるのであるとすれば、それはどのような根拠に基づいているのかを再問題化したかったのである。

このような問いをフーコーが立てた後も、いまだに固有名としてのアイデンティティは根強く残っている。すなわち、ある一つの身体を所有する精神が、いくつもの作品を生み出し、そのような精神が作者として作品を支配し、自らに作品を帰属させ、あらゆる責任を負うのである。私たちは作者名によって作品を判断する。ときには作者の生を作品に投影させて解釈しようとする。このような固有名のアイデンティティに関しては次節において詳細に検討するが、現時点では、知の能動性を主張しながらも、同時に主体の固有名に私たちが固執しているという点のみを指摘しておく。

一方でデータを重視し、望む答えをいかに効率的に引き出すかを目指す立場があった。インターネットを情報集積空間とみなす視点である。それに対して、人間と情報の一体化を重視し、問いと答えとを一対一の対応関係に収まらないものとみなす立場があった。インターネットを逍遥空間とみなす視点である。この視点は今まで等閑視されてきたネット上における「主体」の果たす役割を重視しようとする。しかし、私たちには長く「主体」を基盤として捉える思想を抱いてきた。ネット上でもその考え方はそのまま継続され、何らかの固有名のもとで展開される議論やいわゆる現実世界で有名な人々が発信する情報が広く行き渡ったりする。ただし、私たちが目指す人間と情報の一体化は、「主体」をそのようなものとして捉えるわけではない。より正確に言えば、「主体」を固有名のアイデンティティのもとでのみ理解するわけではない。人間と情報化の一体化である「情報体」としての「主体」は、単なるデータの帰属先でも、固有名のもとに理解されるものでもない。言い換えれば、知の能動性と主体の能動性をともに主張しうるようなあり方を考えるということである。主体についての議論は、次章で詳しく展開したい。

少なくとも、次のように言われうる。外部化された記憶から何事かを想起するとき、個としての私ではなく、複数的な〈私たち〉による情報創造の可能性が拓かれる。他者の手によるテクスト――それはしばしば忘却されたテクストであるのだが――を、それを表現した者とは別の者が現実化し、解釈し、いわば想起する。何らかの主体が他者の記憶から何事かを思考するとき、すなわち外的身体に自らの精神を振り向けるとき、それは、〈私〉の想起でも〈他者〉の想起でもなく、〈私たち〉の想起だからである。そこでは〈私〉と〈他者〉とは渾然一体となっており、厳密に区別することは困難であろう。この事態は同時に、私たちが互いに築きうる関係性を問い直すことを意味する。私と他者のコミュニケーション、〈私たち〉がともに思考することは、具体的にどのような形態で実現されうるのだろうか？

## 3　人間と知の一体化
### ――情報体の一つの形――

私たちは今や、人間と知の一体化を正当な形で主張することができる。人間（あるいは主体）と知は区別して語られる。むしろ、区別して語ることで私たちにとってはそれぞれの地位が明らかとなる。しかしながらそれと同時に、人間と知とが一体化したものとして捉えられねばならない。すなわち情報体としての合一である。これは情報体の一つの形である。そのとき、合一と言いながらも知にのみ重点が置かれたり、その逆であったりしてはならない。合一を主張しつつ、二項のうちの一項のみ重視することは、各項を固定的なものとして捉えてしまうことを意味する。情報体は、固定的で、柔軟性を欠いた存在ではないからである。情報体、私たちは entité informationnelle と呼びたいのだが、これを実体として理解してはならない。第二章でも述べたように、情報体はむしろ働きそのもの、区別と合一とが両立した状態である。

また、人間と知の一体化と言われたときに、たとえば何らかの知識を認識し、内面化し、一体化する場面のみを理解してはならない（そして、主体が受け入れられない、あるいは理解できない知と相対したときに、一体化は起こらないというように捉えてもならない）。ここでの一体化とは、まずは区別された主体と知とが、俯瞰的視点（メタレベル）に移行したときに一つのものとして捉えられうるということを意味する。すなわち、主体が何らかの情報に対したとき、主体が情報を受け取り解釈しようとする働きと、情報が主体へと影響を及ぼす力とを一つのものとして捉え直し、そこで生ずるいわば一つのエネルギーを情報体として理解しようとするものである。

情報には二つの側面がある。事物としての情報という物理的側面と、内容を表現する情報の精神的側面とである。前者は、たとえば文字や画像、音といった物理的な支持体を指す。後者はそのような情報が表象するもの、表現する意味である。情報は必然的にこの二項を含む。私たちはこの二項を区別して捉え、どちらか一方のみを重視することもできる。情報の物理的側面に注目すれば、多くの情報が移動し、伝達される様子を思い描くことができる。主体から切り離されたものとしてみなされる情報は、とどまることなく、情報の発信者や受信者を貫いて次々と流れていく。それはあたかも事物としての情報が受け渡されていくかのようである。だが重要なのは、事物としての情報と精神としての情報を同時に一つのものとして捉えること、しかも、働きとして捉えることである。このとき、情報を捉えるのは、むしろ私たちの知性であり、精神である。身体化される情報（それは情報の事物的側面に関わる）と、意味づけられる内容（それは情報の精神的側面に関わる）は、それぞれ私たちの身体と精神において秩序づけられ、一体化する。情報の二側面だけではなく、情報と人間（主体）の二項も一体化するのである。情報と主体の一体化が情報体であり、それは情報表現や情報解釈の働きそれ自体である。

ところで、情報表現や情報解釈に関して、私たちはとくに本章の主題でもある「知」に注目する。私たちが何かを学んだり、教えたりする際（それはいわば情報伝達の深化した場面である）、知と主体の一体化はどのように実現されるのであろうか。

### 3-1　基盤としての知

私たちが他者との間に築きうる関係のうちの一つが、知に関わって学んだり教えたりする修習（apprentissage）の関係である。他者を倫理的に捉えるためにも、能力を活かすためにも、レヴィはこの修習の関係を重視していた。他者とのコミュニケーションに関する彼の見解は単なる抽象論では終わらない。引用しよう。

モノたちとの相互作用《インタラクション》の中で、私たちは能力を発展させる。記号や情報との関わりによって、私たちは知識を得る。他者との関係においては儀礼や伝承によって、私たちは智慧を養う。（同一の諸対象《オブジェクト》に関わりうる）能力と知識と智慧は、認知的な取り引きにおいて相補う三つの様態であり、その一つから他へと絶え間なく移行している。それぞれの作用、それぞれのコミュニケーション行為、それぞれの人間関係が、一つの修習を結果としてもたらす。かくして、生の行程においては常に、修習というものが内に含んでいる諸能力と諸知識によって、交換という回路が養われ、智慧の社会性が培われうるのである。(33)

私の能力や知は、ただ一人で抱え込んでいるだけでは何も生み出すことはできない。むしろ、他者とのコミュニケーションの中で養われる。そのとき、他者から何かを学ぼうとする態度、修習に価値を置く態度が鍵となる。私の知らない何かを知っている他者は、必ず何らかの知を私にもたらしてくれることだろう。他者は私の知の源である。

ここでレヴィの言う能力（compétence）、知識（connaissance）および知または智慧（savoir）の違いについて考察をさらに展開させてみたい。レヴィは同じ一つの対象についてこの三つの様相を区別しているが、それについて詳細に語ってはいない。まずは能力について考えてみよう。(34)

能力とは、何らかの事柄について、それをこなしうるか否か、実際に実現しうる力を持っているか否かを判断する規準だと理解されるように思われる。たとえば、一つのテクストを読む能力であるとか、ある楽器を演奏する能力であるといったものである。もしテクストが母国語で書かれたものでなかった場合、解釈の見事さ云々以前に外国語を解する能力があるかどうかが問われるであろうし、ただ音を出すのでさえ修養を要するような楽器であれば、演奏が芸術的であるか否か以前に、楽器を使いこなす能力が問われるであろう。この意味において、能力とは基礎的で、前提となるような力である。

知識とは、能力とも関わってくるが、ある対象について自分が何を知っているかについての事柄の蓄積である。たとえば一つのテクストをめぐるデータや、一つの楽器についてのデータを考えてみればよい。それは、実際に自分がそのテクストを解釈したり、楽器を演奏したりする能力を持っていなくとも、手にすることのできるものである。当然のことながら、能力と知識が相俟って、さらに別の力が発揮されることもありうるだろう。たとえば、楽器についての知識を深めることによって、演奏能力が高まる可能性がある。いずれにせよ、何らかの対象に注目した場合、調査することによってもたらされうるものが知識である。

それに対して知とは、よりダイナミックなものである。能力や知識は、あるかないかが或る程度明確に測られうる。外国語を読む能力があるのかどうか、その楽器についての知識があるのかどうか、といったように。しかし、知とはそのような確定した領域にとどまらない。潜在的な可能性や学びに対する渇望までも含みうるようなものである。何らかのテクストについての知は、ただ言語を解するといったレベルにあることを意味しない。そのテクストをどのように理解し、位置づけ、咀嚼し、自分の思考へと生かすのか。楽器の演奏についても同様である。能力や知識が、ある意味で、固定的で静的なものだと解されうるのに対して、知は動的であり、測りがたく、それゆえ、誰に対しても可能性が開かれている。

しかし次のように誤解してはならない。能力や知識をベースにして、その上で知が成立する。このような順序で知を捉えてはならないとアリストテレスは私たちを戒めていた。アリストテレスは、可能態と現実態では、現実態が順序としても時間としても「先行する」[35]と述べている。私たちは普通、可能態を原因、そしてその結果としての現実態という流れを理解するが、それは事後的に理解されるのである。たとえば、ある人が楽器の演奏を学ぶという例を考えてみよう。楽器の演奏は、弾いてみなければ始まらない、つまり、実際に演奏することによって（すなわち現実態において）初めて学ぶという過程に移行することができる。そして楽器の演奏を身につけた時点で、演奏するという能力は現実化したことになる。そのとき私たちは楽器を演奏する能力があたかも初めから私たちの中に眠っており、可能的に存在していたのであるが、実際に演奏して学ぶことにより、その能力が現実化すると考える。しかし、アリストテレスによれば、この可能性は決して現実態には先立たない。なぜなら、現実態である演奏能力に対応する可能態としての演奏能力は、時間的に後から発見されるからである。私たちはこの順序を混同してはならない。私たちは可能性や能力を何かをなす以前に発見できるわけではないのである。私たちは現実態としての行為や実践が可能態を発見させる。可能態→現実態という流れは、すでにできあがった移行を事後的に捉え直し、秩序立てた結果として現われる。発見の運動は必ず現実態→可能態の移行の中で生ずるのだ。

能力や知識が前提とされてしまうならば、知は、能力や知識の実際的で実践的な展開としてしかみなされない。当然のことながら、知には能力や知識の発展形態という側面がある。しかし、知の本質はそこにはない。知とは、修習する潜在的力、他者の知を喚起する力、能力や知識の媒体や媒介や触媒となるものである。すなわち、一見すると、能力や知識を所有していないように思われる人々においてすら、知は見出されるということだ。この意味において、知はむしろ能力や知識のベースである。

だからこそ、知は誰にとっても拠り所となりうる。身分や社会的地位のアイデンティティから知のアイデンティティへの移行を提起するのはこのためである。伝統的な帰属意識のアイデンティティは必ず「そうではない存在」との対立を生み出してきた。Aというコミュニティや民族、国家といったカテゴリーにアイデンティティを見出すとき、必ず非Aという対立項が生ずる。そもそも、そのようなカテゴリーが成立するのは、他のカテゴリーとの関係においてであるのだから、当然であろう。しかし知のアイデンティティは非Aという対立項を生み出さない。なぜなら、何も知らない人はいないからである。より正確に言えば、潜在的に知に関わる力を持たない人はいないからである。

レヴィ（および共著者のミシェル・オティエ）は、知を基盤とした評価システムの具体的実現として、知識の樹（Arbres des connaissances）[36]を考案する。彼の主眼はこれまで蔑ろにされ、正当に評価されてこなかった実際的知識、実践的ノウハウを何とかして救おうとすることにあった。

知識の樹システムとは次のようなものである。様々な知識が枝や葉、幹によって示される。これまで量に還元されてしまったり、質そのものを捉えようとせずに数値化されてしまった知を樹のイメージとアイコンによって一目で把握できるシステムである。あるグループや集団内で好きな事柄を（たとえば、小学校のあるクラスの中で、教科に関わる算数や国語の知識だけでなく、ダンスや写真、パズルなどの分野について）資格として設定できる。設定者は資格を与えるか否かのテストを作り、その資格を得たいと考える人に知識を教える仕組みになっている[37]。

問題はこの資格テストによって質を評価しうるかということである。達成度が明らかな分野であれば可能であるが、創造性や思考力、美的センスといった見えにくい力を評価するためのテストを構築しうるかが問題となる。もし、創造性や思考力そのものは評価できないがゆえに、側面から間接的にしかこれら能力に光を当てられないのだとしたら、結局は量への還元と同じ事態に陥ってしまう危険性がある。ベルクソンが指摘したように、質を捉えきれずに空間的に理解してしまうという危険性である。このとき、知（savoir）という概念に、あらゆる能力を収斂しうるのかという問いは、実際に知識の樹というシステムが稼働しうるのか否かという現実的な問い以上に根本的である。なぜなら、このような評価システムの中ではおそらく明確に位置づけられない、あるいは、そもそも量に還元されて理解される一般的な評価基準にはそぐわない知のあり方が可能だからである。それは知それ自体というよりも、他者において知を駆り立てるもの、知への欲望を掘り起こすものである。

## 3－2　知を駆動する

知者として有名なソクラテスは、『テアイテトス』において、自分自身は知を生めない者であると規定している。[38]ところが、神託によって「ソクラテス以上の知者はいない」とされた。[39]ソクラテスは『弁明』においてはいわゆる「無知の知」、すなわち他の人々は実は知ってはいないのに知っていると思い込んでいるが、自分は知らないということを知っていると考え、神託との矛盾を解決しようとする。しかしここでは知を生むことはできないが、いわば産婆として他の人間の知を取り上げるソクラテスのあり方に注目したい。

ソクラテスは次のように言う。「僕は智を生めない者なのだ。そしてそれはすでに多くの人たちが僕に非難したことなのであるが、僕は他人には問いかけるが、自分は何の知恵もない」、しかし「僕と一緒になる者、僕と交わりを結ぶ者はというと、はじめこそ全然無知であると見える者もないではないが、しかしすべては、この交わりが進むにつれて、その人々が神がそれを許し給うならば、その者自身の見るところによっても、また他人に思われるところによっても、驚くばかりの進歩をすることは疑いないのだ。それがしかも、これは明白のことなんだが、何ひとつ僕のところからいまだかつて学んだことがあったためではなく、自分で自分自身のところから多くの美事なものを発見し出産してのことなのだ[40]」。ソクラテスが他の人々に問いをなげかける形で働きかける。何かを知っている、理解していると思い込んでいた人々は、ソクラテスに問われ初めて困惑する。自分は何もわかっていないのではないか。人々はこの時点で問いを発見することになる。そして個々の事例ではなく、概念それ自体を捉えなければならないことを学ぶのである。

ところでソクラテス自身は、対話者が探求しつつある概念の定義を承知しているのであろうか。『メノン』の数学の例を見れば、ソクラテス自身が意図的に、すでに知っている答えへと導こうとしていることは明白である(41)。しかし「徳とは何か」、「知識とは何か」等々を問いかけるソクラテスが、その定義を予め自分の中に保持しており、その定義に従って対話者を導いているかどうかは、にわかには決めがたい。ソクラテスは敢えて知らないふりをしているとして「エイロネイア」(空とぼけ)などとも言われるが、ここでは「自分は知を生めない者」であるというソクラテスの言葉を敢えて文字通り受け取ってみたい。というのも、たとえ直接的に知を生めず、ソクラテスの中に知識それ自体がなかったとしても、それでもなお、ソクラテスの知者としての価値は揺るぎないからである。それは、彼の産婆としての役割に見出すことができる。

もしソクラテスが他の人々の精神の産の助け、すなわち知を生み出すことの手助けをすることができるのであれば、ソクラテスは知を駆動する者としての役割を果たしていることになる。そのとき、ソクラテスは、ただ単に直接的な知の伝達者として存在しているわけではない。事物存在とみなされてしまうような知識を受け渡そうとしているのではないのである。むしろソクラテスの狙いは、対話者自身に、問いそのものを発見させ、知の探求という運動の中で捉え直させることにあった。このように考えるのであれば、ソクラテスは単なる博識という意味での知者ではなく、知者以上の知者であることが理解される。重要なのは、知識を得るという結果なのではない。むしろ知識を得ようとする過程、知識について思考するという運動のうちに知の本質は宿っているのである。それは知を可能‐リアル運動においてではなく、ヴァーチャル‐アクチュアル運動において捉えようとすることでもある。

私たちは具体的な知識(connaissance)にとどまらない潜在的な知(savoir)と言うべきものまでを評価の対象とするべきである。今はまだ現実化されていない潜在性を能力のうちに含み込むことで、私たちはいわば弱者とみなされている者たち(あるいはこの社会において能力がないと判断されてしまっている者たち)を活かす議論をなしうるであろう。

### 3-3　相互的修習への途

以上の考察から、相互に学び合い、相互に教え合う関係性を基盤に築かれる他者とのコミュニケーションの新たな可能性が拓かれる。重要なのは、修習における相互性と無意識性である。すなわち、私たちは意識することなく学んだり教えたりしうるということ、また、その関係は直接的には一方的に思われたとしても、相互性を失わないということである。たとえば、私が誰かから一方的に教えを乞うかのように見える関係も、今度は私が誰かに何かを教えることもあろうし、その誰かもまた、学ぶだけでなく教えることもあろう。ネットワークへと視点を移したとき、その相互性はいっそう強調されるに違いない。

知は一人で抱え込んでいても何ら役に立つことがない。誰かと共有し、受け渡し、変容を受け入れ、再び受け取る。事物は個人による専有が意味を持つが、知や情報はそうではない。コミュニケーションの運動の中へと送り出されることで、それらは初めて意味や存在意義を持つ。

他者から何かを学ぶということは、直接、目に見える形で、当初目指された何かを受け取ることを意味しない。望む事物を入手することと知の入手とを類比的に考えてはならない。なぜなら、私たちは知に関して何を望んでいるかすらまだ知らないことも、気づかないうちに何かを学んでいることもあるからだ。逆に、ソクラテスが知を駆動したように、私たちもまた他者における知への欲望をかき立てたり、他者を問題の発見へと導いたりすることもある。それだけではない。私たちは情報を交換し、対話をしながら（それは直接的でも間接的でもよい。ネット上でコメントをやり取りすることも対話であり、過去の書物と向き合うことも対話である）、ともに考えることができる。それは、目指す方向も目的も異なるメンバーから構成されるグループが、あたかも一つの集合体であるかのように働くことである。メンバーは各個人の興味や欲望に従ってばらばらに動いているように見える。しかしながら、互いに交流し、各自の思考や感情を表現しながらコミュニケートするとき、集合は集合として一つにまとまり、メンバーが個でありながらも、一つの共通の場を作り上げるかのように、集合体が形成される。

　ネットワーク上での集合体とは、厳密に言えば目に見えるものではない。そもそも働きとしての集合体それ自体を可視化することは困難であろう。たしかにネット上のリンクによってある程度顕在化するが、それは集合体の痕跡にすぎない。集合体とは、むしろ働きそのもの、ある特定の時間の流れの中で自ずと生成する力である。メンバーが立ち去れば（文字通りの意味で、あるいは比喩的な意味で）消滅してしまうようなものである。しかしいったん形成されながらも消滅した集合体の再生は、痕跡を辿ったり、テクスト化された情報や知を想起することによって、試みられる。それによって私たちは集合体の記憶を追体験することができる。その追体験は、もともとのメンバーに私自身が含まれていなかったとしてもなしうるものである。そのような記憶の再生は、時間や空間を超えて、今度は私とかつてのメンバーで形成される集合体として生まれ変わるであろう。

　私たちは、今や、主体とは何かという問いに改めて向き合わなければならない。作品の作者でありうる能動的な主体、様々な情報を受け取る受動的な主体、テクストや情報と一体化する主体についてである。この問いを改めて検討することで、私たちは、働きを主題化するような主体に光を当てることができるであろう。

（1）　仮に主体あるいは人間と呼んでおくが、この概念は第四章において詳細に検討する。

（2）　アリストテレス『形而上学（上）』二一頁（Aristoteles, *Metaphysica*, 980a）。

（3）　ライル『心の概念』二七－二八頁（Ryle, *The concept of mind*, pp. 28－29）。

（4）ノルベルト・ボルツ『世界コミュニケーション』一一五頁（Bolz, *Weltkommunikation*, p. 76）。

（5）厳密に言えば、何を対象としてどのような座標軸でデータを表現するのかといった視点に、すでに解釈は組み込まれている。その意味で、真に客観的な、すなわち誰もが中立と認めうるようなデータというものは存在しない。しかし、情報や知識といった他の概念との差異を強調しようとするのであれば、データの中立性を拡大解釈せざるをえないであろう。

（6）ボルツ、前掲書、一一五頁（Bolz, *op.cit.*, p. 76）。

（7）同書、一一五頁（*Ibid.*, p. 76）。

（8）シャノン／ウィーヴァー『コミュニケーションの数学的理論』九－一三頁（Shannon and Weaver, *The Mathematical Theory of Communication*, pp. 95 – 98）。

（9）ボルツ、前掲書、一一六頁（Bolz, *op. cit.*, p. 76）。

（10）同書、一一六頁（*Ibid.*, pp. 76 – 77）。

（11）ただし、関わる人間が増えることによって、悪意ある書き換えが増大することも事実である。ウィキペディアのシステムについての詳しい検討はアンドリュー・リー『ウィキペディア・レボリューション』を、またウィキペディアの批判的検証についてはピエール・アスリーヌ他『ウィキペディア革命』を参照せよ。

（12）ハラヴェ『ネット検索革命』七〇－七一頁（Halavais, *Search engine society*, p. 53）。

（13）藤澤令夫「ギリシア哲学と現代」『藤澤令夫著作集V』一二八－一三〇頁。

（14）アリストテレス『形而上学（下）』三四頁（Aristoteles, *Metaphysica*, 1048b20 – 30）。

（15）アリストテレスが歩行と思惟とを区別するのは、前者を物体的運動、後者を精神的活動と理解するからに他ならない。アリストテレスがエネルゲイアと呼ぶ行為は、知性の活動を頂点とする魂の諸能力の行使へと帰着するからである。ただし、ここではアリストテレス自身の厳密な定義を少し広げ、同じ一つの行為のうちに、二つの側面を見るという立場を取りたい。詳しくは、藤澤令夫、前掲書、一三三－一三四頁を参照せよ。

（16）米山優『自分で考える本』五三－五五頁。

（17）レヴィ＝ストロース『野生の思考』二三頁（Lévi-Strauss, *La pensée sauvage*, p. 27）。

（18）ハラヴェ、前掲書、四九頁（Halavais, *op. cit.*, p. 34）。

(19) プラトン『メノン』四五‐四六頁（Plato, *Meno*, 80E）。

(20) 納富信留「知の創発性」『知識／情報の哲学』七九頁。

(21) 同書、八三頁。

(22) ハラヴェ、前掲書、二〇七頁（Halavais, *op.cit.*, p. 161）。

(23) 同書、二一四頁（*Ibid.*, p. 167）。

(24) 同書、二二〇頁（*Ibid.*, p. 172）。

(25) 同書、二二〇頁（*Ibid.*, p. 172）。

(26) 同書、二二二頁（*Ibid.*, p. 174）。

(27) 同書、二二八頁（*Ibid.*, p. 179）。レヴィはその著『ポストメディア人類学に向けて――集合的知性』（*L'intelligence collective*）において、サイバースペースを知の空間であるとみなし、人々が集まり連繫することによって、個も集合も新たな知を創造し、評価される可能性を拓くと論じている。

(28) 米山優『自分で考える本』第四章「パーソナルなデータベースというもの」を参照のこと。ここでは、梅棹忠夫『知的生産の技術』を参考にしつつ、本の引用からなる読書カードを作成し、表現へと繋げる方法が紹介されている。これは単なる記録ではなく、自らの記憶を外部化し、さらには、発想の源として役立てようとするものである。

(29) たとえば検索する際に、個人が作り上げたデータベースと全集のデータベース化との違いが際立つ。求める一節やパラグラフを検索する場合、個人的データベースでは、自らの記憶に残る独特の言い回しや用語の組合せを検索ワードとして挙げることができる。それに対し、全体がデータベース化された全集を前にしても、一般的なタームしか思い浮かべることができず、検索結果を絞り込むことは容易ではなく、検索はいっそう難しくなってしまうであろう。

(30) プラトン『パイドロス』一三三‐一三四頁（Plato, *Phaedrus*, 274C‐275A）。

(31) ミシェル・フーコー「作者とは何か」『ミシェル・フーコー思考集成Ⅲ』二三三‐二六六頁。

(32) Barthes, *La mort de l'auteur*, pp. 41‐45.

(33) レヴィ『ポストメディア人類学に向けて』三八頁（Lévy, *L'intelligence collective*, p. 27）。

(34) ここで、能力は別として、知識と知の間の違いはそれほど明確でないように思われるかもしれない。しかしながら、レヴィ自身が具体例を語るときには Arbres de connaissances（知識の樹）のように一貫して connaissance を用い、抽象的な理論を展開するときには Espece de savoir（知の空間）のように常に savoir を用いることから、二つのタームを意識的に区別していることは確かである。

(35) アリストテレス、前掲書、四一頁（Aristoteles, *op.cit.*, 1050a1 - 20）。
(36) 知識の樹のシステムについては、Authier et Lévy, *Les arbres de connaissances*, pp. 99 - 118 を参照のこと。
(37) 学校での具体例については Authier et Lévy, *op.cit.*, pp. 23 - 26 を参照のこと。
(38) プラトン『テアイテトス』三四頁（Plato, *Theaetetus*, 150C）。
(39) プラトン『ソクラテスの弁明』二〇頁（Plato, *Apologia Socratis*, 21A）。
(40) プラトン『テアイテトス』三四 - 三五頁（Plato, *Theaetetus*, 150B - 150D）。
(41) プラトン『メノン』五〇 - 六四頁（Plato, *Meno*, 82B - 85B）。

# 第四章　「私」とは何か

知をめぐる二元論の考察を経て、「私」とは何かを改めて主題化しなければならない。いわば主体の問題である。それは、あるときは知の所有者としての主体であり、あるときは敢えて受動的に知を受け入れる主体であり、あるときは知によって事後的に基礎づけられる主体である。しかしどのような捉え方をされようとも、主体というタームにまとわりつく実体的なイメージ、すなわち固定的で確固たる存在という印象は払拭されがたい。それは、おそらく「私」を哲学の出発点とした――普通そのように理解されているのだが――デカルトの主張したコギトがもたらしたものであろう。主体の実体的イメージはしばしば批判の対象となる。それは（たとえそれが幻想にすぎないとしても）固定的な主体という見解が今なお残存している現状に照らしてなされる批判である。その一方で、確固としたデカルト的主体などもはや乗り越えられたと言われる。主体はすでに解体されたというわけである。しかし、デカルトの言う「私」（ego）、思惟する事物（res cogitans）としての「私」は、通常理解されているような固定的主体という意味合いを含んでいるのであろうか。むしろ後のデカルト主義者が当然のように受け入れ、前提として立ててしまった思惟実体を、デカルトのものだと理解してしまっているのではないか。主体が解体されたと言われるとき、その解体された当の主体は果たしてデカルトの「私」と同じものなのだろうか。

主体性について論じたアラン・ルノーは、「形而上学的主体」を「デカルトのコギト」と同一視することがいまだに続いていると言う。(1) この同一視を前提にポスト近代の思想家たちは、均質的で固有性を持たない、いわゆる実体的主体を批判し、複数の顔を持つ多様性や複雑性を含有した主体性へと発展、転回させようとしたのである。

しかし、私たちはこの前提、すなわちデカルト的コギトと形而上学的主体を同一視するという前提それ自体を疑ってみることができる。その場合、少なくとも次のような二つの可能性が考えられる。まず第一に、デカルト的コギトを固定化された実体的主体と捉えることについての検討をすること、第二に、形而上学的主体といういかにも現実から完全に切り離され乖離した主体と、今ここに存在する(と思われる)「私」との落差を埋めることができるのか否かという問いを立てることである。

私たちは、デカルトがどのような意図のもとに、いかなる方法でコギトに到達し、「私」について考察したのかを入念に追っていかなければならない。「私」を出発点として吟味なく立てることと、考察の過程で「私」が見出され基礎づけられていくこととは同義ではないからだ。以下、主体が確固とした個々に独立した存在であるという印象がどこに由来するのかを概観した後、デカルトによる考察の過程を追いながら、「私」が意味するものを再検討する。

## 1 堅固な主体のアイデンティティ

デカルトのコギトは、主体の議論を始める際に、必ずと言っていいほど言及される概念である。たとえ、コギトという概念が前面に出されていなかったとしても、多くの議論がそれを踏まえたうえで展開される。多くの場合、コギトから固定的な主体、確固とした「私」というイメージが引き出され、それを批判しながら主体の考察が進められる。しかし、安易なデカルト批判に移行する前に、私たちはひとまず立ち止まって次のように考えてみてもよい。なぜ私たちは主体を固定的なものとして捉えるのであろうか。私たちを思考させ、行動させているものは、意識を持った私たち自身ではなく他にあるというのは、現代思想を形成してきた一つの見解である。しかし、たとえば構造が、たとえば無意識が私たちを突き動かすのだと主張したところで、それでもなお固定的主体というイメージは根強く残っているように思われる。今ここに確実に存在する私自身が、思考し、行動し、経験し、様々な事柄を表現したり解釈したりする。この実感を私たちは完全に払拭することができない。この意味における確固たる主体とは、いったいどこに由来するのであろうか。

### 1-1　固有名（nom propre）は何を所有するのか

固定的主体を考察するにあたって、私たちはまず、すでに言及した固有名（nom propre）について再び検討を試みようと思う。主体に付された固有名についての再検討である。(2) 固有名（nom propre）の propre の名詞形は〈propriété〉（所有・特性）である。ここから、たとえば何らかの作品群が一人の作者に帰属させられるというように、一つの名前によって表わされる作者が、対象となる作品群を所有するという図式が形成される。作者と作品はいったん切り離され、別々の存在だと認識された後に、作品が作者に従属させられるのである。作品が作者の特性を担保する。作品によって固有名が強められる。実際、学問の世界であれ芸術の世界であれ、固有名は強い影響力を持ち、その力をいまだ保ち続けている。有名な作家の作品に人々が群がったり、よく知られた画家の作品展は無名の画家のそれよりも盛況だといった状況は容易に想像しうる。インターネットの発展により、これまでであれば自作を世に問うことなどできなかった人々にも、発表する機会が与えられた。これによって、人々の興味は拡散し、多様な価値観と基準に照らしてこれまで以上に様々な作品に光が当てられ評価されるのではないかと期待されたが、しかし、二一世紀の現在にあって状況は劇的に変化したわけではない。むしろ、いわゆる現実世界の固有名が、そのままインターネット世界へと持ち込まれ、両者が相俟って固有名がかつてないほどの影響力を誇っているとすら言えるのである。

そもそも、固有名と所有の関係は芸術作品に限定されるわけではない。前節で扱った知も、経験や日々の発言、情報や思考といったものも、何らかの固有名のもとにある主体が所有するものとしてみなされうる。そうだとすれば、所有の問題は芸術家に限定されるわけではなく、私たちにとっても差し迫った問題として現われる。知識や経験や思考が主体によって「所有」され、それによって主体の「特性」が規定される。固有名によって代表される主体が様々な特性を所有する。このような理解のもとに構成されるのが固有名のアイデンティティである。私たちは、自らの（所有格で語ることがすでに示唆的であるが）経験や知識や思考によって、固有名を特徴づけ、主体の堅固さを強めているかのようである。

ところで、私たちの日常的な実感から、経験や思考の所有について次のように言うことができるだろう。ここに一つの身体を持った私が存在する。その私が様々な経験をし、知識を蓄え、思考し、行動する。経験や知識は私のものとして蓄積されていく。思考や行動は私が主体的になしうるものである。私という基盤に経験や知識が積み上げられていき、その積み上げられた経験や知識とともに、私が思考し、行動するというわけである。ここでの「私」は、デカルト的主体でも、デカルト的主体を批判する概念でもない。吟味されることなく前提され、基盤として存在するとみなされるようなものである。しかしそうでありながら、この私が何らかの経験を持ち、何らかの知識を所有することによって、他人とは異なる私が特徴づけられていくという理解は、自然であるように思われる。この人は何者であるのかという問いは、一般的にこの人間はどのような特性を持つのかという問いに置き換えられ、主体を特徴づける様々な知識や経験が物化され列挙される。履歴書に人々が書き込むのは、自己の名前であり、自己の特性である。人々は自分の所有物をリストアップし、他の人々がそれを評価するのである。主体それ自体と固有名とは、その関係性が問題化されることなく結合され、固有名は独立性を持ってひとり歩きする。

主体の所有物はこのように列挙され、固有名を補強する。すでに第三章で言及したように、この形態を積極的な評価システムとして実現させようとしたのが、ミシェル・オティエとピエール・レヴィである。具体的には以下のような試みである。彼らの提起する「知識の樹」(arbres de connaissances)というプロジェクト[3]は、人々の能力を一本の樹によって表現しようとする。その樹には、その人の持つ能力が免状(brevet)といった形で次々と添付されていく。各人が固有の知識の樹を持ち、それがその人自身の紋章(blason)となる。もし、その人の保持している能力が稀少であればあるほど、それだけその人間は評価される。なぜなら、人々の能力は需要と供給の関係の中ではなく、その能力自体の価値として認められるからだ[4]。さらに、何らかのコミュニティを形成するならば、各人の能力を合わせた知識の樹が表示される。集まるメンバーによって紋章は変化し、多様な免状を含むものとなる[5]。知識の樹プロジェクトは、現在のシステムの中では評価されていなかったり、取りこぼされてしまっている人々を救うことを目指している[6]。それゆえ、学校や社会の中で「正統」と認められている能力以外のものに対しても紋章を与える。たとえ、生活の知恵であろうと、サブカルチャーに関する知識であろうと、このシステムにおいては評価されるのである。

取り集める免状に応じて、評価が決定する。免状の総体としての紋章を、すなわちこの知識、この能力を私が所有することによって、私自身が認められる。知識や情報が独自に価値を持つからこそ、その価値を自らの特性に加えようとして、主体はそれらを自己に帰属させようとする。その意味において、固有名のアイデンティティとは所有のアイデンティティである。様々な事物と並んで様々な知識や情報を所有する自己を、所有物によって規定しようとするアイデンティティである。

このアイデンティティは、今まで光を当てられなかった人々を救う可能性を持つが、同時に一つの危険性を引き受ける。それは、知識や能力を物化して捉えてしまう危険性である。レヴィ自身は決してこの考えに与しないが（それはレヴィの『ポストメディア人類学に向けて――集合的知性』（*L'intelligence collective*）という著作を紐解けばすぐに理解される）、能力に応じて免状が与えられ紋章として表現されるというシステムそれ自体が孕んでいるのは、次のような危険あるいは誤解である。まず第一に、能力や知識とは主体自身と切り離され、他の主体へと事物のように受け渡し可能であると捉えられうる。免状というアイコンが知識の樹上に貼られるというイメージが、そのような理解を助長する。そもそも、知識の樹プロジェクトには相互に修習するという条件が課せられる。能力をただ所有しているだけでは十分ではなく、他の人々に自分の知識を教えたり、他の人々から教わったりすることが義務づけられる。この相互的修習（apprentissage réciproque）には、自己も他者も変容させる契機が含まれているが、一見しただけでは、誰かの持っている知識を他へと移動させることだけが（あたかもアイコンをコピーペーストすることだけが）目指されているように理解されるおそれがある。第二に、一定の段階に達すれば免状が与えられ、自分の樹に付け加えることができるのだが、その免状のアイコン（つまり知識や能力）は、誰によって所有されようと同じ意味を持つかのように見えてしまう。レヴィは他の能力との組み合わせによって、ある一つの能力が別の意味を持ちうるという点を強調するが、しかし、紋章という目に見える形で表わされる能力は、実際の能力が秘めている潜在性を覆い隠してしまうおそれがある。(7)

だが、たとえ知識や情報や思考を物化して捉えたとしても、それらの所有を事物の所有と同列に論じることはできない。たとえば、デカルトはベークマンとの間に交わした書簡の中で、音楽について論じた原稿が誰に帰属するのかという問題について激しい議論を展開する。ベークマンはデカルトの原稿を自分のものとして公表するのであるが、その態度をデカルトが厳しく批判する。そのとき、デカルトは次のように言う。

知識の所有において、あたかも土地や金銭の所有におけるように、自分のものと他人のものとをあなたのように正確に区別することはばかげています。あなたがあることを知っているなら、たとえそれを他人から学んだのであっても、それはまったくあなたのものです。しかし、他の人も同じくそれを知っているなら、それもまた彼らに属することをあなたが許さないのは、どういう権利によるのでしょうか。(8)

デカルトは、ベークマンが『音楽論』に自らの名を付して発表するという、今で言えば著作権的擁護の立場から彼を批判しているわけではない。むしろ、知というものと所有というものが相容れないこと、何らかの知識を学んだ人々の間に区別を設けることはできないと言うのである。

かつて所有とは、何らかの事物を自らの傍らに置き、囲い込むことを意味した。土地や金銭の所有はこの意味において理解されていた。事物は専有されることによってその価値を高める。その事物が稀少であればなおさらである。この概念をそのまま拡大していけば、経験や知識や情報、思考や行動すら、独占されることによってその価値を高めることになる。しかし、事物とは異なり、知識や情報を専有することは困難である。それどころか、知識や情報はネットワークの中に置かれ、循環するからこそその価値を高めるという側面すらある。それゆえ、私たちは、そこに自らの名前を結びつけ、第一の所有者であることを主張する。固有名は、他人に先んじて、私こそがこれこれの知識や情報の所有者であると主張しようとする。実際、デカルト自身も、知識の所有と土地や金銭の所有とを区別しながらも、最初の発見者（あるいは最初の発明者）であること、しかも偶然の幸運によるのではなく自らの精神の力によって発見（あるいは発明）することを評価する。[9] そして、最初の発明者から別の人間が学んだり、さらに別の人間に伝えたりする過程で、もともとの知識の持つ意味や価値が失われていく可能性を指摘する。[10] 最初の発明者へと遡ることによって、それがまさに生み出されたときの知識の輝きに触れることができるかのようである。こうして、固有名は知識や情報に対して、自らがその起源だとして、自らの名を刻印することを望むのである。

知識の樹プロジェクトが孕んでいる危険性を回避しつつ、なおかつ新しい評価システムを稼働させることは可能なのであろうか。知識や能力の物化から逃れる方途はあるのだろうか。そのためにはまず、私たちが出発点として立てた、主体の所有物としての知識や経験といった理解を再検討しなければならない。

### 1-2　知的所有権が守るもの

知識や情報は、事物とは異なり、複数の人々と共有することができ、なおかつ複製されたところで劣化しない。とりわけ、デジタル技術の発展により、複製されたものとオリジナルなものの区別は容易につかなくなった。そこでなされるのは、オリジナル――起源としての固有名の主張である。「私の著作」「私の作品」「私の考え」といった表現が通用するのは、知識や情報に第一の所有者――第一の発見者としての固有名を付与しうるからである。知識や情報が一般的な事物と異なるのは、所有者が変更されるたびに所有者の名前も書き換えられていく事物に対し、知識や情報の所有者はいったん刻印した発見者としての名前が消去されないよう願う点にある。こうして、物化された知識や思考には、第一の発見者の名前が刻印され、流布される。どれほど広められコピーされたとしても、発見者の名前の刻印が薄れることはない。これがまさに知的所有権が守ろうとするものである。たとえ誰かがその知識や情報に変更を加えたり、何らかの解釈を試みたとしても、もともとの発見者の名前に別の名前が加わるだけであって、もともとの名前に上書きされたり名前を消去されたりはしない。情報に少々の変更を加えて名前を書き換えてしまえば、剽窃だとみなされ、著作権の侵害だと言われることであろう。私たちが守ろうとしているのは、所有者（propriétaire）としての固有名（nom propre）ではなく、発見者の権利——作者の権利であったのだ。

そもそも、一般的に言われる著作権、すなわち知的所有権には、大まかに言って二つの権利が含まれる。一つは著作者の権利であり、もう一つは「伝達者の権利」と一般に言われる「著作隣接権」である。(11)前者は、何らかの著作物の作者が持つ権利であって、著作物を勝手に改変されたり、著作者名を除去されてしまったり、無断でコピーされたりする行為から作者を守るものである。後者は、放送局や出版社といった作品を伝播する者の権利を保護する。(12)ここで私たちに密接に関わるのは、前者の著作権である。なかでも、発見者、発明者としての名前を付すことや、著作物を改変されないことについての権利は、従来の著作物の概念（書物、レコード、絵画等々）からすれば、当然のことのように思われる。しかしデジタル技術が発達し、インターネットが普及した今、著作者の権利それ自体が揺るがされている。それは、権利を守ることが難しくなりつつあるということと同時に、著作権の概念そのものが現状と乖離しつつあるという意味である。

有名な例で言えば、オープンソースのLinuxシステムがある。たしかにここでは、第一の発明者としての作者の名前は維持されている。しかし、オープンにすることで、システムの改善が多くの人々によってなされる。作品がそこでは改変されている。また、多くの人々が改変に関わっているが、具体的に誰がどのように寄与したのかを追うことはできない。つまり、改変者として名前を残しているわけではないということである。(13)

ここには金銭的利益についての喜びも、作者名を刻印するという喜びも見られない。うかがえるのは、自分の関わったシステムが全世界に流布され、利用され、ユーザに評価されるという喜びである。自らの作品が伝播していくことそれ自体に満足を覚える人々が少なからず存在する以上、知的所有権に対する概念的再考が促されてもよい(14)。

しかし問題は、もっと根が深い。作者という概念そのものがもはやそれほど確固としたものではなくなっている。言葉によって表現される知識や情報や思考の起源を、純粋に一つの主体に求めることは容易ではない。バルトが「作者の死」を宣告したのはそのためである。私たちが生み出すテクストのオリジナリティはすでに揺らいでいる。私たちが発する言葉が、すでにいつか別の誰かによって語られたものであるとすれば、その言葉の作者を自分だと主張することは困難となる。今ここに存在する「私」が「この言葉」を表明するからこそ、「私」は「この言葉」の「作者」である。このような主張は、法律の世界で認められたとしても、バルトを経た私たちには単純に承認しえないものなのである。

言い換えれば、作者の権利に基づく所有のアイデンティティを単純に主張することはもはや私たちにはできないということである。もし、私たちを特徴づける知識や思考や経験といったものを、バルトに倣って相対化し、剝ぎ取ってしまえば、後に何も残らない。もし残るとすれば、アプリオリに前提されただけの基盤としての不確実な主体でしかない。確固たる主体とは、実際のところ、個々の知識や情報や思考の力に依存して、それらしきものを築いているように見えた幻想でしかなくなる。そもそも、吟味なく基盤としての主体を立ててしまった出発点が誤りであったのだ。

ところで、知識や情報や思考の作者を考える際、テクストの作者に限定して思考を進めてしまうと、見落としてしまうものがある。それは、たとえば絵画の作者との比較によって見えてくる。テクストの作者が解体されたとしてもなお、絵画の作者を認めることは可能であるように思われる。この作者、絵画的表現を可能にする技術を持ったこの作者、身体的訓練を経たこの作者が描いた作品に、作者の固有名を付与することに私たちはためらいを覚えない。少なくともテクストに対するほどには躊躇しない。たとえその作品が過去の作品の影響を色濃く受けていたとしても、である。そこにはいわば作者の身体性が結晶化しているからだ。この作品を複製したところで、オリジナルと同じ価値を持ちうるようには思われない。作者の身体性は、複製によって失われるかのようである。しかし、テクストにおいては、身体性は希薄である。少なくとも、絵画ほどには明確な形で身体性を見出すことはできない。

もちろん、第二章における因果律批判を経た私たちは、単純にオリジナリティの源泉を身体に求めることはできない。ただ、少なくとも身体的因果の結果としての身体性をまとった作品というものを認めることはできる。「思惟する私」を現に今、存在させ、維持させている原因は両親ではないが、「この身体」の原因を彼らに求めることができるように。それは因果律のある一面を(ある一面のみを)表現しているのである。だが問題は、オリジナルと複製との価値の違いを安易に立ててしまうことにある。たしかに、画家の手になる絵画と、その絵画のカラーコピーを比較すれば、複製がオリジナルよりも劣るという点に異論はなかろう。しかし、身体性の希薄なテクストに関して、私たちはどこまでオリジナルの優位性を主張できるのか。

アランは『芸術の体系』の最終章で、ようやく散文の芸術について論ずる。彫刻家が石に向かうように、散文家は文字に向き合う。画家が色を塗り重ねるように、散文家は単語を積み重ねる。どちらも対象と向き合い、まず身体を介して様々な操作をし、その後に精神の働きや抽象的思考へと上昇する。しかし、文字や単語に残る散文家の身体の痕跡は、彫刻家や画家が作品に残す痕跡に比べてあまりにも薄い。さらに言えば、散文家の手書きの原稿は、散文の理解の手助けとはならない。そこに残る筆跡や文字の書き方の癖といったものは、文章のスタイル――文体とはまったく関係のないものなのである[15]。

では、散文には作者の身体性はまったく残っていないのであろうか。散文の思考は可能な限り身体から遠ざけられてはいるが、しかし、精神だけで思考を続けることはできない。身体を欠いた思考は浮遊してしまうからだ[16]。その意味において、散文にも身体の痕跡が残されている可能性を探ることはできよう。ここでは、テクストにおける身体性の希薄さが、第一の発明者としてテクスト（あるいはテクストとして表現された情報や思考）に固有名を付すことを妨げる、少なくとも絵画ほど自信を持って行なわれなくなってしまうことのみを指摘しておこう。私たちは、芸術作品と一体化したところから徐々に切り離されていくこの身体性についても問わなければならない。日常的実感として確固たるものと見えた主体とは、そもそも何であったのか。その基盤は堅固なようでいて曖昧であり、しかしながらその曖昧な基盤に帰属させられた様々な偶有性およびそれら偶有性を代表する固有名がひとり歩きしている。与えられた名前は、単なる言葉にすぎないにもかかわらず、この曖昧な基盤と結びついて確固たる主体という幻想を私たちに与えてきた。このような曖昧な基盤と結びついてしまう主体という概念はいったいどこに由来するのであろうか。

## 1-3 Sub-jectum

そもそも主体とは、subject（フランス語では sujet）の訳である。文字通りに訳せば、sub-ject、すなわち、「下に投げられてあるもの」というのがその意味するところである。語源的にはラテン語の subjectum、さらにはギリシア語のヒュポケイメノンにまで遡ることができる。ラテン語の subjectum は、より詳しく言うならば、subjicere という動詞に由来する。やはり「下へと置かれたもの」を意味する。アリストテレスが言うヒュポケイメノンを、たとえば出隆は「基体」と訳している。とりわけ、『形而上学』における基体の定義を、出は「主語そのもの」という注を付しながら翻訳する[17]。このアリストテレスの定義は、私たちの実感に近いものであると言えよう。「私」という主体、それは主語となるものであり、そこに述語が付されるものであり、まず何よりも前提されて然るべき基盤だからである。それゆえ、ヒュポという接頭辞には、「下」や「副次的」という意味よりもむしろ、「元」「基」といった意味を見るべきである。[18] 小林敏明によれば、こうして、ヒュポケイメノンは、実体（ウーシア）の内実とも言うべき地位を獲得する。この理解は、「主語的な私」、「基盤としての私」という印象を補強するであろう。もちろん、日常的に使われる主体という概念が、語源を意識したものとは思われない。だが、少なくとも吟味なく立てられた基盤としての主体を、語源的に擁護することは可能である。この主体理解は、デカルトのコギトを経てさらに強められ、現代思想における批判の対象となる。しかし、批判されながらもなお、上記のような一般的な主体理解は根強く残っている。

一方、同じくアリストテレス研究で知られる井上忠は、ヒュポケイメノンを基体ではなく「先言措定」と訳すことを提唱する。先言措定としてのヒュポケイメノンは、単なる主語的な基盤ではなく、さらに踏み込んだ解釈を私たちに許す。何らかの個体が主語として第一に規定され、二次的に述語が付与されていくのではない。言語的地平で表現される以前に、私たちが何ものかを摑む、事実として了解する個体がある。言語によって指示したり記述するに先立って、私たちが摑むそれがヒュポケイメノンと呼ばれるのである。主体に議論を移しても同様である。記述に先立って「私」という主語が指示されるのではない。だからといって、記述によって初めて「私」が明らかになるわけでもない。言語的了解以前の摑みを私たちは持つのである。その摑みが言語的表現を準備し、整える。その先行する条件を措定するという事態をヒュポケイメノン——主体と呼ぶのである。[19]

この指摘は示唆的である。私たちが吟味なく基盤として立ててしまう、しかも主語として立ててしまう主体に対し、主語や述語といった分岐以前に把握される何ものかを主体として捉える可能性を拓くからである。今は、井上のヒュポケイメノン理解が、出のそれとは異なることだけを提示するにとどめる。この相違は、本章の後半において新たな主体像を提示するにあたって、私たちの理解を助けるであろう。

こうして、私たちはデカルトのコギトを詳細に検討する段階へと辿り着く。吟味なく前提される曖昧な基盤の根拠を改めて問わなければならない。デカルトのコギトは、主語としての主体として捉えられうるのか、あるいは別の捉え方が可能なのか。この問いは同時に、物化される傾向にある特性や能力の問題と結びつく。また、デカルトのコギトがどのように身体性を獲得していくのかについても探究する必要があろう。発見者や作者の身体性が知や芸術作品を生み出すことと深く関係するからである。デカルトのおけるコギトを検討した後、私たちは身体を併せ持つ主体――心身合一の相についても考察していく。

## 2　発見の順序と機能の順序

「私」について検討するにあたって、主体に関する二つの順序を区別しなければならない。すなわち、主体が発見される際の順序と、主体が機能する際の順序である。前者は主体とは何かという問題であり、後者は主体がどのように働くかという問題である。第一章で検討した芸術創造における身体の関与から知性の独立までの過程は、まさに主体がどのように働くかという場面の分析であった。そこではむしろ、私たちにとって身体が重要であるように思われ、なぜデカルトがまず第一に「思惟する私」を認めたのかは明らかになってこない。しかし、「思惟する私」が見出されるのは、懐疑というデカルト独自の方法あってこそなのである。このとき、「私」とは何かが初めて発見されるであろう。

以下、デカルトがコギトへと到達するまでの軌跡を追いながら、主体とは何かという問いを主題化してみたい。

## 2-1　主体の発見――デカルトのコギト

デカルトは、思惟する私を確立したと一般的に理解されている。あたかもコギトに到達することが目的であったかのように語られる場合もあるが、コギトは予め立てられていた最終目的ではない。そもそも、デカルトの考察は確実な知識を得ることを目的としており、そのための方法が懐疑の遂行であった。そして、「私は存在する」という一点に到達した後も、懐疑は続けられるのである。デカルトは「私」とは何かについてコギトの後にも考察していくが、それが懐疑という文脈においてなされていることを忘れてはならない。

デカルトは、学問において堅固なものを打ち立てるためにすべてを覆し、土台から新たに始めようとする。[20]ここで用いられる方法が誇張的懐疑である。疑わしいものを敢えて偽なるものとみなし、何か確実なものが残るかどうか、もし残るのだとすればそれは何かを探究するのである。デカルトは、この世界には何も存在しない、「天も地も精神も物体も[21]」何もないと自らを説得しようとする。このとき彼は、有能で狡猾な欺き手すら想定し、この欺き手が常に自分を騙しているのだと考える。[22]しかし、何も確実なものはありえないと考えるそのとき、思惟していることとそれ自体を無にすることはできないことが見出される。「私が自らを何ものかであると考えている間は」、たとえこの欺き手であっても「私を何ものでもないようにすることはできない[23]」。こうして到達するのが ego sum, ego existo、すなわち「私はある、私は存在する」という地点である。[24]この命題は「私が言い表わすたびごとに、精神によって捉えるたびごとに必然的に真[25]」であるのだ。しかし、このときの ego（私）とは、いったい何であるのかはいまだ明らかになっていない。デカルトが、ego sum, ego existo と表明する際、ego としか表現しようのなかった何ものかの中に、私たちがこのタームによって一般的に理解している主語としての「私」や固定的主体としての「私」、常に変化せず前提される「私」を見てはならない。現にデカルトは「必然的に存在する私がいったいいかなるものかを理解していない」と言い[26]、懐疑はさらに続行されるのである。

デカルトは、懐疑を始める以前に「私」とは何であると考えていたのかを思い出し、さらに誇張的懐疑をおしすすめる。すなわち、以前の先入的な考えを懐疑によって一つ一つ吟味していくのである。その結果、最終的に「私」とは、身体ではなく思惟する働きそのものであることが見出される。このときの「思惟する働き」とは、「私が考えていること」ではなく「考えていることそれ自体」である。つまり、固定的な私の存在が前提され、その何者かが考えているのではないのである。むしろ考えるという働きそれ自体を捉え、働きそのものを「私」であると同定するのである。この順序を取り違えてはならない。よって、この「私」は、考えることがその本質であるがゆえに、私が考えている間のみ、その存在を確実なものとする。「もし私が考えることをすっかりやめてしまうならば、おそらくその瞬間に私は、存在することをまったくやめてしまう(27)」とすらデカルトは述べるのである。

しかし働きそれ自体を捉えることの困難さのゆえか、一般的に、デカルト的コギトは主語的な存在として理解される。すなわち、あらゆるものに先立って措定される自己が実体として存在し、事物や現象を規定していくとされるのである。たとえば、坂部恵は次のようにデカルト的主体（彼自身はデカルト的自我というタームを用いている）を批判する。坂部は、〈おもて〉という概念に注目し、この概念と仮面すなわちペルソナとの類似性を指摘する。私たちは普通〈おもて〉という概念を、表面や表象や現象としてしか認めることができないが、それを存在（リアリティ）や現前と表象という二項対立を超えるものとして坂部は捉え直そうとする。出発点としてあるのはデカルト的自我への批判である。

> 近代的・自己同一的な〈自我〉主体が支配し、その〈しるし〉としての素顔のリアリティーが無条件に信じられ、世界は、ただこの自己同一的な〈自我〉の主観・意識という鏡に映った〈表象〉すなわち〈再‐現前化〉re-praesentatio の相の下においてのみとらえられ、それもまた、無条件に世界のリアリティーとして、

素顔として信じられる。このような主体と主語の自同性の論理の支配の下においては、真の〈おもて〉の感覚、あるいは真の〈おもてがた〉の感覚、いいかえれば、真の〈変身〉の感覚は、当然失われ、忘れ去られることになるだろう。[28]

坂部によれば、近代的な自己同一的自我（すなわちデカルト的コギト）は、不可避的に真と偽、存在と表象といった二項対立を引き入れる。そして、このような主語的な自我は真なる存在の側に位置し、自らの意識に映る表象をある種二次的なものとして、すなわち仮面としてみなすのである。それに対する主語的な自我は、素顔であり、実在的なのである。しかし、仮面つまり〈おもて〉はそのような単なる現象ではないと坂部は主張する。それは主語ではなく述語的に主体を理解することに由来する。

〈おもて〉のかたどりと統一は、「主語となって述語とならない」自己同一的な〈実体〉としてのかたどりと統一としてはあらわれない。そのようなものとしてとらえようとするとき、わたしたちは、真の〈おもて〉の感覚に近づくべき一切の道を断たれる。

あらかじめさきをこしていってしまえば、〈おもて〉とは、〈主体〉でも〈主語〉でもなく、〈述語〉にほかならないのだ。〈おもて〉のかたどりと統一は、西田哲学の言い方をかりていえば、「主語となって述語とならない」のではなく、反対に「述語となって主語とならない」根源的な〈述語面〉（おもて！）のかたどりと統一である。[29]

主体は述語面から規定される。アプリオリに存在する「自我」が様々な偶有性をまとう（すなわち仮面をつける）

のではなく、述語から遡るかのようにして主体が現出する。そのとき、〈おもて〉とは、我とも汝とも言いがたい、正確に言えば、我と汝とに分かれる以前の、同一性と差異性が生起する場だと理解される。

　ここには言語化の限界が垣間見える。「私」とは思惟する働きであると述べることで、働きから何かが抜け落ちてしまう。働きに対して「私」という記号を用いることによって、あたかも予め存在していたものが働くという印象を与えてしまうという側面を否定することはできない。私たちはそれを「私」としか表現しようがなく、何らかの表現をしなければ働きそれ自体を捉えることすらかなわない。しかし同時に、「私」と表現してしまうことによって、働きそれ自体の運動性がおそらく失われてしまうことであろう。アガンベンは、プラトンの『第七書簡』を分析しながら「もの自体」について論ずるとき、次のように問う。

> 名の平面が本質的に「それ自体について（kath'auto）」言われる平面であるとすれば、言語活動は言語活動が名づける当のものに「理（ロゴス）を与える（legein kath'auto）」ことができるのか？　言語活動は、名によって呼ばれたところの当のものを言うことができるのか？[30]

問題は、書くべきではないところまで書いてしまうこと、言語化すべきではないところまで言語化してしまうところにある。言語化の限界を越えて私たちは表現してしまうが、それについての反省を迫られる。デカルトが思惟する働きを「私」と名づけるとき、その言語化が様々な問題を引き起こす。言葉によって規定するということは、一つの現象なり出来事なりを、あたかも一つの事物であるかのように語る危険性を孕む。近代以降の思想家がデカルトを批判する第一の論点がここにあった。コギトを言語によって対象化し実体化してしまったという批判である。すでに言及したように、デカルトは言葉の使い方に無頓着であった、あるいはそうと気づかずに、哲学上の大きな問題を引き入れてしまったという批判である。

しかし、デカルトは言語使用の問題に関してそれほど無自覚であったわけではない。たしかに、観念と存在の一致や明晰判明な認識の真理性を、一見、当然の事柄として受け入れているように見える。だが、デカルトは、不完全な言語を用いて、有限な能力しか持ちえない人間が、どこまで真理に近づくことにできるのか試みようとしたのである。そもそも、初期の著作『規則論』においても、[31] また書簡においても、[32] 不完全なものから完全なものを生み出すことの可能性を述べている。デカルトはいわば不完全な道具である言語を用いながら、より完全性の高い思考を目指した。デカルトの懐疑は、人間の能力と言語の力との追求であり、その限界において浮かび上がってきたのがコギトであった。

デカルト自身による『省察』における表現は、ego sum, ego existo であって、いわゆる「我思うゆえに我あり」ではない。私が疑っている限りにおいて、私はある。このとき、疑うという行為と、疑う主体とが切り離され、疑う主体がそれによって対象化されてしまえば、その刹那、主体は運動を失い、ダイナミズムを欠いた存在に堕する。いわば、物化された「私」となる。

そうだとすれば、デカルトは ego と表現すべきではなかったと言うこともできる。たとえば、デリダのように「私」あるいは「ego」としてみるか、あるいは「私」と表現した途端に失われてしまう何かと言ってみるか、いくつかの手段が考えられたはずである。デカルトのテクストからは「思惟する働きとしての私」や「思惟することをやめてしまえばその存在が確信されなくなってしまう私」を拾い出し、そこにダイナミズムを読み込むことは可能である。しかし、デカルトはそれでもなお、「私」と言い、「私」を思惟する事物、思惟実体とみなしたのである。

ここでは敢えて、デカルトが「私」という言葉を用いたことの意義を積極的に捉えてみたいと思う。私たちは、デカルトが思惟することそれ自体を敢えて「私」と呼ぶことに一つの意図を見ようと思う。ここでデカルトは、一つの危険を犯すことによって、別の利点を手に入れる。

デカルトは、思惟する働きを「私」と呼ぶことによって不可避的に失われてしまう運動性を意識しながら、それでもなお、思考の歩みの出発点に「私」を置くことを可能にするのが言葉でしかないことを承知していた。デカルトは、次々と思考の連鎖を繋げ、最終的にすべてを一挙に捉えることを推奨したが[33]、そのためには、言語の助けを借りざるをえなかったのである。おそらく、思惟の働きそれ自体は、「私」や「実体」と呼ぶことによってのみ私たちの前に姿を現わす。言葉で表現することによってのみ、思惟の働きを捉えることが可能となる。言語化しえないと言うことは、ある種の誠実さの表現ではあるが、働きを捉えること、対象に近づくことを断念することになりかねない。デカルトが敢えて「私」を思惟実体と呼ぶとき、私たちはそこにおいて働きそれ自体を見る必要がある。懐疑からコギトへという議論の流れに乗ることによって、私たち自身もまた思惟の働きへと導かれる。言語化するとはいえ、「私」や「実体」から思惟の働きのダイナミズムが完全に失われてしまうわけではない。デカルトが、「私」を対象化してはならないと警告していたこと、あるいは物象化されるべきではない「私」を慎重に論じていることは、注意深い読者[34]によって気づかれていたのである。

それゆえ、私たちは常に、「私」という言葉を読み替えること、あるいは「私」という言葉の背後に長い懐疑の過程を見ることを要請される。「私」という言葉は、「私」と表現されてしまった途端にすり抜けていってしまうものであり、しかし同時に「私」と表現することさえ、懐疑を経なければ許されない、そのようなものである。もし、私を単なる「主語」や、指示語や、哲学的基盤として無条件に立てられる前提と理解してしまったり、もっと言えば、近代的主体、形而上学的主体といったものとして捉えてしまったりすれば、そのような「私」はたちまちデカルトのコギトから遠ざかることになろう。だが、デカルト以降の哲学者や思想家たちは、そのような

「私」から出発してしまった。しかも、懐疑の過程を辿ることなく、「私」を基盤に置いてしまったのである。そして、偽‐デカルト的主体を覆すことに躍起になっているが、そのような主体は、そもそもデカルトのうちに認められるようなものではなかったのだ。

### 2‐2　内なる他者

思考する働きを（危険を犯しながらも敢えて）「私」と規定したところで、そのような「私」とはいったい何かという点については明らかとならない。デカルト自身もコギトの後、懐疑を続行しつつ「私」とは何かという問いを突き詰めていく。ここでしばしば問題となるのは「私」には他者が含まれるのかという問いである。あるいは、デカルト的主体を基盤として、他者との関係を構築しうるかという問いである。このような問いは、デカルトの ego が独我論に陥らずに、他者と関係を取り結びうるのか、共同体についての議論をしうるのかという視点から生まれてくる。主体における単数性あるいは「個」という側面を強調するあまりに、デカルトにおいては連繋や連帯を論ずることが不可能なのではないかと危ぶまれてしまう。主語的主体の強さが、他者の入り込む隙を与えないかのようである。

デカルトが ego sum, ego existo と言い表わすその ego に複数性を見ることは容易ではない。一般的に解された ego ＝デカルト的主体とは、単数であり、他の人間を「私」へと還元してしまうような存在である。連繋や連帯に繋がるような複数性をデカルト的主体に見ようとすることはほとんどなされない。それゆえ、ネットワークによって接続された集合体を考えようとするとき、デカルト的主体を基盤にしては限界があると一般的には理解されている。たとえばレヴィはデカルト的主体をその単数性ゆえに批判する。集合的知性というプロジェクトを推進していくためには、「私」から「私たち」への移行が必要であるからだ。

このプロジェクト〔＝集合的知性というプロジェクト〕はあらたな人文主義《ユマニスム》を召喚する。それは、《汝自身を知れ》を含み、《共に考えるために私たちを知ることを学ぼう》へと拡大し、《私は考える、故に私は在る》から《私たちは集合的知性を形作っている、故に私たちは卓《すぐ》れたコミュニティとして存在している》へと一般化するものである。デカルト的な私は考える（cogito）から、私たちは考える（cogitamus）へと移行するのだ(35)。

単数的である「私」をデカルト的主体と理解することは、レヴィにとってだけでなく、デカルト以降の多くの哲学者や解釈者たちにとっても当然のこととして受け止められてきた。たしかにデカルトは、物体的事物や他の人々すら自己のうちから生じたとしてもおかしくはないと言う(36)。この言明を敷衍すれば、思惟する「私」のうちには、神を除く様々な存在がすでに含まれていることになる。もし、神、すなわち絶対的他者以外のすべてをうちに含む「私」が確立されたのだと考えるのであれば、よく言われるデカルト哲学に他者はあっても他我はないという批判に根拠を認めることができよう。

このように、デカルト哲学は独我論として批判される一方で、デカルト哲学において他我――私の理解の範疇に納まるような他者――を論ずることはできないと言われてきた。したがって、レヴィの目指す集合的知性、しかも多種多様な人々が一つの共同体を形成し、協働すること、それでいて集合に個が埋没することのない共同体を考えることは、デカルト的視点からは困難であるように思われる。そもそもデカルト哲学において他者との連繋や相互理解という問題は表立って主題化されない。デカルトにおける他者（それは神という形で現われる）は、私を完全に超え出る超越的存在であって、触れることはできても把握することも完全に理解することもできない。この意味において、レヴィがコギタムスへの移行を主張する際、デカルトのコギトを批判したことは必然的な流れであった。レヴィにとっての他者とは、超越者でも自己のコピーでもないからである。集合的知性という、複数的で多様な個の集まるコミュニティを論ずることは、孤立した「私」の議論のレベルにとどまっていてはかなわない。

しかし同時に、個々の主体を前提するのではなく、関係や連繫を基盤にして結節点としての主体が生起すると言ってみたところで、それが近代的自我の代替物とされるのであれば、事態に変わりはない。坂部は言う。

あるいは、〈間柄〉についての思考を、性急に〈個〉と〈全体〉の「弁証法的」かかわりの方向に収斂して、全体主義的な色彩の強い〈倫理学〉に、実体化された〈空〉や〈無〉を接ぎ木したり、「超越的述語面」をおなじく〈空〉や〈無〉と短絡することで、〈ある〉の地位をいわばていよくおとしめてしまう行き方も、それを実体化するものとじつは表裏の関係をなす側面をすくなくともなにほどかはもつといってよいだろう。[37]

「私」から出発することを断念して、その代わりに関係や連帯から出発することはたしかに可能な一つの方途である。しかし、「私」をそのまま「関係」へと置き換えたところで、別の問題が生起するだけである。「私」が独我論に陥ってしまう危険性を持つとすれば、「関係」は全体主義へとなだれ込むおそれを孕む。「私」が様々な特性を所有し、諸特性を物化してしまう危険性を持つ一方で、「関係」は個性を奪ってしまうか、あるいは逆に個性をある人間に帰属させることすら不可能となってしまうだろう。

しかしながら、デカルト自身が後に、私のうちにある観念の検討から絶対的他者としての神の存在証明へと移行することからもわかるように、私のうちに潜在的にある他者の観念を根拠として、私においてすでに他者性が含有されているとしてデカルトを擁護する立場がある。

たとえば、ジャン＝リュック・マリオンは次のように言う。デカルトのコギトは「根源的な他者に身を晒すことによって、すなわち、対話空間に身を晒すことによって[38]」、表明される。この他者とはまずもって神という仮面の下で[39]作用する。それは、コギトの私（ego）に時間としても権利としても先立つ無条件的な他者性である[40]。私（ego）は思惟するものというよりも思惟されたもの、他者によって思惟されたもの（*res cogitans cogitata*）として発見されるがゆえに、デカルト的コギトから独我論は帰結しないのである[41]。

そもそも「欺く神」という想定がすでに自らのうちにある他なるものの予兆であった。そしてこの「欺く神」を自らの外部、すなわち懐疑設定の条件として外に置くのか、それとも最終的に「私」の内部における根源的な問題とみなすのかによって、解釈は分かれる。もし「欺く神」を外部設定として、「私」の外に置き、そして対象化された「思惟する私」が存在すると言うのであれば、神は予め自分とは完璧に異なる外的なもの、他なるものだと吟味なく前提していることになる。そのような外的で他なるものを「私」がどのようにして知りうるのかという検討がなされないうちに予め前提されてしまっているのである。一方、「欺く神」それ自体も巻き込みながら、「思惟する私」の働きの中に含み込む形で理解するのであれば、「欺く神」は後に、「神」として再発見され、「思惟する私」から初めて他者が切り離され浮かび上がってくる。

しかしここで注意すべきなのは、対話者である他者を、「私」は予め他者として認識しているわけではないということである。対話が「私」と決定的に異なる他者との間でなされることがわかるのは事後的である。問いは私の内部において立てられる。マリオンの言うように、他者は根源的に自己と関わっていることは確かであるが、「私」がそれを知るのは後のことである。それは発見の順序と機能の順序との区別によって明らかとなる。もし、発見の順序を重視するのであれば、他者は神の存在証明を経なければ現われない。しかし、機能の順序に重点を置くのであれば、他者は懐疑の只中においてすでに含有されていたのである。

いずれにせよ、デカルト的主体は、他者と分かちがたく関わっている。むしろ、内なる他者という視点を失っては、デカルト的主体の本質的な部分を見失う。内なる他者を、最終的に「私」へと還元してしまえば、独我論であるとか、あたかも世界に「私一人」のみが存在するかのようだという批判から逃れることはできない。それは、言うなら機能の順序だけに注目する立場である。しかし、私から後に切り離されうる内なる他者をデカルト的主体の中に見ることで、私と他者との関係の構築や、私と他者との連繫を論ずる道が開かれるのである。道は外へと開かれる。ただし、内なる他者を無条件に前提してしまえば、発見の順序のみを重視するようにして、主体的働きが失われてしまう。坂部が警告したのもこの点である。主体を前提する代わりに、関係を前提してしまえば、反転した議論を繰り返すだけになろう。重要なのは、発見の順序と機能の順序の両面を保持することである。無論、この両面を同時に判明に把握することはできない。しかし、コギトという事態がこの両面を含有していることを理解することによって、「私」における「内なる他者」を、「私」から外部へと開かれる可能性を見出すことができる。

こうして、私たちには他者をも含む多様で複数的な「私」を補う身体はありうるのかという問題が残される。精神の複数性に対して、どこまでも単数で「私的」であるように思われる身体における複数性を論ずることはできるのであろうか。以下、デカルトにおける身体論を再考しつつ、複数的精神に対応する身体のあり方を考察していく。

## 2－3　単数と複数——機能する身体

そもそも単数と複数という問題は、何らかの事項を基盤として、いわば運動を止めるようにして事態を捉えることから生ずる。たとえば、「私」という存在の単数性は、思惟の運動を止めてそれを一つの実体として捉えることに由来する。そうでなければ、刻々と変化する思惟を「一」として理解することは困難である。さらに言えば、「変化」それ自体さえ、一つの基盤を設定しなければ、認めることができない。私たちは知らず知らずのうちに、運動を止めたり、働きを固定したりして、身体なり精神なりを「一」なるものと捉え、そこから「変化」や「単数性」を主張する。そして、そのような「単数性」が寄り集まったものとして「複数性」を理解する。なぜならば、人間精神にとって、運動を運動そのものとして、働きを働きそのものとして判明に把握することが困難だからである。それゆえ、単数性と複数性の問題は、私たちが働きを動かぬものとして理解する他ない以上、避けられない。

私たちが還るべきなのは、第I部で検討したデカルト的二元論の視点である。個と関係の二項、あるいは単数性と複数性の二項を両立させるためには、ひとまずそれぞれの側面からアプローチし、しかしながらそれが全体として一つの事象であることを理解しなければならない。デカルト的コギトにおいてただ単数性や実体的な近代的自我を見るのではなく、複数性や外部へと接続しうる可能性を見出すことが必要なのである。

ところで、デカルト的二元論の本質は、精神と身体を区別した後に両者の合一を考えること、合一は二項から分析しうるが全体を判明に把握することは困難な事態だと理解することにあった。コギトにおいて内的に他者が含まれ、思考が複数的であるのならば、今度はその複数的思考に対応する身体を考えることが重要となる。すなわち集合的思考に対応する集合的身体である。マクルーハンは、メディアを身体の拡張とみなし[42]、ベルクソンは、そのような肥大した身体を補う精神を求めた[43]。だが、発見の順序に従うならば、集合的思考は集合的身体に先立つ。集合的思考がまず見出され、それを補う身体は後から顕在化する。もし、身体の拡張や肥大した身体ばかりが注目されるのであれば、それは機能の秩序においてのみ事態を見ているからに他ならない。

そもそもデカルトは、人間の身体を一種の機械とみなして、身体から精神や魂といったものを除いて理解しようとした。デカルトにとって、たとえば動物は機械であって、動物の行動は本能的な反応だと理解される。[44] 人間身体もまた、そこから精神を切り離すことによって、動物と同列に論じられるのである。

たしかに、身体における様々な反応は、客観的に観察され、物質的な法則に則って常に同じように生起するように思われる。しかし、その一方で、デカルトは精神と身体の関係を、船と水夫とは異なるとも言う。[45] 私の精神と身体は、船と水夫以上に密接に結びつけられ、身体の影響を精神は蒙り、身体もまた精神の影響を蒙る相互作用において理解される。換言すれば、デカルトにおける身体を、単なる機械、物体的事物の一種としてのみ理解してしまっては、心身合一の相を捉えることは不可能だということである。デカルトが精神と結びつく身体を語るときには、いわゆる客観的身体とは別の様相へと移行している。それは、身体から見れば物体的事物の働きとして理解され、精神から見れば精神的力として理解されるようなものである。

私たちはすでに、観念の二面性について論じた。デカルトは『規則論』においては身体を重視し、『省察』においては精神を重視したことを見てきたが、そこから帰結するのは、心身合一とは一つの働きだということである。もし心身合一を一つの存在（たとえば人間存在といったように）とみなしてしまえば、把握しえないものがそこにあるのだ。心身合一を何らかの実体として理解するということは、心身合一という働きをむしろ身体や物体的事物へと還元して理解することを意味する。そのように働きを実体へと還元した途端、精神は物化され、あたかもすでにそこにある身体の付属物といった存在になってしまう。心身合一とは、精神と身体がともに働くという状態を意味するのである。

そのとき、身体は、物体的事物というよりもむしろ、物体的事物の働き、物体的事物の機能として理解される。機能としての身体は、事物そのものではない。言うまでもなく、身体という事物的存在がなければ機能もありえない。しかし、事物的存在と機能はイコールではない。機能としての身体は、機械的身体とは別の次元に位置する。機能としての身体が成立するためには、精神の存在が不可欠である。それが単なる一般的機械の機能と、身体の機能とを区別する指標となる。機能としての身体は、その機能を最終的に精神が回収する必要がある。たとえ身体が最初に動き始め、精神の意識的動きを逃れて運動したとしても、精神は遅れてその運動を認識し、把握する。この精神による捉え直しを経て初めて、機能としての身体が生起するのである。たしかに、精神が介入しなかったとしても、身体はすでに機能し、独立で行為しているように見える。しかし、そのときの身体は機能としての身体とは異なる。それこそ、機械的身体にすぎず、精神が関わらなければそのまま機械的反応としてやり過ごされる。しかし、精神は身体の機能を認め、分析し、把握し、ときに法則化し、ときに理解できないままに放置するという仕方で、機能としての身体を現出させる。精神と身体がともに働くとはこのような意味においてであり、心身合一とはこのような事態を指すのである。

よって、心身分離と心身合一の両立を、なぜデカルトが問題とすらみなしていなかったのかがここに到って理解されるであろう。心身合一を語るためには、必ず心身分離を語らなければならないのである。心身分離を経ない合一は、単なる心身混合あるいは一般的に理解される心身を備えた人間存在でしかない。それは、吟味なく立てられる存在、しかも働きを欠いた存在である。心身合一は、分離の後に初めて論ずることが可能となる両者の働きの次元である。よって、分離と合一を両立させるという言い方は、むしろ誤解を招くことになろう。分離から合一は一つの線上で理解されるべき事態である。精神と身体が存在することを前提し、それらがどのように分けられ、どのように働き合うのか、といった仕方で理解しようとすれば必ず失敗する。このような理解の仕方は、精神と身体の実体性に引きずられ、それに惑わされるからである。むしろ、混沌の中から精神の働きを実体として措定し、次いで精神とはまったく異なる秩序に属する身体の存在を見出し、それから両者の働きを見るという順序でなければ、分離と合一を捉えることはできないであろう。

この考察を集合的思考と集合的身体へと移してみよう。思惟する我のうちにも内なる他者が含まれる。思考するということは必然的に他者を巻き込むのである。また、すでに見たように、私たちは他者の記憶を自らの身体をもって想起することができる。他者の記憶の宿る様々なテクスト、芸術作品、情報といったものを私たちは表現者に代わって再び現実化させることができるのである。このとき、発見の順序から言えば、各自の思考から各自の身体が見出され、その内に内的他者の存在が発見されるであろう。そして、思考は事後的に、自らの複数性や、思考の身体化であるテクスト群の複数性に気づく。

ところで精神と身体の関係は、集合へと移行する際に個人的精神と個人的身体という枠組みを外れる。それでもなお、その関係は類比的に考える必要がある。集合において、いわば集合的精神と集合的身体を見るということである。メルロ＝ポンティは『行動の構造』において次のように言う。

心と身体の概念は相対化されなくてはならない。つまり、交互に作用し合う化学的構成要素の塊としての身体が存在するし、生物と生物学的環境との弁証法としての身体があるし、社会的主体と集団との弁証法としての身体があるのであり、さらにはわれわれの習慣でさえも、すべて各瞬間の私に感知されるとは限らない身体なのである。これら諸段階の一つ一つは、前段階のものに対しては〈心〉であり、次の段階のものに対しては〈身体〉である。身体一般とは、すでに辿られた道程の全体、すでに形成された能力の全体、つねにより高級な形態化の行われるべき〈既得の弁証法的地盤〉であり、そして心とは、そのとき確立される意味のことである。(46)

メルロ＝ポンティによれば、いったんその働きが確立された個としての人間は、集団という次の段階から見れば

〈身体〉となり、集団はそのような〈身体〉に対する〈心〉として意味の側面を担うわけである。個々の人間は寄り集まって一つの〈身体〉を形成し、そのような〈身体〉に対する集合的〈心〉が生まれるわけである。

機能の秩序で言えば、私たちは何よりもまず、自らの身体を働かせ、それは他の人々の身体と関わる。あるいは身体的存在であるテクスト群と第一に関わる。そのような関わりから思考が生起し、自らの身体に対応する思考、複数的身体に対応する複数的思考が立ち上がってくる。身体的存在はネットワークによって接続され、とどまることなく膨張していく。それに対応する精神、それを補う思考は後を追うようにして働き始め、最終的には、集合的身体を統御する集合的知性へと成長するのである。

しかし、発見の順序に従えば、私たちは複数性を含む精神的存在を見出し、そこから外部へと開かれる道筋を辿るのである。そのとき、いわゆる物理的身体だけではなく、類比的な身体、思考の身体化であるテクストや情報といったものが重要な役割を果たす。精神の依り代としての役割を担うテクストは、精神の外部に見出されながらも、最終的に精神とともに働くようにして一体化する。それを私たちは情報体と呼ぶ。一体化とは、精神が身体に取り込まれることでも、その逆でもない。ともに働くことそれ自体を主題化することによって現われるのが情報体なのである。

## 2-4 順序について

ところで、デカルト的文脈で順序（ordre）というタームを目にしたとき、マルシャル・ゲルーの理由の順序についての議論が思い起こされるかもしれない。[47] ゲルーは総合的順序に従って書かれた『哲学原理』を、分析的順序に基づく『方法序説』や『省察』に引き入れることを拒む。そして、分析的順序を発見の順序、認識理由の順序とみなして、『省察』を詳細に論じていく。[48] 私たちがここで言う発見の順序は、まさにゲルーの言う理由の順序である。ただし、総合的順序と機能の順序は異なる。総合的順序はむしろ説明のための順序、認識ではなく説得のための順序である。しかし機能の順序はまさに、存在論的基礎づけは別として、物事がまさにそのように働くという点に注目する。

また、ゲルーの見解と私たちの見解との最大の相違は、ゲルーが総合的順序と分析的順序を峻別し、両者を関わらせなかったのに対し、私たちは最終的に発見と機能の順序の合一を目指すところにある。なぜなら、機能と発見はいわば同じ事象の別の側面であるからだ。ただし、私たちは、それこそ順序を追うことによってしか、事象を明晰に捉えることができない。私たちの目にはもはやそれが一つの事象には映らないかもしれない。しかし、それを敢えて合一体として、すなわち情報体として捉えることが重要なのである。

## 2－5　単数から複数へ

以上の抽象的な議論を、具体的場面の中で捉え直すならば次のようになろう。たとえば、ネットワークの形成を考えてみればよい。私たちはインターネットを介して互いに接続することができる。あるいは、複数の人間が実際に集まって一つの場を作り上げることができる。そこでいったい何が起こっているのか。

私たちは個々に固有の身体を備えている。ネットワーク上の繋がりであっても、情報機器の端末の向こう側には身体が控えている。さて、私たちが実際に顔を合わせながら一つの主題について議論したり、一つの興味を共有したりするとき、個々に固有の身体を持ちながら精神の働きは一つとなる。そのような精神の働きに対応する機能としての身体が生まれるのである。

このような働きとしての身体はそのとき単数となる。複数の主体（sujet）が集合して一つの主題（sujet）について語り考察するとき、そこにはそれらをまとめ上げる一つの精神とそれに対応する一つの身体が生成する。複数性とは、もともとの各自が所有する物理的身体を指してそのように言うのであって、ある一つの興味やテーマを共有して何らかの働きが生まれるのであれば、そこでは一つの働きとしての精神に対応する一つの身体が生起しているのである。

それをあくまで複数と呼びたいのであれば、物理的身体や、その身体に宿る（とみなされる）精神の単一性や独自性を重視していることになろう。一方、それを単数とみなすことに抵抗を感じないのであれば、物理的な身体やいわゆる精神の単一性に拘泥することなく、働きを働きとして捉え、それに対する身体が生まれることを認めることになろう。単数と複数、あるいは一と多の間にある差異は、何を重視するかに依拠している。単数と複数の両立、一と多との両立は、あたかも心身の区別と合一を両立させるかのように矛盾を孕んではいるが、しかし不可能な次元ではない。

同様に、複数の精神を共有する単数の身体について次のように言われうる。何らかのテーマや興味を共有したとしても、それについてまったく反対の意見を持ったり、互いに議論を重ねたり、批判をしたりする場合が考えられる。そのとき、議論が成立するというその意味において、一つの機能的身体が生起するとみなされる。しかし一方で、互いに異なる意見を抱く複数の主体を一つのものとして捉えることは困難なように思われる。それらを多様な考えのうちの一つに還元してしまうことは、差異を解消してしまうことに他ならないからだ。ただし、「私」の抱く思想が、まったく「私」にのみ固有であると言いうるかどうかは検討されねばならない。「私」の独自性はそれほど確固としたものなのだろうか。

「私」が語る言葉や紡ぐ文章は、物理的表現の原因としては「私」一人に起因しうる。述べたり書いたりするというその原因は、物理的身体に由来するがゆえに、その身体に宿っている（とみなされている）精神に帰される。しかし、言葉や文章は、以前に「私」以外の誰かによってすでに語られ、繰り返され、否定され、再び主張されてきたものである。「私」内部に刻み込まれた様々な考えは、かつて「私」が読んだり聞いたりして受け入れたものである。「私」一人が完全なるオリジナルとして生み出した言葉がどれだけあるだろうか。言葉を発するということは言葉のネットワークへと必然的に組み込まれることを意味する。通時的にも共時的にもそうなのである。そのネットワークがどれほどの広がりを持つかを、発言者自身は知ることなく、あるいは知ることもかなわない。なぜなら、ネットワークは絶えずその接続を組み替えられ、切断と接続を繰り返し、膨張したり収縮したりしているからである。ネットワークは運動である。

「私」はこの意味において複数的である。私が発する言葉は完全なるオリジナル性も独自性も持たない。だからと言って、かつて語られたことの単なる繰り返しでもない。私の発する言葉がオリジナルではないという側面を強調すれば、主体の複数性が言われるであろう。一つの言葉に複数の主体が宿っている。しかしその言葉はある共通の場において発せられる。その場はあたかも一つの身体として——機能的身体として生成するのである。もし私の発する言葉が単なる繰り返しではなく、今ここで言われることの意義や「私」が発することの意義が重視されるのであれば、働きとしての身体との関わりにおいて主張される重要性である。私の言葉の意義は、ある物理的身体を持つ「私」個人に帰せられるのではなく、その言葉の意義を認めうる（それは肯定的であっても否定的であっても構わない）人々にも帰せられる。こうして複数の主体が一つの身体を共有するという状況が生ずる。

しかし主体の複数性は、物理的身体に一つの主体が宿るという前提のもとだからこそ語られる。もし複数性を本来の意味で突き詰めるならば、もはや一とも多とも言えない次元へと到達するであろう。なぜなら、物理的身体の一性や、そこにただ一つの主体しか宿らないという前提は、単なるドクサにすぎないからである。もし複数や多ということを厳密な意味に取るのであれば、主体が刻々と変化することや、「私」のうちに複数の主体が入り混じることなどを言うことすらできなくなる。変化や複数性は何らかの一つの基盤や一性を基にしてしか語りえないからである。よって、私たちが多性や複数性を主張する場合には、常に何らかのものを変化しない一つの基盤としてとどめておいて、その上に別のものを築き上げるしかない。もしその基盤すら変化するのであれば、そもそも多性や複数性を言う意義すら見つからず、すべてが絶えず変化し続けるネットワークとなるであろう。それを全体として見るならば一なるものとも言えるかもしれないが、全体を見るためには視点を俯瞰的地点へと持っていき、その視点を固定させなければならない。もし全体を捉えようとする視点すら不安定で変化しうるのだとしたら、一なる全体と言うことすら無意味あるいは不可能となってしまうであろう。

私たちの知性にとってはこれが限界である。多性や複数性を捉えようとすれば、常にある固定点を定めねばならず、そのためには動きを止めて運動性や時間性を犠牲にする必要がある。もし多性や複数性へと移行せず、一なるものを誠実に捉えようとすれば、私たちは運動それ自体を摑む点にまで到達するであろう。それがデカルトのコギトであった。しかしコギトは容易に複数性を受け入れない。複数性を受け入れることは、コギトの動きを止めてしまうことを意味するからだ。デカルトが複数の私や他我について語らなかったことの意味がここにある。デカルトは運動それ自体を思惟として捉え、それが人間の本質であると考えていた。しかし運動それ自体を捉えることがいかに困難で、不安定な視点に支えられているかを、よく理解していたのである。

## 2-6 情報体の高み

このようなコミュニティや集合のあり方は、たとえば昆虫の社会とどのように異なるのかと問われるかもしれない。たしかに、蟻の社会に注目してみれば、個々の蟻が見事に一つの全体を形成し、あたかも知性を持っているかのように機能している。もし西垣通のように情報に生命を関連づけるのであれば、蟻の社会は集合的知性の一例とみなされよう。しかし、蟻の社会はあくまでも遺伝的プログラムに従っているにすぎず、思考能力や創造的能力を持たない。そして、まさに思考や創造性こそが、集合において目指されるべき高みなのである。蟻の社会と集合的知性の相違についてレヴィは次のように言う。

〔集合的知性と蟻の社会との〕あらゆる違いがここに由来する第一の相違は、集合的知性が私たちにおいて思考しているということである。それに対して蟻は、ほとんど不透明でホログラフィックとは到底言えないような一部分であり、知性的蟻塚の無意識的な歯車である。私たちは、私たち自身の知性を向上させ変容させる集合的知性から、個人的に何事かを享受することができる。私たちは、各々が自分たちの仕方で、グループの知性を部分的に含み反映している。反対に、蟻は、社会的知性から非常にわずかなものしか享受しないし、取るに足らない見方しか得ることはない。蟻はそこから心的増大を受け取らないのだ。蟻は従順な受益者であるので、盲目的にしかそこに参加しないのである。(49)

西垣が「生命」情報を主張する限り、集合的知性と昆虫の社会を区別する指標を導入することはできない。それは、あたかも人間の知性を昆虫と同列のレベルに還元してしまうかのようである。ここでレヴィが指摘する昆虫の社会と人間のコミュニティとの根底的な相違こそが、ここで私たちの目指す主体のあり方を決定づけるものであり、集合に埋没しない個を主張する契機となるものである。私たちは、油断すればおそらく、蟻と同じあり方をしてしまうであろう。そのとき私たちは、組織の歯車となって、受動的な行為者に堕してしまう。もし蟻とは異なる面を見せようとするのであれば、それは「集合において思考しうるか否か」にかかっている。ここに私たちは「思考することをやめてしまえば存在することを確信できない」というデカルトの言を再発見することができる。情報体が目指す高みは、思惟という働きなのである。

## 3　主体の復権

以上のようにデカルト的主体を理解するならば、デカルトの考えはいわば西田哲学に近づくとさえ言えよう。「私」を対象化しない、客体化しないコギト、主語的な基盤が予めあるのではなく、思惟する働きそのものを「私」と認めること、これは二元論を批判しようとした西田の問題意識、すなわち、主語ではなく述語、あるいは場所を重視した西田の問題意識と重なる。

私たちは以下、述語によって規定される主体、何らかの思考や行為によって事後的に規定される主体について考察する。それは、いわば顔の見えないサイバースペース上の主体と相俟って、ある程度の説得力をもって現われる主体である。しかしながら同時に、刻々と変化する述語によって見出される主体の持続性を、どのように理解するのかという問題が浮かび上がってくる。私たちは、主体に関する瞬間と持続という二項対立を乗り越えなければならない。

### 3－1　述語的な主体──変容する主体

「私」は考えている限りにおいて「私」である。思惟することが主体の本質であるとするならば、思惟することを止めてしまった途端にその主体は存在しなくなってしまう。正確には、存在することを確信できなくなってしまう。存在するためには、何らかの思惟や行為が要請される。考えること、表現すること、行為すること、感覚すること、様々な述語から遡って主体が生起する。このような述語的主体は、サイバースペース上における主体のアイデンティティへと繋がっていく。

サイバースペースにおいて、個々の人間は、いわば匿名性のもとに現われる。とりわけ、二つの矛盾する発言を同じ一人の人間が行ない、しかしながらそれを読んでいる側には発言者の同一性が知られないケースにおいて、それは如実に現われる。読んでいる側は、二つの発言のどちらかに同調するかもしれないし、どちらにも賛成しないかもしれない。あるいは二つの発言の両方に賛同しうる点を見出すかもしれない。中には、この二つの発言をきっかけに、自らのうちに矛盾する二つの視点があることに気づく人さえいよう。そのとき、私たちにとって、この二つの発言が同一人物によってなされようが、そうでなかろうが、それほど重要ではない。重要なのは、発言の内容それ自体であって、内容に触発されて私たち自身がどのように思考するのか、内容をどのように評価するのかが問題となるのだ。その発言を契機として、たとえば何らかの議論が展開していくのであれば、そのような議論を触発したという結果から遡って述語的主体が形成される。発言の背後に私たちが見る主体と、ある一つの身体を備えた主体が、常にぴったりと重なり合うわけではないのだ。

人々との関係の中から初めて「私」が生起するという考え方は、「私」を述語的に捉えることでもあり、「私」をネットワークの運動の中に位置づけることでもある。予め「私」があるのではなく、何らかの思惟や感情や行為があり、しかも他者との関わりの中からそれらが生まれ、そのような諸々の思考や行動から事後的に現われるものが主体だとみなされる。当然のことながら、思考や行動は刻々と変化していく。感情は移ろっていくし、考えは変容する。しかしそのような変化を含めて、時々の状態、すなわち述語が私を形成する。重点が主語から述語へと移されるのである。他者あってこその述語であり、「私」なのである。

実際、ある主体についての評価は他者によってもたらされる。ある人物について「……という人間である」という価値評価は自己ではなく外部によってなされる。ハンナ・アーレントは次のように言う。

ダイモンとは、その人に独特のアイデンティティであるが、ただ他人にのみ現れ、他人にだけ見える。[50]この指摘は興味深い。私たちは自らのアイデンティティを求め、ときには自分の意図したままに他者に理解されることを望んだり、いまだ思い描いた自己に成ることができず煩悶したりする。しかし、アーレントのダイモン解釈[51]によれば、アイデンティティは自己自身ではなく他者にとって明らかとなるものである。すなわち、他者の理解に先立って自己のアイデンティティが形成され、成立するのではなく、むしろ他者の介入を待って初めてアイデンティティを語りうるのである。それゆえ、まず「私」という確固とした主体があって、その後に「私」の起こす行為や残す言葉が認められるのではなく、まず何らかの行為や言葉があって、その後に主体が認められるのだ。

私たちは、自己同一性、すなわち常にすでにそこに存在し、活動や言論を帰属しうる主体をまず確保したいと考える傾向にある。そのようなアイデンティティは不変であって、もし自らにそぐわない行為やテクストが顕在化したときには、「私らしくない」あるいは「本来の私であればそうはしなかった」などと言われるのである。しかし、不変で本来的な私などそもそも幻想でしかない。アーレントも言う。

人格の不変のアイデンティティは、活動と言論の中に現れるが、それは触知できないものである。触知できるようになるのは、活動者＝言論者の生涯の物語においてのみである。つまり、触知できる実体として、そのアイデンティティが知られ、理解されるのは、ようやく物語が終わってからである。[52]

アイデンティティは直接に知られない。行為と言論においてかろうじて触れることができる。しかもそれは、行為と言論を一つの虚構の物語において解釈することによって初めて可能となる。〈一つのアイデンティティ〉というタームが可能となるのは、物語が終わったあとである。アイデンティティは頻繁にその趣きを変えうるし、ある一つの基盤へと帰属しうるためには、その都度物語が読み替えられる必要があるからである。むしろ次のように言うことが妥当であろう。生涯の物語が終わってもなお、別の他者のもとにその生が開示されるごとに、新たな物語が要請され、別のアイデンティティが理解される。アイデンティティは変容するものなのだ。

このように、自己評価と外部評価には常に齟齬がある。しかし互いに矛盾する評価のどちらか一方のみが正しいというわけではない。多種多様な評価を主体は受け入れる。そもそも、私の能力は私一人では測れるものではない。評価基準は常に外部との関係性の中で生み出され、変化する。どのようなグループにおいて、どのようなメンバーによって、どのような視点から評価されるのか（あるいは評価されないのか）が決定される。しかもその基準は固定的なものではなく、グループやメンバーが変わったり、何らかのプロジェクトの目的や方針が変わったりすることで、基準それ自体が問題化され、作り直される。私は、孤立していては何ものでもない。よって、私の能力とは固定的に、言うなら客観的に測定しうるものではない。何らかの資格や等級といったものは、指標のうちの一つにすぎず、「私」が本当の意味で活かされるのは常に他者との関係においてである。

そもそも、述語的主体は単独で思考をすることはない。なぜなら、主体の思惟には常に他者の思惟が入り込むからだ。私たちが言葉を使って思考をするということ、私たちが単独で言葉を生み出すことなどできないということがそれを示している。述語的主体がまずなすのは、他の人々の発言や考えに対するレスポンスであり、それらを足がかりにして自分なりの思考をすすめたり、評価をしたりすることである。私たちは一般に、敢えて受動的となることから始める。何かを学ぶとは完全な受動ではなく、精神によって統御された受動を意味する。たとえば、ただ単に他人の言うことを聞き流したとしても、書物の文字を追ったとしても、私たちは何ら学ぶことはできない。学ぶとは、自らのうちに他なるものを敢えて受け入れることから始まる。他なるものを受容しようとする意志を働かせなければ、私たちは意識的な受動態には移行できない。

このように考えるのであれば、「私」はそのときどきによって変容し、ある瞬間と別の瞬間とを比較すれば、まったく相容れないような述語さえ付与されるような存在である。それと同時に、「私」とは自らのうちに他人を受容する主体である。変容と他なるものを「私」が含み込む存在であるのは、まさに思惟する働きを「私」と規定するからに他ならない。

このとき問題となるのは、刻々と変化する主体の持続性をどこに見るのかという点である。「私」が引き起こす問題は、もはや孤立した自我が他者と関わりを持てないという点においてではなく、自我の持続性においてである。各瞬間ごとに「私」がまったく違う存在となってしまうのであれば、「私」の持続するアイデンティティ、「私」の同一性はどこにあるのか。思惟する瞬間を厳密に捉えた場合、私は刻々と変容する働きでしかなく、持続を見出すことができない。すなわち、何らかの基盤として「私」を考えることができなくなる。先程の例のように、ある時点で肯定的な意見を書き込んだ人間が、次の瞬間に否定的な意見を書き込むとき、この人間の同一性はどこに求められるのか？　変わりゆくその瞬間瞬間を捉えてそこに刹那的な主体を見出すのか、あるいは、そこに持続を認めて矛盾しているという事態をその主体において理解するのか。そもそも刻々と変容することが主体であるのならば、矛盾という事態すら指摘することができなくなる。

主体が刻々と変化すると言うとき、私たちはすでにそこに何らかの持続性を見ている。何らかの基盤を認めたうえで、主体の変化を語っているかのようである。そもそも何らかの主体における不変の部分を認めなければ、ある主体について論じたり、その主体が生み出した作品について解釈したりすることが困難となる。そして、不変の部分があるからこそ、そこを基盤として様々な変化を初めて語ることができる。なぜならば、不変の部分を認めなければ、もはや変化ということすら言えなくなってしまうからである。

### 3-2　仮象的基体――持続する主体

デカルト自身は持続的な基盤の支えとして最終的に神の助けを求めるが、ここでは別の方向から考えてみたい。デカルトを経た私たちは、もはや吟味なく素朴に基盤としての主体を前提することはできない。だからといって、刻々と変化する瞬間的な我として主体を捉えることは、あまりにも私たちの日常的実感からかけ離れてしまう。それだけではない。一つの持続的基盤を置くことによってしか、私たちには変化や矛盾、同一性を把握できないのである。

日常的に、他者と対面する際、私たちにとってまず明らかとなるのはその身体である。身体はコミュニケーションのインターフェースとして作用する。もし、サイバースペース上でのコミュニケーションであれば、身体ではなく、文字や画像としてのテクストがその代替となる。身体性は薄れてはいるが、しかしテクストには身体性の痕跡が残されている。私たちはその痕跡を手がかりとして、他者の精神的部分へとアプローチしようとする。実際に対面する場合であれ、対面を欠いたコミュニケーションをする場合であれ、まずは身体（あるいは身体的なもの）が一見、わかりやすい形で私たちの前に現われる。それゆえ、そのような身体（あるいは身体的なもの）を私たちは名前と結びつけ、ある種不変な基盤をその背後に見ようとする。その基盤は曖昧であるにもかかわらず、持続するように思われる身体や、存続するように思われる思考と結びついて、ある一つの名前を持つ主体は固定的なあり方をするのだと私たちに錯覚させる。その意味において固有名は強固なのである。

このような仮の基盤に基づいて、私たちは様々な特性や、刻々と変化する様子や、矛盾を含む一つの全体としての主体を見ることができる。デカルト的主体は、思惟実体と言われたり、あるいは思惟する働きと言われる。

その実体的側面を仮のものとみなし、働きを第一のものとして措定することによって、このような主体が浮かび上がってくる。仮のものとみなされた思惟実体は、個々の働きを通してその実体性を強める。しかし、実体はあくまでも直接的に知られるものではない。個々の働き、デカルトに従えば属性を通して初めて顕在化するのである[53]。デカルトは言う。「実体は、それが存在するものであるというだけでは、ただちに気づかれるわけにはゆかない」、なぜなら、「ただ存在するというだけでは、われわれを触発することがない」からである[54]。私たちの存在もまた、様々な特性を通して知られる。特性や述語が知られるからこそ、その背後にある実体——主体の存在に気づかれるのである。

結局、私たちは仮の基盤として特性の帰属先を認める。そうするしかない。それが確固としたものではないという前提で帰属させるのである。したがって、主体についての理解は刻々と変化する。基盤は確固たるものではなく柔軟性を持つからである。この基盤を名前や身体だと理解してはならない。名前は外部から与えられるものにすぎない（たとえ自分自身でペンネームやハンドルネームを付けたとしてもそうなのである）。身体は不変ではなく、身体を構成する細胞は次々と入れ替わる。しかし、名前を与えられた途端に、私たちはそれが私にまつわるすべてを代表するかのように錯覚し、そこにあらゆる特性を帰属させる。名前にとらわれず名前から独立になされるように思われる思考や行動であっても、最終的に名前へと還元される。感情や気分や身体ですらそのように理解される。

真の基体へと到達するためには、具体的な身体や固有名、あるいは諸述語や諸行為といったものが必要となる。あたかも複数の線が集中して、一つの結節点が初めて浮かび上がるように、真の基体は様々な側面を通して明らかとなる。基体はあたかもすべてに先立って存在するかのようにみなされる。たしかに、機能の順序においてはそうである。何らかの基体があるからこそ、そこに述語を帰属させたり、諸行為が可能であるかのように思われる。しかし、発見の順序においては、逆である。私たちは、属性を通して初めて実体を発見するように、述語を通して初めて基体としての主体を発見するのである。

### 3-3　固有名のもとでの事後的な主体

こうして、私たちは固有名と基体の関係、主語的主体と述語的主体の関係を整理することができた。私たちは動きを動きのままに捉えることはできない。それゆえ、ある一つの不動点を定めたうえで、単数性と複数性について語ったり、変化や矛盾について論じたりする。

もし、仮象的基体に重点を置くならば、私たちは個々人の特性をより明確に主張することができよう。そのうえで、特性に応じた個々人の評価がなされるであろう。私たちの行為や特徴には「私たち自身の」というある種の所有を見ることが可能である。それは他者のものではない、他の誰のものでもない、「私自身の」特性なのである。その特性は、たとえ一時的なものであろうと、過去の栄光であって現在はなしえないものであろうと、引き伸ばされ固定化されて各人に付与される。しかしながら、主体にはもう一つ別の側面がある。それは、仮象的基体の曖昧さに由来する。仮象的基体はあくまでも「仮象的」であって、本来的な基体ではない。仮に存在すると前提された基盤は、真の基盤ではなく、結局は様々な行為や述語を伴って初めて真の基体が顕在化するのである。そのような行為や述語は、「私のもの」と言い切ることができない。なぜなら、主体が顕わとはなっていないうえに、そのような行為や述語は個人ではなく人々の関係の中から生まれるものだからである。関係がなければ、何ものも生じない。複数の諸個体が関係することによって（しかも各「個体」は事後的にしか明らかとならない）、初めて行為や思考が生起する仮象的基体の仮象性を重視するのであれば、主体はむしろ連帯の中から生まれると考えられ、他者との関わりを否定しては消えてしまうような存在となる。

このような主体の二面性は、同じ一つの主体概念の裏表である。前者を強調すれば後者は退き、あるいはその逆である。しかし、私たちは決して両者を同時に強調することができない。すなわち、両者に重点を置きながら、一つの主体概念を明晰判明に把握することができないのである。だが、主体というこの一つの働き、この絶え間なく横溢するエネルギーは、その二面性のうちの一方をクローズアップすることによってのみ捉えることが可能となる。私たちが主体についての相反する二つの印象を持ち続けるのはそのためであったのだ。

この二面性は、集合体において人々が連帯しうること、しかしながら同時に個人が個性を失わずにいられることを示す。自らのうちに内なる他者を含むような主体が人々との関係の中から生まれるためには、ネットワークにおいて接続し合うことが重要となる。自己が外部に対して開かれていなければならない。その外部に開かれている自己は、他者との関わりの中で、ある仮象的な基体を見出される。それが名前であり界面としての身体である。その仮の基盤の上に、私たちは様々な特性を帰属させる。そこから初めて顕在化する「私」が持続的な主体となる。本質的な基盤は、様々な述語——特性に続いて、事後的に明らかとなる。その基盤は、顕在化すると同時に、あたかも当初から存在したかのような幻覚を生む。そのような幻覚を敢えて積極的に利用することによって、私たちは人々の個性というものを持続的に論ずることができるのである。

こうして私たちは、連繫しうるが集合に埋没しない個について、より実際的に論ずる可能性を持つ。集合における連繫はどのように実現されうるのか、その中で個を評価するためにはどうすればよいのか、サイバースペースにおける倫理について、私たちは第Ⅳ部において展開するであろう。

（1）アラン・ルノー『個人の時代』九頁（Alain Renaut, *L'ère de l'individu*, p. 13）。
（2）固有名に関する言語哲学的分析を展開することは当然可能である。たとえば、固有名を記述の束と考えるラッセルに対して、クリプキは批判的であった。ラッセルには可能性や必然性に関する考慮が欠けているからである（クリプキ『名指しと必然性』参照）。ただしここでは、言語哲学の分野に積極的に踏み込むことはせず、むしろ名前を付すことによって生ずる権利の問題や作者の問題に注目する。

（3）Authier et Lévy, *Les arbres de connaissances*, La Découverte を参照せよ。第二部に知識の樹の全体像、すなわち原理とシステム、その効果が記されている。「知恵の樹」あるいは「智慧の樹」とも訳されるが、本書では connaissance の訳を「知識」に統一した。

（4）*Ibid*., p. 107.

（5）*Ibid*., pp. 100 - 102.

（6）*Ibid*., pp. 93 - 95.

（7）この二点に関しては、知について再考した第三章を参照されたい。

（8）一六三〇年一〇月一七日付ベークマン宛書簡（*Descartes à Beeckman*, 17 octobre 1630, AT. I. 159）。

（9）一六三〇年一〇月一七日付ベークマン宛書簡（*Descartes à Beeckman*, 17 octobre 1630, AT. I. 160 - 161）。

（10）一六三〇年一〇月一七日付ベークマン宛書簡（*Descartes à Beeckman*, 17 octobre 1630, AT. I. 160）。

（11）岡本薫『著作権の考え方』九頁。

（12）より正確に言えば、実演者としての歌手や役者の演技なども保護する。

（13）オープンソースのコミュニティでは著作者や改変者の関与が貢献者として示され、コミュニティ内では貢献者としての名前が共有される場合もあることを付け加えておく。

（14）ただし、著作物の頒布によって糧を得る音楽家や作家などが存在する以上、金銭的利益という観点を完全に排除してしまうことは非現実的であろう。たとえば、日本文藝家協会は Google ブックス検索について強い抗議を示す声明を出している（http://www.bungeika.or.jp/pdf/statement_for_google.pdf）。

（15）「散文というものは、第一に、純粋かつ抽象的な形で印刷された紙の上にあらわれるもので、書き手の運動は跡をとどめない。そのことからすぐにも導き出せる重要な規則は、散文の印刷は均一になされるべきで、語られる事柄が活字に変化を及ぼしてはならない、というものだ。」（アラン『芸術の体系』四三五頁、Alain, *Systèmes des beaux-arts*, p. 177）。

(16) 同書、三三五－三三六頁（*Ibid.*, p. 139）。
(17) 小林敏明『〈主体〉のゆくえ』一二一－一二三頁。アリストテレス『形而上学（上）』出隆訳、一三〇頁も参照のこと。
(18) 同様に、ラテン語の接頭辞 sub に関しても、「元」「基」といった意味を見出すことができる。
(19) 井上忠『モイラ言語』一八頁。
(20) デカルト「第一省察」AT. VII. 13。
(21) デカルト「第二省察」AT. VII. 25。
(22) 同上。
(23) 同上。
(24) 同上。いわゆる「我思う故に我あり」という表現は『方法序説』においてのみ見出される。『省察』ではより先鋭化された形で「私はある、私は存在する」という表現になっている。しかし、デカルト研究の伝統において、懐疑によって到達する私のこと、あるいはそのプロセス全体を一般にコギトと呼ぶ。
(25) デカルト「第二省察」AT. VII. 25。
(26) 同上。
(27) 同書、AT. VII. 27。
(28) 坂部恵『仮面の解釈学』四頁。
(29) 同書、八頁。
(30) アガンベン「もの自体」『思考の潜勢力』二〇頁。
(31) デカルト『規則論』「規則八」AT. X. 397。
(32) フェリエ宛書簡一六二九年一一月一三日付（*Descartes à Ferrier*, 13 novembre 1629, AT. I. 61）。
(33) デカルト『規則論』「規則七」AT. X. 388。
(34) 福居純『デカルト研究』一四八－一五〇頁。
(35) レヴィ『ポストメディア人類学に向けて』四五頁（Lévy, *L'intelligence collective*, p. 33）。〔 〕は曽我による補足。
(36) デカルト「第三省察」AT. VII. 43。

(37) 坂部恵、前掲書、七一頁。

(38) Marion, *Questions cartésiennes II*, p. 44.

(39) *Ibid.*, p. 43.

(40) *Ibid.*, p. 44.

(41) *Ibid.*, p. 46.

(42) マクルーハン『メディア論』三頁（McLuhan, *Understanding media*, pp. 3－4)。

(43) ベルクソン『道徳と宗教の二源泉』三八〇頁（Bergson, *Les deux sources de la morale et de la religion*, p. 330)。

(44) デカルト『方法序説』「第五部」AT. VI. 56。

(45) 同書、AT. VI. 59。

(46) メルロ＝ポンティ『行動の構造』三一一－三一二頁（Merleau-Ponty, *La structure du comportement*, p. 227)。

(47) デカルトの形而上学における順序（ordre）の問題は、『省察』と『哲学原理』における議論構成の違いからしばしば注目される。デカルト研究の中でよく知られているのが、ゲルーによる理由の順序（ordre des raisons）すなわち分析的順序と総合の順序（ordre synthétique）の区別である。この二つの順序のうち、ゲルーが重視するのは、理由の順序である（Gueroult, *Descartes selon l'ordre des raisons*, t. I, pp. 22－23)。それは、形而上学において総合の順序は「事柄が発見される方法を教えない」とデカルト自身、述べているからである（「第二答弁」AT. VII. 156)。

(48) Gueroult, *op. cit.*, pp. 23－29.

(49) レヴィ『ヴァーチャルとは何か?』一四三－一四四頁（Lévy, *Qu'est-ce que le virtuel ?*, p. 108)。〔　〕は曽我による補足。

(50) アーレント『人間の条件』三一一－三一二頁（Arendt, *The human condition*, p. 193)。

(51) ソクラテスのダイモン（ダイモーン）が有名である。ソクラテスが何かを行なおうとする際、行動を制止するためにささやく精霊である。しかし精霊一般をダイモンと呼ぶこともある。これをアーレントは他人にのみ見えるものとして解釈している。

(52) アーレント、前掲書、三一二頁（Arendt, *op.cit.*, p. 193)。

（53）デカルト『哲学原理』第一部第五二節。
（54）同上。

# 第Ⅲ部　ハイパーテクスト

精神と身体の二元論と、知と主体の二元論に関する考察は、サイバースペース上のハイパーテクストにおいてより具体的に展開されうる。何らかの思考や芸術作品を生み出す際に関わる心身二元論は、散文芸術、とりわけネット上における情報表現の問題として現われる。また、知と主体の二元論は、情報のエクリチュールとレクチュールの問題として、あるいは情報と知における客観性やリアリティの問題として浮上する。第五章では、情報の客観性（または主観性）について、あるいは虚構性について、「リアリティ」という概念の分析を通して検討していく。表現された情報それ自体は、何らかの支持体を伴い、その意味での実在性――「リアリティ」を持つ。しかしそれは同時に、意味として内容としてある種のリアリティを持ち、情報を受け取る側へと迫っていく。この物理的支持体における「リアリティ」と、意味や質としてのリアリティとが両立する。これがまさに情報体の一つの具体的な形である。物体と意味という対立する二つの事項の合一は、情報の伝達やコミュニケーションが二重の側面を両立させていることを明らかにするであろう。また、第六章では、物理的支持体を持つテクストに身体性を伴う主体が対峙する場面（それはエクリチュールの場合もあれば、レクチュールの場合もあろう）と、意味を担うテクストに精神が向き合う場面（同様に、テクストを書く場合もあれば、読む場合もあろう）とを両立させようとする。これもまた、二項が対立する場面、あるいは矛盾する場面をまとめ上げる情報体の一つの形態である。

# 第五章　情報のリアリティ

情報論において、しばしば問題となるのは、同一の出来事からまったく異なる情報がもたらされるという事態である。すなわち、ある一つの出来事から人々が異なった情報を引き出してくる際に、その各情報の差違が、差違だと認められる程度にとどまるのならば理解できる。しかし、もしそれぞれの情報間の差が、もともとの出来事の本質的部分に関わる根本的レベルにおいて異なっており、その違いがもはやそれが同一の出来事から出来しているとは考えられないほど広がっているとすればどうか。つまり、二つの情報をつき合わせてみた場合に両者が両立しえないほどに差違が広がっているにもかかわらず、それらが同じ一つの出来事についての情報だと言われる場合、私たちはこの事態をどのように理解すればよいのか。私たちはそれを情報のリアリティの問題として考察する。

一般的に私たちが〈リアリティ〉という言葉を用いるとき、何かが「現実の」事物や出来事にどれだけ似ているのか、どれだけ近づいているのかという程度の指標として、この語を理解しているように思われる（このような素朴な意味で理解されているドクサとしてのリアリティを、本論では〈リアリティ〉と表記する）。ところが、仮に〈リアリティ〉の源泉となるべき出来事やそのような出来事が起こっている世界が、それほど確固としたものではないとするならばどうなるだろうか。

ここではまず、一般的に〈リアリティ〉という語によって、どのような意味において何が理解されているのかを概観する。ついで、そのような〈リアリティ〉に疑問が付される理由を追っていく。その後、今度は逆に、いわゆる〈リアリティ〉に満ちた情報と〈リアリティ〉を持たない情報を同一視する動きについて検討する。最後に、いったんこれまでの〈リアリティ〉概念から離れて情報を捉え直した場合に、何が情報間の差違を支えているのかを探究する。以上の考察によって、これまで一般的に理解されてきた情報の〈リアリティ〉の脆さを提示し、情報を評価する際に参照されてきたこれまでの〈リアリティ〉とは別の、新たなリアリティの指標を提起することを目指す。

## 1 事物を目指す運動
### ——可能（ポシブル）とリアルの領域——

### 1-1 一般的に理解されている〈リアリティ〉と〈ヴァーチャル〉化

一般的に理解されている〈リアリティ〉とは次のようにまとめることができよう。〈リアリティ〉とは、ある表現や描写が「現実の」事物や出来事にどれだけ似ているのか、どれだけ近づいているのかという程度の指標である。いわゆる主観や考えとは独立に事物が存在する世界がある、と私たちは素朴に考えている。[1] そのような客観的世界に存在する事物やそこでの出来事こそが「現実」であり、この上ない〈リアリティ〉を持つ。よって、この世界についての考えや描写は、事物や出来事をどれだけ忠実に写し取っているかを基準にその価値や真偽を判断される。これが〈リアリティ〉という概念の日常的な理解であろう。

この意味において、情報は一般的に〈ヴァーチャル〉な存在だと考えられている。すなわち、情報とは〈リアリティ〉そのものではないが、〈リアリティ〉を表象し描写することを目指している。このとき、情報は〈ヴァーチャル〉であり、いわば二次的な〈リアリティ〉を持つものだと理解される。この理解がいわゆる〈ヴァーチャル・リアリティ〉[2]に繋がっていく。それゆえ幻影だとか虚実といったイメージは、現実の写し絵であることを目指す〈ヴァーチャル・リアリティ〉には避けがたくつきまとう。なぜなら〈ヴァーチャル〉な存在は決して現実そのものにはなりえないからである。ただし、工学的に〈ヴァーチャル・リアリティ〉を実現しようとする研究者の間には、むしろこのイメージを払拭しようという動きもある。そのため、〈ヴァーチャル・リアリティ〉を「人工的現実感」と捉えることが提唱されてもいる[3]。

ここでの尺度からすると、事物が自分の目の前にあること、現前していることが何よりも〈リアリティ〉にとって重要となる。〈ヴァーチャル〉なリアリティはあくまでも現実あってのものであり、副次的なものにすぎない。たとえばある事物を描写する場合、〈ヴァーチャル〉な情報をあれこれ繰り返すよりも、事物そのものを目の前に持ってくればよい。より具体的に言えば、赤いバラについて文字で〈ヴァーチャル〉に描写するよりも、写真に撮ってしまった方が情報としてより〈リアリティ〉の度合いが高い。さらに言えば現物の赤いバラを目の前にすれば、それは〈リアリティ〉そのものであると私たちは考える傾向にある。事物は〈リアリティ〉として第一級のものであり、二次的な〈リアリティ〉を持つのが〈ヴァーチャル〉な情報であるのだ[4]。

たしかに、同一の事物に関してであれば、〈ヴァーチャル〉な情報の〈リアリティ〉の差を比較することはそれほど困難ではない。なぜなら、問題となった当の事物を目の前にすれば、情報間の差違の問題も情報の真偽性の問題もある程度解決されるだろうからである。いわば現前(présence)の真理性、目の前の〈リアリティ〉を重視することによって解決を試みることができるからだ。ところが、問題は出来事についての情報化を論じる際に起こる。たとえば芥川龍之介の『藪の中』[5]に、私たちはこの問題を見出すことができる。この作品は、ある男の変死についての各証人の言（木こり、役人、盗賊、男の妻、巫女の口を借りて語る男など）から成っている。しかし各証言は食い違い、本当は何が起こったのかがわからない。私たちはまず、いったい誰が真実を語り、誰が虚偽の発言をしているのか探りたくなる。しかしながらこの食い違いは最後まで解決されることはない。これほどまでに異なる証言を前に、何をもって私たちはそれらが同一の事件についての証言だと断ずることができるのか。こうして私たちは、出発点となった同一の出来事などそもそもあったのだろうかという問いに到達することになる[6]。もし、現前性のレベルで〈リアリティ〉を捉えるならば、男の変死とは動かしがたい一つの事件である。私たちは各証言を聞きながら「実際に起こったはずの事件そのものの描写」を心情としてつい求めたくなる。それさえあれば事件の謎は即座に解決すると思われるからである。ところが事件そのものについてはついに描かれないがゆえに、私たちは今度は各証言のうちどれが最も実際の事件に近いのかを探りたくなるのである。

一度しか生起しない不可逆的な出来事の〈リアリティ〉の出発点となるのは、そのような出来事が現実世界で起こったのだという確信である。その出発点を共有することで初めて、〈リアリティ〉の共通の源泉を確保することができる。その実際に起こった出来事はしかし、そのままの形で保存することができない。その場にいた人々の証言や、現場の画像や音といった形で情報化されて保存される。つまり、私たちが到達できるのは〈ヴァーチャル〉な〈リアリティ〉でしかない。それにもかかわらず私たちは、出来事について情報が出来事そのものにどれだけ近いのかを問いながら、〈リアリティ〉をはかろうとする。つまり、事物レベルで捉えられた〈リアリティ〉をそのまま、出来事の〈リアリティ〉にも適用し、その〈リアリティ〉は動かしがたくあるという出発点を私たちは疑うことなく前提する。その前提された共有点である〈リアリティ〉を目指して〈情報化〉[7]がなされるのである。

ここから次のことが帰結する。上述のように情報が〈リアリティ〉を目指し、〈リアリティ〉との距離によって真偽を決定しうると思われるのは、〈リアリティ〉を持つ現実の世界が私たちの共有点として存在していると信じているからこそである。客観的で現実的な世界が私たちに先立ってすでに存在していると信じられ、事物だけではなく出来事さえも、私たちとは独立に、いわば主観とは独立に起こっているとみなされるからである。このような事態を、レヴィの言葉を借りれば、可能‐リアルの領域で捉えられた〈リアリティ〉と言うことができよう。

第二章**2‐2**においてすでに述べたが、可能の段階とは、たとえば何か行動を起こそう、何かを作り出そう、何かを表現しようというプランを立てたり設計図を作成する段階と理解される。設計図に欠けているのはただ単に「あること」、〈リアリティ〉だけである。その意味で、可能の段階は〈リアリティ〉を欠いているにもかかわらず、〈リアリティ〉とこの上なく密接な関係を保っている。可能は単に存在を欠いたリアルであり、実現されることを待っているのだ(8)。この可能‐リアルの領域では、〈リアリティ〉を持った現実世界が確固として存在するという前提からすべてが始まっている。可能が目指すのはこの〈リアリティ〉を持った現実世界である。事物や出来事の描写、すなわち〈ヴァーチャル〉化に関しても、可能‐リアルの領域においては、目的としてすでに定められた〈リアリティ〉を持つ現実世界がある。〈リアリティ〉を持つ現実世界に近づけば近づくほど、目的達成にも近づくというわけである。いわゆるテクスト（言葉、画像、音声も含まれる）によってその出来事を〈情報化〉する際に、表現すべきものはすでに目標として明らかであり、それをいかにしてリアルに近づけるかに腐心する状態であると考えられる。逆に言えば、情報はそのリアルが織りなす世界からの距離、すなわち〈リアリティ〉からの距離によって、その真偽や価値をはかられる。たとえば、情報表現の手段は数多くあるが、その中でも画像情報やイメージとしての情報、いわば視覚的な情報が「現実」に最も近いと考えられるのはこのためである。

以上のように考えると、私たちが〈リアリティ〉の源泉としてみなしているのは、私たちのいわゆる主観とは独立に客観的に存在すると信じられている現実世界であるように思われる。事物や出来事についての〈リアリティ〉、すなわち情報の〈リアリティ〉は、この領域ではすべてここへと返される。しかしながら、情報の〈リアリティ〉が参照している世界とはそれほど確固としたものであろうか。

## 1-2　可能-リアルの領域における現実世界——客観的な現実世界はあるのか

本章1-1で検討した情報の〈リアリティ〉の源泉である現実世界は、果たして客観性を持った誰にでも共通なものとしてあるのだろうか。この問いに対して肯定的に答えようとする人々は次のように主張するだろう。私たちはすでにそのような現実世界に生きている、それを〈リアリティ〉として捉える以外の道があるのか、と。実際、現前する事物の〈リアリティ〉は、〈リアリティ〉として何よりも強く私たちに迫ってくるように思われる。では、出来事の〈リアリティ〉についてはどうか。一過性の出来事を私たちは再生することができない。それでも、出来事についての〈リアリティ〉の根拠を、事物と同じレベルの〈リアリティ〉に求められるのだろうか。

先に私たちは、〈リアリティ〉を基準とした場合、視覚的な情報が「現実」に最も近いというイメージを抱いてしまうと述べた。現前を重視する立場からすれば、画像や映像は「現実」そのものではないにせよ、「現実」をかなり忠実に写し取ったものだと考えられるからである。あくまでも現実世界の〈リアリティ〉を信じる人々は、〈ヴァーチャル〉な情報よりも現前する事物を〈リアル〉だと考え、文字情報よりも視覚情報に優位性を与えるのだ。レジス・ドゥブレもその一人である。ドゥブレはイメージを時間的ではなく空間的なものであると考える。絵画や写真などのイメージは、その各部分が同時に現前する点において、言語の線形性を逃れている。この時間的な圧縮、瞬間的な知覚を与えるものとして、彼は視覚に優位性を認める。言語的なテクスト表現は、リニアとならざるをえない。一つの線を辿る時間性を免れないがゆえに、テクスト情報は視覚情報に劣っている。その点、イメージは同時性そのものであり、ある事柄（ないし事物）についてのまさに直観的な理解を私たちに提供しているのだとドゥブレは主張する[9]。しかし果たして、視覚情報こそがより直接的な経験を与え、より現実に近い情報を提起できるのだろうか。

ところで、視覚以外の他の感覚を動員することを許さないものがある。そのようなものに注目すれば、視覚的経験を純粋な形で取り上げることができるだろう。その一つとして星の観察が挙げられる。星の観察は、「現実」の世界の直接的観察行為である。では、この星の観察は視覚の優位性および現前重視をさらに基礎づけるのであろうか。マーティン・ジェイはその著作『暴力の屈折』の第九章「天文学的な事後見分（hindsight）」で次のように問題を尖鋭化している。望遠鏡の発明とその改良のおかげで、私たちはきわめて遠くにある事象を見ることができるようになった。それだけではない。その遠い事象を、それが時間的に非常に遠い昔に存在した姿で見ることができるようになったのである。望遠鏡が顕微鏡と根本的に違っているのはこの点である。顕微鏡はまさに今ここにある事象を観察させる（それはまた、現前重視の立場を補強する）のに対して、望遠鏡は目の前にある事象に時間性を引き入れたのである。これを「天文学的な事後見分（hindsight）[10]」とジェイは呼ぶ。この時間性のゆえに私たちは次のような問題に直面することになった。

周知のとおり、遠い星は何万光年と離れたところにあって、その光を地球へと届けている。私たちは今ここで星を観察している。ところが、私たちが見ているのは、過去の映像である。それも「計り知れないほどに遠い過去[11]」である。私たちが見ているのはその源がもはや存在していない光なのかもしれないのだ。私たちの目に映る星の映像は本物である。ところがそのもととなった星が今も存在するのか否かを私たちが知る余地はまったくないのだ。星を観察するとき、その背後には星そのものの存在があると信じられてきた。しかし、望遠鏡のおかげで、映像としては捉えられても星の存在自体に私たちは確信を持つことができなくなった。そうだとすれば、不可逆的な一回限りの出来事の存在について、私たちは星の存在以上に確信を持つことができなくなるだろう。何らかの出来事が起こったとき、私たちは出来事それ自体をそのままの形で保存し、いつでも好きなときに観察したり再現したりすることはできない。出来事の存在、すなわち〈リアリティ〉は、映像や証言といった〈情報化〉された形式でしか保存されない。それは、観察される星の光からさらに一段階経た姿である。なぜなら、星の光について言えば、輝き続ける間は誰にとっても観察可能であり、その光はまさに私たちに現前しているのであるが、不可逆である出来事はもう一度私たちの前でそのままの形で寸分違わず再現させることはできないからである。私たちが到達しうるのは、出来事を描写したり、映したりしたものだけである。私たちに届く星の光の背後にあると考えられた存在すら疑わしいのだとすれば、情報化された出来事の〈リアリティ〉もまた危うい。いや、星の存在以上に危うくなってしまう。芥川の『藪の中』が描いているのがまさにこの点であった。変死事件そのものは決して描かれず、つまり直接的経験は描かれず、登場人物による証言による回想シーン、いわば間接的な情報が事件を構成している。事件そのものとの距離によって〈リアリティ〉をはかる指標を私たちはもはや持たず、実際の出来事と照らし合わせて真偽を問うことは不可能である。どれもが〈ヴァーチャル〉な情報である以上、そこにあるのは等しく「〈情報化〉された出来事」でしかない。言い換えれば、問題となるのは（あるいは問題としうるのは）情報そのものだけである。私たちはもはや、事物的な〈リアリティ〉を出来事に付与するわけにはいかない。いや、事物に対してさえ、時間性を導入してしまえば、その〈リアリティ〉は幻想にすぎない可能性を捨てられないのだ。

　それでもなお、次のように言われるかもしれない。出来事についての証言はともかく、出来事を撮影した映像は、出来事をほぼそのままの形で写し取っているのではないか、と。映像を見ることはすなわち、その場に居合わせて出来事を目撃することと同じではないかという反論である。現前重視をあくまでも主張する人々に対して何が言えるだろうか。

だが、そもそも私たちは、目の前にある事物や出来事の重要性をその時点で余すところなく把握できるものではない。ハンス・ブルーメンベルクは次のように言う。「同時代の人々は最も偉大な出来事や思想を見逃して生き、それらを体験することがない[12]」。ニーチェもまたこう言う。

そこ〔最も偉大な出来事が同時代人には看過されるという事態〕では、星辰の世界と同じような何かが起こっている。最も遠い星の光は最も遅く人間に到達する。そして、その光が届かないうちは、かなたに星が存在することを人間は否定する。「ある精神が理解されるためには、いかに多くの世紀を要するか」これはまた一つの尺度である。これによって人々は、精神にとっても星にとっても必要な序列と礼儀作法を創り出すのだ[13]。

何らかの歴史的事実や大事件は、その重要性が理解されるためには何世紀というスパンで考える必要がある。ある出来事に立ち合うことがすなわち、その出来事を理解することではない。出来事を見届けたとしても、それがすなわち体験したことにはならないのだ。アメリカとイスラム世界の軋轢を理解しない人間が、同時多発テロ事件の現場に居合わせたとして、事件の〈リアリティ〉そのものに迫っていると言えるのか。そうだとすれば、たとえ出来事を映像として残したところで、そこには出来事そのものも、また出来事に限りなく近いものも、ないのである。誰に対しても客観的で共通の世界も、出来事もありえない。その意味で、現前性の重要性は薄れていくことだろう。

だからこそアーレントは次のように指摘する。

活動の過程、したがって歴史過程全体を照らす光は、ようやくその過程が終わったときにのみ現れ、場合によっては、参加者全員が死んだあとで現れる。〔……〕一体何事が起こったのかよく知っているのは、常に、参加者よりも歴史家の方である。[14]

このように考えるならば、私たちは、世界や対象の真の姿に直接的に到達しうることを放棄しなければならないだろう。マーク・ポスターがボードリヤールを引きながら言うように、物質的な事物を安定した指示対象とする記号の時代はもはや終わったのだ。[15] 指示対象を失った私たちに、いったい何が残されるのだろうか。

## 2　シミュラークルの世界
### ——世界は自己完結しているのか——

### 2-1　〈リアリティ〉を持たないハイパーリアル

私たちにはもはや参照すべき現実世界がないとすれば、何が残るのだろうか。記号や言語といった情報そのものである。こうしてむしろ情報こそが世界を構築しているとみなす立場が帰結する。ソシュール研究者の丸山圭三郎は、私たちを取り巻く世界が「いかに実体的様相を呈していようとも、本質的にはネガティヴな相対的価値、体系内の差異・対立によってのみ決定される形相（＝関係）の世界に過ぎないことであり、現実とは共同幻想としてのシミュラークルに過ぎない[16]」と言う。それは、厳密性や客観性を備えているように思われる自然科学についても当てはまる。「常識的には、裸の客体としての現実を対象にしているように思われている自然科学といえども〔……〕、非合理的なものというレッテルを貼られたシャーマニズム、占星術、錬金術などと、合理的・実証的な自然科学、近代医学、天文学との間に、明確な一線を画することはできないのである」[17]。なぜか。丸山によれば、世界はすべて言葉によって分節されており、純粋な意味での「事物」など存在しない。そこにあるのは「言葉によって分節された〈コト〉」、すなわち〈ヴァーチャル〉な情報だけなのである。その〈コト〉は、「実在の中に指向対象をもたない」のである。もはや「言語と存在、主観と客観、観念と自然、意識と物質といった二項のうち、いずれの項も本物ではなくなってしまっている」わけである[18]。

ここから私たちは、客観的な現実世界が幻想にすぎず、むしろ私たちの記号や言語こそが世界を構築しているのだという考えに到る。その場合、出来事それ自体の〈リアリティ〉を私たちが確信できず、常に〈情報化〉された形でしか触れることができないという事態であっても、それこそあるべき姿だと考えられる。重要なのは、何らかの事実を直接見ることでもなく、何らかの事件に直接的に立ち会うことでもなく、それについての観念から構成される表現なのだ。ここで私たちはボードリヤールの次のような言葉に行き着くことになる。

> われわれが探し求めるのは可動であることよりももっと可動なもの、つまりメタモルフォーズだ〔……〕。われわれは真を偽と分かつことはないだろう。われわれが求めるのは偽よりももっと偽なもの、つまり幻想（illusion）とうつろいの姿（apparence）だ[19]。

ボードリヤールは私たちの世界はシミュレーションにすぎないと主張する。シミュレーションとは「起源（origine）も現実性（réalité）もない実在（réel）のモデルで形づくられたもの、つまりハイパーリアル

（hyperréel）」である。[20] ボードリヤールは、世界と観念や世界と記号が一致しているという考え方そのものを否定する。なぜなら「あらゆる形而上学的なことがらが消え失せ」ており、「存在と外観を映す鏡も、実在とその概念を映す鏡さえない」のだからである。[21]

こうして「あらゆる照合系（référentiels）」が排除され、すべてはシミュレーションとなる。前節で見たような実在する世界などなく、そこへと返されるような参照先がなければ、〈リアリティ〉をはかる指標は消え失せるわけである。ボードリヤールは「イミテーションも、反復も、パロディーでさえも問題ではない。問題なのは実在の記号を実在に置き換えることだ」と主張する。あらゆる情報がシミュレーションという身分を持つとすれば、それらは新たなリアル、すなわちハイパーリアルだとみなされるわけである。そこにはもはや真実性も虚構性も、客観性も主観性も見出すことができない。先の『藪の中』の例で言えば、各人の証言のどれもが同じハイパーなリアリティを持つわけである。可能‐リアルの領域にとどまる限り、私たちは彼らのうちの誰が真実を語り、誰が虚偽を語っているのかを追求したくなる。だがシミュラークルの世界ではもはやそのような追求は無意味となるのである。あらゆる情報や記号はすべてシミュレーションとなる。すべてがシミュレーションであるという意味で、それらは等価である。あらゆる情報がシミュレーションという身分を持つならば、それらは等しく新たなリアルをまとうもの、すなわちハイパーリアルなものだとみなされる。ボードリヤールに従えば、オリジナルとコピーとの差違を主張することすらできなくなってしまうのだ。私たちがしばしば情報論において取り上げるコピーの問題は、そもそも問題として成立しなくなる。[22]

したがって、可能‐リアルの領域で二次的な〈リアリティ〉を持つとされた〈ヴァーチャル〉な情報は、ボードリヤール的シミュラークルな世界において一気に〈ハイパーなリアリティ〉を獲得する。もともとの〈リアリティ〉を担っていた現実世界はもはやなく、〈ヴァーチャルなリアリティ〉は〈ハイパーなリアリティ〉として、等しくあらゆる情報に付与されるわけである。この〈ハイパーなリアリティ〉とはいったいどのようなものだろうか。

## 2‐2　強固な〈リアリティ〉尺度

こうして、ボードリヤールにとってはあらゆる情報が〈リアリティ〉を超えたところ、ハイパーリアルの世界に位置づけられた。その世界では、「《真》と《偽》、《実在》と《空想》の差異」はなしくずしになる。たとえば、彼にとって「歴史的事実」ですら、かつて起こったはずの「歴史的実在」とは完璧に無関係である。それゆえ歴史は映画と同一視され、どこにも参照先を持たないハイパーリアルだとみなされる(23)。

ボードリヤールの考えは一見、荒唐無稽にも思われる。たとえば彼には『湾岸戦争は起こらなかった』という著作があるが、この挑発的なタイトルは人を不快にもしよう。しかし、彼は湾岸戦争がなかったことを主張したいのでない。これまでと同じ仕方で、同じ語り方で戦争について論ずることができないこと、それが決定的となったのが湾岸戦争であったことを言いたいのである。それは、リアルを離れたところで言葉が浮遊し、表現や情報の差異が互いの区別を引き起こし、リアルの捉え方が近代までとは異なっていることを意味している。ボードリヤールは、記号を素朴に実在へと置き換えることに対して警告しているのであり、だからこそハイパーリアルという参照先を持たない系を考えているのである。

ところがボードリヤールは同時に次のようにも言う。

> イタリアで爆弾が仕掛けられたとしよう。それは極左の仕わざか極右の挑発か、あるいは過激なテロリストの評価を下げ、動揺に乗じて彼らの力を封じようとする中道派の仕掛けか、または住民の安全をねたにする警察のシナリオか。そのどれもが同時に本当だ。〔……〕われわれはシミュレーションの論理の中で生きてい

るのであり、事件の論理や理性の秩序とは何の関係もないのだ。[24]（傍点は引用者による）

真と偽や、実在と空想といった二項対立を超えたところにハイパーリアルの世界を位置づけたはずのボードリヤールが、あらゆる情報のどれもが同時に本当だという根拠はいったいどこにあるのか。情報が「事件の論理や理性の秩序」とは何の関係もないのならば、私たちはもはやそれが「本当」であるとすら言えなくなるはずである。この点でボードリヤールは揺らいでいるように見える。〈リアリティ〉から脱け出そうと試みて、かえって〈リアリティ〉に絡め取られている。可能‐リアルの領域における問題は、根拠なく現実世界を前提として立てたことであった。ところが、根拠なく現実世界を否定しているという点で、ボードリヤールは可能‐リアルの領域の単なる裏返しを語っているにすぎない。すなわち、現実世界の〈リアリティ〉を前提する代わりに、現実世界の〈リアリティ〉を予め否定してみせ、ハイパーリアルの世界に〈リアリティ〉を肩代わりさせているにすぎないのだ。もしボードリヤールがいまだ「本当」だとか「真」というタームを、意識的にであれ無意識的にであれ用いてしまうのだとすれば、それは彼もまた〈リアリティ〉の呪縛に絡め取られている証拠である。これほど〈リアリティ〉の尺度は強固なのである。

仮にボードリヤールが〈リアリティ〉尺度から完全に免れていないとしても、彼自身はあらゆる情報が情報である限り同じ身分を持つことを主張している。出来事そのものへと到達できない以上、私たちは情報という形でそれを表現することしかできない。〈リアリティ〉や現実を根拠として持たないならば、情報はそれ自体等しい身分を持つことになろう。それゆえたとえば、いわゆる画像を繋ぎ合わせた虚偽のイメージ映像と、「出来事を」写し取った映像を、画像として同じレベルで扱うことを許してしまう。とりわけ画像処理の技術が飛躍的に進歩した今、二種類の画像を区別することはそれほど容易ではない。しかしだからこそ、ボードリヤールはそれが起こったのか起こらなかったのか、真なのか虚偽なのかを追求することを私たちに放棄させる。なぜなら、情報はシミュラークルという閉じた自己完結的な世界を作り上げているからである。

しかしながら、私たちはここでどうしても次のように問いたくなってしまう。現実世界がどうあろうと関係なく、重要なのは観念や記憶や情報それ自体だとしても、その観念や情報の間に何らかの差違はないのだろうかという問いである。さらに言えば、そこにリアリティの違いはまったくありえないのだろうか。私たちは情報や観念がそれだけで閉じたハイパーリアルな世界、すなわち自己完結的な世界を形成しているとは、思えないのである。仮に現実の世界に私たちが完璧に到達しえないとしても、それが現実の世界と完全なる無関係である証とはならないのではないか。ボードリヤールが情報の〈リアリティ〉を否定しようとしながらも、〈リアリティ〉尺度から逃れられないのは、切り捨てたはずの現実世界が情報に対してあくまでも何らかの関わりを持ち続けているからである。では、現実世界はどのような形で情報に関係し、そのときのリアリティとはいったいどのようなものなのだろうか。

## 3　第三の道
### ——情報のリアリティの新たな指標——

#### 3-1　ヴァーチャル-アクチュアルの領域

ボードリヤール的なシミュラークルの世界は閉じた記号的世界であり、そこにはまったく〈リアリティ〉の痕跡がない。そうだとすれば、私たちはいったい何をリアルだと考えればよいのか。〈リアリティ〉でもハイパーリアルでもない、別のリアリティを語る道があるのだろうか。素朴に現実的世界を前提するのではなく、かといって一足飛びにハイパーリアルの世界へと移行することもなく情報のリアリティを論じる方途を、ここでは探ってみたい。

ジル・ドゥルーズは、「ヴァーチャルなものにはヴァーチャルという限りでまったきリアリティがある[25]」と述べている。客観的世界に直接私たちが触れることができず、事物や出来事の描写がすべて情報だと言われるとき、この情報は〈ヴァーチャル〉的だとみなされるということを私たちはすでに見た。しかし、可能‐リアルの領域で位置づけたヴァーチャル理解をドゥルーズは受け入れない。幻とか虚偽とか実在ではないといったまさに〈リアリティ〉の対極にある概念として、ヴァーチャルを解釈してはならないのである。それは、ヴァーチャルを〈リアリティ〉に対して二次的な〈リアリティ〉を持つものとして理解することも、〈リアリティ〉を単純に代替するハイパーリアルとして理解することも否定する道である。

それではヴァーチャルの対概念として何が考えられるのか。レヴィは、ドゥルーズの主張をさらに発展させて、ヴァーチャルなもの、あるいはヴァーチャル化ということを詳しく論じている。このレヴィのヴァーチャル論こそ、〈リアリティ〉から私たちを解放させ、新たなリアリティを導入させる手がかりを与えるものである。

すでに述べたように、レヴィはこれまでの可能‐リアルの領域での〈リアリティ〉理解は、非常に固定的であるとみなす。なぜなら、リアルは前提とされ、目指される対象としてすでにそこにある。可能とリアルは一見、計画と実践、設計と生産、プランと実現といったように運動を含んでいるように見えるが、実のところその運動はダイナミズムを欠いている。なぜなら、可能からリアルへの移行には、ただ実際の存在が付け加わるだけであり、創造的要素は何ら見出せないからである[26]。

しかしながらリアリティとは、変化のないものとして前提されうるのであろうか。固定的な運動から理解される〈リアリティ〉は、事物を永遠にそれ自体で存在するものとみなし、出来事をもそのようなものへと還元させてしまう。出来事の描写である情報は、固定的なものだけにとらわれた瞬間、創造性からもダイナミズムからも無縁となってしまう。実際、リアリティとはそのような柔軟性を欠いたものではない。運動のダイナミクスから生まれるものである。私たちが引き入れるべきなのは、むしろヴァーチャル‐アクチュアルの領域である。

レヴィによれば、ある一つの出来事はヴァーチャル性を孕んでいる。すなわち、出来事とは、誰もが共通の解釈をするような固定的、あるいは事物的なものではない。つまり先行する出来事の問題提起を再構成しながら、新たな解釈や新たな問題提起を受け入れようとする動的なものである。[27] よって、出来事の情報化とは〈ヴァーチャル化〉というよりもむしろアクチュアル化なのである。ある出来事が、一つの描写や表現という形態によって、情報化、すなわちアクチュアル化されるのだ。この意味における情報化は、単に情報によって表現されることを意味するのではなく、新たな解釈や解決の提起を意味する。どのような意味において情報がまとめ上げられるのかが重要となってくる。このとき、ボードリヤールの言うようなシミュラークルとして出来事のヴァーチャル性や出来事のアクチュアル化を理解してはならない。なぜなら、ヴァーチャル‐アクチュアルの領域は、可能‐リアルの領域をいわば垂直に貫く形であり、ヴァーチャルにもアクチュアルにも〈リアリティ〉が痕跡として残っているからだ。

しかし、出来事のアクチュアル化は固定的ではない。このアクチュアル化、つまり情報化は、今度は新たな解釈や問題提起を受け入れていくことだろう。いったん、情報化された情報が、再びヴァーチャル性を孕んで、問題化される。この問題化された情報、すなわちヴァーチャル化された情報が、再度新たな解釈を求めてアクチュアル化される。こうして情報はとどまることなく、アクチュアル化とヴァーチャル化の運動の中に巻き込まれていく。情報とは、事物のように固定的にそこにあって受け渡しされるようなものではないのだ。こうして、レヴィの言う情報のヴァーチャル性は、副次的な〈リアリティ〉を持つ〈ヴァーチャル〉、人工的に構成された〈リアリティ〉と結びつけられる〈ヴァーチャル・リアリティ〉とも区別されなければならない。同様に、ボードリヤールの言うようないわゆる「現実世界の消滅」がヴァーチャル化によって理解されているわけでもない。

### 3-2　ヴァーチャルとしての客体

それでは情報のヴァーチャル-アクチュアル化を具体的にはどのように捉えればよいのか。レヴィはサッカーの試合におけるボールに注目して、動物と人間を比較しながら、客体のヴァーチャル化を見事に説明している。どんな動物もボールやこれに類する何らかのもので、集合的に遊ぶことはない。もちろん、動物がボールなどにじゃれついたりかみついたりして遊ぶことはあろう。しかしそれは決して「集合的」にはなされないのである。それだけではない。動物たちの遊びは、たいてい、客体的な仲介物を経ることのない、戦いとか捕食、支配ないし性的関係の模倣である。ボールは媒介物とはならず、動物の（支配や捕食などの）目的の直接的な対象となるのだ。ところが人間はボールをパスしたり、再び手中にしたり、その都度目的に応じた振る舞いをボールに対してすることができる。逆に言えば、ボールの役割はその都度変化する。人間の目的は、ボールを独占することではない。ボールはゲームという目的のための媒介物である。目的のために媒介させる働きを担わせることができるのが人間であり、この働きがまさしくヴァーチャル-アクチュアル化の運動なのである。(28)

次々と伝えられ、解釈され、再び伝えられていく情報についても事態は同様である。ヴァーチャル性を孕んだ情報は、次々と交換され、伝達されていく。情報は解釈されたり、伝えられたり、表現し直されたりしながら、自らに課せられる役割を変化させる。これが情報のアクチュアル化ということである。その変化を担うのは情報を受け渡しする人であろうし、どのような瞬間に受け渡しされるかという時間性でもある。サッカーの試合では、プレイヤーが各自の役割を保ちながらボールに注目していた。私たちが目指すべきなのは、人々が各々の立場に従いながらも、注目してしまう情報、あるいはそのような情報を生み出すことである。ただし、サッカーボールは見かけ上変化せずにめぐっていく（少なくとも一つの試合で明らかな変化は見られないであろう）のに対し、情報は、その見かけを次々と変化させながら循環していく。それは情報を受け取る各々が付け加えたり削除したり変形させたりするからである。しかしながら、それでもなお共通の何かがめぐっているのである。サッカーボールが見かけ上変化しなくともその位置づけを変えながら移っていくのに対し、情報はその見かけも位置づけも変容しつつ循環する。サッカーの試合の目的（すなわちゲームに勝つこと）に向かって、ボールは次々と役割を変え受け渡しされる。プレイヤーは瞬間ごとに自分の位置と役割およびボールの位置と役割を読み取り、解釈し、行動する。情報は、その目的すら変容させながらめぐっていく。また、サッカーの試合のように決められたプレイヤー間で受け渡しされるのではなく（もちろん、そのような場合もあるのだが）、より多くの、そして、より多様な人々が参与する可能性を秘めている。その意味で、情報はボールよりもさらにヴァーチャル的である。

以上のように考えるならば、リアリティに満ちた情報とは、この真の客体に重ね合わせることができる。ここで重要となるのは、次の二点である。第一に、この客体が伝達や言及に先立って存在していると考えてはならないということ。つまり、対象が私たちとは独立に世界のどこかに前もってあると考えてはならないということである。真の客体とは、その語の与えるイメージとは裏腹に、どこかにあるはずの確固とした存在や、その存在が直接にもたらす事実などではない。「絶対的真理のための超越的な指示客体」があるわけではないのだ。第二に、だからといって、そのような対象が完全に恣意的であると考えてはならない。もし客体が完璧に恣意的かつ相対的なものであるとすれば、私たちはあらゆる対象に同じ程度の存在を与えることになってしまう。それではリアリティの差違を引き入れる余地がなくなってしまう。ボードリヤールのシミュラークルのように、真の客体を純粋に相対的なもの、構成されたものにすぎないとみなしてはならないのだ。(29)

客体はそれが循環するメンバー全員に等しくある。と同時に、異なってある。メンバーは交互にあるいは同時にその客体を手に入れることができる。客体が各メンバー間をめぐるからといって、確固とした同一物がメンバーから完全に独立に循環していると考えてはならない。なぜなら、客体は事物というよりもヴァーチャルな存在であり、この客体には各メンバーが自分の考えや活動を読み込んだり書き込んだりできるからである。だからといって、この客体がメンバーそれぞれの構成物であり、各メンバーに依存するものであって、何ら共通性を持たないものと考えてもならないのである。客体は「グループ内に含まれながらも、外的に留まる」[30]。逆に言えば、外的に留まるがゆえに、そのものが客体と呼ばれるに値するのである。その意味において、客体はある種の超越性を身にまとう。しかしそれはほんの束の間でしかないのである。それだけではない。客体の維持はメンバーによるのであるが、そのメンバーが構成するグループは、逆に客体を循環させることで作られるのである。客体とメンバーとの相互作用の中で、一瞬、グループを越える客体の超越性が浮かび上がるのである。

## 4　情報のリアリティはどこから生まれるのか

情報については、いわゆる現実に合致しているか否かという規準のみで、そのリアリティが決定されるわけではない。現前重視の呪縛から私たちは解き放たれるべきである。しかしながら、情報の世界が自己完結的に閉じているとか、あらゆる情報が誤った認識に基づく〈ヴァーチャル〉としてのリアリティ程度しか持たないのだと考えてもならない。ヴァーチャルとしてのリアリティは、そのヴァーチャル性ゆえに人々の間を姿を変えてめぐる情報のいわば核となるものを、間接的に表わしうるからである。ヴァーチャルとしてのリアリティの差違が由来するのは、人々にどれだけの影響を与えられるのか、どれだけの興味を引き起こすことができるのかという規準である。ただしこのことは、単に大勢の人々への影響という量にのみ還元されるわけではない。どれだけ多様な人々に訴えることができるのかという規準もまた引き入れられなければならないだろう。いわば、情報が伝達され、解釈され、また送り出され、次々と受け渡しされていくこの運動の中からリアリティは生ずるのである。このような情報がリアリティを持つのだとすれば、単なる一過性でインパクトのある情報（それは短いスパンで見れば大きな影響力を持つことだろう）だけでなく、たとえ影響を与えられる規模が小さくとも長く伝え続けられるであろう質の高い表現を含む情報もまた、大きなリアリティを持つのである。重要なのは、リアリティを量的に考えるのではなく、質的に捉えることである。そのようなリアリティを目指すこと、つまり人々を惹きつけ、人々に問題提起するような情報を表現し、受け渡ししていこうとすることが、私たちの目指す道なのである。

ある出来事の記述、歴史的事実の記述など魅力的に表現される必要があるだろうかといぶかる人々がいるかもしれない。しかしそれは、出来事や事実の背後にあると私たちが長い間確信してきた存在、すなわち〈リアリティ〉をいったんないものとすることへの心理的抵抗にすぎない。けれども、私たちは出来事や事実を表現しようとする。ただこれらの記述は、すでに述べたように、完全に中立であることができない。何かが起こったということ、何かが存在したということは、確かである。それが情報という形にヴァーチャル化されるとき、すでに生で純粋な事実は失われてしまうのだ。ただし、そのような事実がどこかに確固として存在しているにもかかわらず、私たちには到達することができないのだ、と考えてはならない。情報という形、テクストという形へヴァーチャル化するならば、純粋な出来事の喪失は避けられない。しかし純粋な出来事の喪失によってのみ、出来事についての表現が可能となる。逆説的に響くかもしれないが、純粋な出来事の喪失を経て、初めて私たちは「出来事」を浮かび上がらせることができる。情報へのヴァーチャル化によって、瞬間的に「出来事」が輝きを帯びる。この瞬間的な光がまさに情報のリアリティの源泉であったのだ。

こうして私たちは、客観性（あるいは主観性）や虚構性（あるいは真実性）とは別の規準で構成されるリアリティという地点に到達した。ネットワーク上をめぐる情報は、情報自体の孕むエネルギーと、情報と関わる主体が与える意味や価値と相俟って別の輝きを帯びる。ここに到って私たちはようやく、サイバースペースにおける情報の問題を「ハイパーテクストの問題」として検討することができる。次章では、テクストが日々増幅していくサイバースペースと、テクストにあるときは受動的に、あるときは能動的に関わる私たちとが、リアリティを垣間見せたり、創造性を生み出したりする具体的な様相が展開されるであろう。

（1）　言うまでもなく、実在をどのように捉えるか、あるいは認識から独立した存在そのものがありうるのか否かという議論は哲学史の一つの流れを形成している。ここで問題となるいわゆる「素朴実在論」は、現実世界に確固たる事物が存在することを肯定し、そのような事物世界を私たちがいかに発見し認識するかを目指す立場である。そのとき、私たちの認識は現実世界の模写であり、現実世界と一致しうると考えられる。しかし、私たちの持つ観念や認識は、ある対象を前にしたときには必ず誰にでも同じように生起する客観的認識をもたらすものだろうかという疑問が提示されうる。この疑問から、認識やシステムこそが対象を作り上げるのだという構成主義や、限定された感性的認識で捉えられる現象の背後に、悟性によってしか把握できない物自体の世界が広がっているというカント的な実在論などが生まれた。また、素朴実在論（およびその反動である構成主義）に対して科学システムから実在を指示しようとする科学実在論の立場も立てられる。ここでは実在論の歴史を詳しく展開することはかなわないが、少なくとも対象が主観から独立に予め存在しており、私たちはそれを認識すればよいという単純な図式はすでに問題化されていること、本論ではこのような問題意識のもとで〈リアリティ〉を論ずるのだということを主張しておく。

（2）　同様に、一般的に理解されている〈ヴァーチャル〉あるいは〈ヴァーチャル・リアリティ〉概念についても〈　〉づきの表記をする。本論では後に新たなヴァーチャル概念が提示されるであろう。

（3）　舘暲『ヴァーチャルリアリティ入門』二一頁を参照のこと。〈ヴァーチャル・リアリティ〉の工学的進展についてここで詳しく展開することはせず、以下の一点のみ指摘しておく。人工的現実感という訳語を提示することによって、工学者たちは、ヴァーチャルリアリティの持つ〈リアリティ〉が幻などではなく、人間の認識能力に合わせて人工的に作り出されたものであると強調している。ただし、現実と区別できないほどの実在感を人工的に作り出すことを目指すこのような工学的研究に対して、アプリオリに限界を定めたカント的な人間の認識能力を想定するにとどまっているにすぎぬのではないかという批判はもちろん可能である。

(4) 言うまでもなく、事物であってもその実在性を保証するのは容易ではない。また事物をあるがままに認識しうるか否かも問題となる。たとえば、見かけ(appearence)と実在(reality)の違いは古くから哲学の大きな問題のうちの一つであった。見かけすなわち知覚と実在を一致させようと試みられたり(バークリ)、人間の認識は実在すなわち物自体には到達しえないと言われたり(カント)してきた。一八-一九世紀までの哲学においては、実在に関して神の支えを要請したが、二〇世紀に入り事情は変化する。たとえばラッセルは、本能的信念が支える共通の対象として実在を捉えた。以下に述べるように、事態が出来事に関することとなれば、さらに問題が複雑化することは想像に難くないであろう。私たちはここで、神の議論を介入させることなく、しかしながら、ある種のリアリティ(実在)の支えを担保するためには何が可能かを問う。

(5) 芥川龍之介『藪の中』(『芥川龍之介全集4』二八九-三〇五頁)。

(6) 芥川の『藪の中』を下敷きにしたのが、有名な黒澤明の映画『羅生門』である。しかし『羅生門』では、男を殺した者は誰かが最後に示唆され、『藪の中』についての黒澤の一つの解釈が示されている。

(7) ここで言う〈情報化〉は、第二章**3**で言及された、新しい情報の生成や自分なりのデータのまとめ上げを意味する情報化とは異なり、単に情報として表わされることを意味する。以後、後者の意味で使用される場合、〈 〉づきの〈情報化〉と表現する。

(8) ピエール・レヴィ『ヴァーチャルとは何か?』二頁(Lévy, *Qu'est-ce que le virtuel?*, p. 14)。

(9) レジス・ドゥブレ『メディオロジー宣言』一七三頁(Debray, *Manifestes médiologiques*, pp. 182-183)。

(10) マーティン・ジェイ『暴力の屈折』一七七頁(Jay, *Refractions of Violence*, pp. 122-123)。

(11) 同上。

(12) ハンス・ブルーメンベルク『コペルニクス的宇宙の生成Ⅰ』一三五頁(Blumenberg, *Die Genesis der kopernikanischen*

*Welt*, p. 125)。

(13) ニーチェ『善悪の彼岸』第二八五節（Nietzsche, *Jenseits von Gut und Böse*, § 285)。〔　〕は曽我による補足。

(14) ハンナ・アーレント『人間の条件』三二〇頁（Arendt, *The human condition*, p. 192)。

(15) マーク・ポスター『情報様式論』一三五－一四八頁（Poster, *The mode of information*, pp. 61－62)。

(16) 丸山圭三郎『カオスモスの運動』一七頁。

(17) 同上。

(18) 同書、三一頁。

(19) ボードリヤール『シミュラークルとシミュレーション』三頁（Baudrillard, *Simulacres et simulation*, p. 10)。

(20) 同書、一－二頁（*Ibid*, p. 10)。

(21) 同書、二頁（*Ibid*, p. 11)。

(22) 極端なことを言ってしまえば、オリジナルの絵画とその模写やコピーの間の違いや、テクストの剽窃について問うこともできなくなるということである。

(23) ボードリヤール、前掲書、六九－七〇頁（Baudrillard, *op.cit.* pp. 59－60)。

(24) 同書、三一頁（*Ibid*, p. 23)。

(25) ドゥルーズ『差異と反復』三一五頁（Deleuze, *Différence et répétition*, p. 269)。

(26) レヴィ、前掲書、二頁（Lévy, *op.cit.*, p. 14)。

(27) 同書、三頁（*Ibid*, p. 14)。

(28) 同書、一五八－一六四頁（*Ibid.*, pp. 119－122）を参照のこと。このボールゲームの例は、レヴィの師であるミシェル・セールが『パラジット』（Serres, *Le parasite*）においてすでに展開していた。このときに提起されたタームが準－客体（quasi-objet）である。清水高志はこの概念を情報に関わらせつつ客体化（objectivation）の問題として捉え直し、『来るべき思想史』第二章の中で詳しく論じている。

(29) レヴィ、前掲書、一六九頁（Lévy, *Ibid*, p. 126)。

(30) 同書、一七二頁（Lévy, *Ibid*, p. 128)。

# 第六章　レクチュールとエクリチュール

情報のリアリティ概念は、ネットワーク上でのコミュニケーションにおいて新たな意味を獲得する。ここではさらに問題を特化し、ハイパーテクストについての詳細な検討を試みたい。リアリティの問題は、結局、ハイパーテクストにおけるレクチュールとエクリチュールの問題に帰着する。つまり、テクストが次々と書かれ、接続され、コピーされ、読まれ、伝達され、編集される中から新たなリアリティが生まれるという議論である。本章では、インターネット普及以前のテクストにおける問題を踏まえたうえで、ハイパーテクストのレクチュールとエクリチュールの問題を、第Ⅰ部や第Ⅱ部で言及した心身二元論や主体の問題と絡めて論じていく。

## 1　開かれたテクストの問題

インターネットの普及により、従来のテクストに関わる概念は大幅に変化した。とりわけ、作品の作者は誰かという問題（それは作者自体を求めることができるのか、もはやある作品の独創性の由来や主体など容易に主張できないのではないかといった問題意識を含む）や、作品そのものが解体されてしまったのではないかという問題（それは、一つのまとまりとしての作品を確固とした形で言いうるのか、一つの作品が閉じたものではなく開かれているのではないかという問題意識を含む）[1]など、すでにインターネット普及以前から現代思想において指摘されていた事態[2]が、あらゆる人々にとって差し迫った問題として現われてくる。サイバースペースにおけるハイパーテクスト[3]、すなわち、簡単にリンクをつけることができ、コピーペーストが容易で、テクストの断片から断片へと自在に飛び移ることのできる開かれたテクスト群は、私たちに作者や作品、そして創造性（créativité）や独創性（originalité）といった概念の問い直しを迫るのである。主体それ自体の存在すら容易に示しえない今[4]、果たして主体としての作者を素朴に主張しうるのであろうか。その主体が構成すると考えられてきた作品としてのテクストは、単純に作者の名のもとに理解しても構わないのであろうか。一方、作品がネットワークの中に位置づけられるのであれば、作品という一つのまとまりは何に基づいていると言いうるのか。このような諸問題を考慮に入れるとき、ハイパーテクストの特性が、それもその積極的な可能性が明らかになる。その一方で、テクストに関わる諸概念を解体し再構成することもまた、要請される。

　このようなハイパーテクストは、読むこと（レクチュール）に関する読み手の能動性を喚起し、読み手と書き手の境界を曖昧にし、レクチュールを書くこと（エクリチュール）へと高めうる可能性を拓くかのようである。それは、読み手に与えられた従来とは比較しえない自由に由来するように思われる。なぜなら読み手は、次にどのようなテクストへとジャンプし、読み（あるいは読まず）、リンクを付けるかという自由を手に入れるからである。それは、あたかも私が私自身のためのテクストを紡ぎ出しているようにも見える。

　しかし、私たちは次のように問う。果たしてレクチュールをエクリチュールへと繋げることはそれほど容易なのであろうか。情報を創造するというレベルに到達するために必要なレクチュールの形とは何か？　また、サイバースペース上の「自由」とはどのような意味を持つのか。そもそも、日々増加し続けるテクストを私たちは「自由に」読んでいるのであろうか？

本章ではまず、サイバースペース上のハイパーテクストの特徴について、従来の書籍と比較しつつ分析する。次に、レクチュールがエクリチュールへと変容する場面について、情報やテクストの編集という観点から考察する。そのとき、私たちが抱いている自由の概念が再考されるであろう。最後に、情報編集が情報創造へと到達するための条件について検討する。単なる情報伝達ではなく情報創造を目指すために、必要とされているものはいったい何だろうか。

## 2 ハイパーテクスト

### 2-1 作　品

古典的な作品についての定義はアリストテレスに遡ることができる。アリストテレスは『詩学』[5]において、物語や叙事詩の創作とその条件について論じている。すなわち、物語には始まりと終わりがあり、物語は統一性を持っている[6]。いわば一つの閉じたまとまりを形成するのが作品なのである。この考えを継承する形で従来のテクスト、たとえば書物という形態のテクストを見るとき、テクストを作品として存在させるための求心力が大きく言って二つある。一つは、ある作者の名のもとに作品が帰属していること、もう一つは、作品として他のテクストとは切り離しうる一つのまとまりを持つということである。

この二つの求心力は非常に強い。それはまず第一に、一人の人間としての作者や、書物というまとまりとしての作品を物理的に指示できるところにある。目に見える形での作者やテクストを、私たちはいわばそこで閉じられ完結されたものとみなす。少なくともある時点において、いくつかの作品を発表した作者や、発表された諸作品といったものを、それぞれ統一した形で理解することができる。それゆえ、日常的な実感に基づくかのような、何らかのテクストの作品性、あるいは作者性が当然のように主張される。無論私たちはすでに、一つの作品がその作品単体で完結などしないことや、一つの身体を備えた人間とテクストの作者を単純に同一視できないことに気づいている。だが普通は、目の前のテクストを一個の塊として見て、その帰属先をもまた固定的な基盤だとみなし、両者の関係を安定させることで問題を直視することを避けている。なぜならば、作品や作者を固定することによって、私たちはそれらに対して評価を与えうるし、作品や作者の持続性を容易に主張することができるからである。絶えず変化するものを私たちは捉えきれない。それゆえ、敢えて変化を止めることによって、作品や作者というものを理解しようとするのだ。

一方、サイバースペースにおけるハイパーテクストの特性を、作品という主題から見たとき、古典的テクストの持っていた求心力が弱められていることに気づく。

ハイパーテクストは「多方向にシークエンスを作る」開かれたテクストである[7]。始まりも終わりもなく、さらに言えば一瞬一瞬変化し、日々刻々と増殖し続けているテクストである。作品をまとめ上げる力は、書物に比して小さく、中心と言えるものはない。非線形的で、立体的で、多元的なテクストである。俯瞰的に見るならば、サイバースペース上では、作品としての一つのまとまりが崩れ、始まりと終わりが消え去り、どこまでも続く巨大なテクストのネットワークが広がっているさまを思い浮かべることができよう。

ネットワーク上に置かれたテクストからは、何に重点が置かれるかによって、異なるまとまりが作られる。しかしそのまとまりは長続きしない。リンクは永続的ではなく、ノードは一時的である。テクストは多方向的に繋がる可能性を持ち、作品としての確固としたまとまりを、私たちはもはや見出すことができない。たとえば、読者が古典的テクスト概念から逃れることができず、何らかのサイトやブログを一つの作品とみなす立場にあったとしよう。実際、サイバースペース上のテクストが、書物という形態で出版されることも少なくない。作品には一つのまとまりがあるという意識は、今もまだ根強く私たちの内部に残っている。しかし、サイバースペース上のテクストは、それ自体、いわば閉じた世界にとどまろうとしない。読み手のコメントが付されたり、複数の読み手の間での議論が行なわれたり、サーチエンジンで検索されたりする。リンクやトラックバックが付けられ、別のテクストへと繋げられる。内容はコピーされ次々と伝達されていく。付されたコメントは、翻って書き手にも影響を与えるであろう。その一方で、ある日突然、サイバースペース上のテクストが削除され消え去ることもある。しかし、もともとのテクストが消え去ってもなお、コピーされたテクストが保存され、コピーにコピーを重ねて増殖し続ける可能性が残る。

デジタル化されたハイパーテクストにおいては、コピーペーストが容易に行なわれる。それだけではない。コピーの痕跡も残らなければ、劣化もない。いわば、ノイズが発生しないのである。[8] 私たちはオリジナルとコピーの区別をつけることができなくなる。私たちが、今この瞬間に画面上で読んでいるテクストが、オリジナルなのか、どこかからコピーされたものなのか、あるいはコピーのコピーなのか、判断することは困難なのだ。作者の手を離れたテクストは、次々とコピーされ、ある部分を削られたり、別の断片を付け加えられたりしながら浮遊する。もはや一つの作品を何らかの作者に帰属させ、それを読者が受動的に読むという図式は成立しない。つまり、テクストがデジタル化され、サイバースペース上に載せられることの影響は、作品それ自体だけでなく書き手や読み手にも及ぶ。

## 2-2　作者と読者

古典的テクストの構成やまとまりは作者という主体に帰される。そのような内容を作り上げた作者に注目して、テクストを支えるものとしての作者の存在を、確固としたものとみなすのである。ここでは、作者と読者の間には厳然とした線引きが行なわれている。作品としてのテクストを支えるのは作者であり、その力に読者は寄りかかりながらレクチュール（lecture）――テクストの読みをなしている。この図式において、作者は能動的であるのに対し、読者は受動的である。

この傾向は、たとえば哲学研究の場において、次のように現われる。作者という名のもとに、テクストが取り集められ、解釈される。デカルトのテクスト、ライプニッツのテクストといったように。注釈者たちにとってまず第一に重要なのは、デカルトが何を述べ、主張したのかである。そのため、このテクストが本当にデカルトによって書かれたものであるのかという問いが重要なものとして立てられるのであり、もしデカルトの手によるものでなければ、そのテクストは贋物として捨て去られるであろう。たとえ、そのテクストの内容が興味深いものであったとしても、である。あるいは、デカルトの書き記した新たな断片が発見されたとすれば、それまでの研究体系に大きな影響を与え、研究者たちは多かれ少なかれその断片を考慮に入れることを迫られるであろう。それは、テクストに対して、作者という主体としてのデカルトが前提とされ、重視されているためである。この意味において、注釈者の紡ぐテクストは決してオリジナルのテクストを超えることはない。あくまでも原テクストあっての注釈であり、デカルトあってのデカルト解釈者だからである。

それに対して、サイバースペース上のテクストを読もうとする場合、私たちはしばしば困惑する。これまでは作者や作品を基盤としてレクチュールを進めることができ、ときには完全に一人の作者や一つの作品に閉じ込もることすら可能であったのに対し、ハイパーテクストの世界にあってはテクストを読者がより能動的に選択し、リンクし、紡ぎ出していかねばならないからだ。いったい何を読むのか。それは読者に依存しているのである。どのようにテクストを読み進めていくのか。それもまた読者に委ねられている。あるテクストから別のテクストへとジャンプするのか、それともそのままとどまってもう少し読み進めるのか、あるいはもとに戻って別の道を辿るのか。また、匿名（あるいはハンドルネーム）のもとに開示されるテクストは、有名な作家や思想家のテクスト、あるいはよく知られた作品や読むべきテクストという従来の価値基準や権威に寄りかかってレクチュールを進めてきた私たちを戸惑わせる。私たちは、もはや受動的ではいられない。

サイバースペース上ではテクストは開かれている。テクストを辿っていく道筋をつけるのは、書き手ではなく読み手なのである。次のようにも言えよう。これまでは、書物の読み手が、目の前にあるテクストから別のテクストを連想したり、表立って言われていない別のテクストの暗示を発見したとしても、それを指摘するためには、読み手自身が書き手となる必要があった。しかしハイパーテクストでは、そのリンクを視覚化することができる。一部の専門家しか発見することのできなかった繋がりを、誰にとっても明らかなものとしうるのである[9]。

読者がサイバースペース上のテクストに自ら一本の糸を見出して、独自のレクチュールを示したとしたら、そのレクチュールはいったい誰のものか？　読者のものである。しかし私たちは同時に次のように問うことができる。そのようなテクストは、誰によって生み出されたのか？　作者によってである。では複数の作者たちによって表現された複数のテクストの断片を、独自の問題意識や視点のもとで繋ぎ合わせて読みを展開し、新たなテクストが生まれた場合、作者は誰なのか？　私たちはここに間テクスト性という概念を見出す。

### 2－3　間テクスト性

インターネットが普及するにしたがって、一部の論者はその新たな可能性を喜びを持って迎えた。それはあたかもテクストに関する現代思想の実現であるかのように思われたのである。

実際、ハイパーテクストに当てはまる様々な特性は、インターネット普及以前から、すなわち情報化社会における新たなテクスト文化が意識される以前から、いわゆる書物におけるテクストの分析において指摘されていた。たとえばフランスの思想家ロラン・バルトは、インターネットが普及し、情報化社会における新たなテクスト文化を意識する以前から、まるで現在の状況を予想したかのようなテクスト分析を展開する。彼によれば、あるテクストは先行するテクストの一群の中に位置づけられる。テクストというタームの語源は、織られたもの、すなわち、織物である。それはすでに書かれたものとすでに読まれたものという糸から織られているのだ。バルトは一九六八年の論考で「作者の死」(la mort de l'auteur)[10]を宣告し、作品を「解体」した。テクストの由来をたずねたり、その意味づけをなそうとするとき、私たちは目の前にあるテクストの断片の内部にとどまることはもはやできないのである。極言すれば、一見、ある種のまとまりを持ち、統一性を備えているかのように思われるテクストは、実際のところ開かれ、ほどかれ、解体されている。眼前にあるテクストはすでにどこかで語られたものにすぎず、そのようなテクストの作者に創造性や独自性の源泉を見出すことなどできないというわけである。

それゆえ、すべてのテクストが意味を持つのは、他のテクストとの関係の中でなのである。[11]先行するテクスト、今現在生み出されつつあるテクストのネットワークの中で、何らかのテクストは理解される。ネットワークを辿り、関連を見つけ出していくことが読むという行為なのだ。バルトによれば、唯一の正しい読みなど存在しない。テクストは複数の意味を持ち、多元的に他のテクストと関連している。むしろ重要なのは、テクストとテクストとを結ぶ連関性であって、そのような関係を見つけ出す、あるいは創り出すことが重要となってくる。読み手は、ネットワークの中にテクストを投げ込み、位置づけ、リンクを辿る。それがテクスト解釈でありレクチュールである。リンクは多方向へ、立体的に付けられる。レクチュールは常に複数的である。

バルトを経て、サイバースペース上のテクストを再び眺めると、私たちはそこに無数のテクストの断片が散らばっている世界を見る。もはや作品としてのまとまりは崩れ、書き手と読み手の境界は曖昧となり、正統な読みと誤読は区別されず、あらゆるものが相対化されたかのような世界である。書物に関する作者という存在がこれまであまりにも強固であったがために、翻って今度は、読者の存在、しかも読者の能動性が強調されるのである。そのとき、テクストの断片を繋ぎ合わせ、まとめ上げるのは、読者の役割となる。テクストの編集である。

だが同時に私たちは、テクストに関わる役割や価値観の相対化がバルトの目指したことであったのかという点を疑問視しうる。すなわち、現代のテクスト論の実現がハイパーテクストであるという考え方はナイーヴに過ぎるという批判である。この点を検討するために私たちはまず、情報編集における創造の可能性とその限界について見ておきたい。組合せによって生まれるテクストにオリジナリティはあるのだろうか。

## 3　編集の積極的可能性

### 3-1　編集における創造性

編集という作業には、一見、創造性（créativité）は含まれないように思われる。映画にせよ新聞や雑誌にせよ、すでにそこに存在する映像やテクストを切り貼りして作り上げられるように見えるからである。

そもそも新聞やニュースにおいては多大な編集が加えられているが、私たちはそこで〈事実〉が扱われていると漠然と信じている。社説やキャスターのコメントには主観性が入り込むとしても、個々の記事や映像は、事実あるいは事実に基づいた客観的なものであると思われがちである。前節ですでに見たように、私たちは〈事実〉や〈客観性〉について普段は深く追求することなどない。素朴な〈リアリティ〉[12]を信じているのである。

諸々の映像やテクストを選び取ったり切り貼りしたりする以上、編集という作業には恣意性が常に付きまとう。しかし、その恣意性は、普段の私たちにとってはそれほど意識されない。なぜなら、できあがった作品の全体から見れば、〈編集者〉ではなく、もともとの映像やテクストを作成した〈作者〉が大きな比重を占める――あるいは占めるべきだと、私たちは考える傾向にあるからだ。つまり、もし作品に何らかの創造性が見出されるのであれば、その功績は最終段階で編集に携わる者ではなく、もともとの映像やテクストを生み出した〈作者〉に帰されるべきだと考えられるに違いない。私たちが編集者よりも作者の名に重きを置くのはそのためである。事件報道の映像や記事に関しては、その傾向はさらに顕著である。なぜなら、編集者どころか作者も、実際の事物や事象ほど重視されないからである。実際に起こった事件そのものが原因でありすべての源泉だとみなされ、そのような〈リアリティ〉にどれだけ接近できるかが問われるに違いない。そこでは編集者どころか作者すら退いてしまい、実際の事物や事象の〈リアリティ〉に覆い隠されるようにして、編集作業も執筆作業も透明なものとなってしまう。

では編集という営みを創造性と結びつけることは不可能なのだろうか。編集する者が果たす役割はそれほど大きな位置を占めないのであろうか。このような問いに対して、たとえば松岡正剛は、否定的に答えるだろう。編集は、事象と事象の間の関係性を発見し、新たなものを創り出す力を持っている。編集は創造性と無縁ではないのだ。松岡は次のように言う。

　編集術は整理術ではない。情報を創発するための技術なのである。創発とは、その場面におよぶと巧まずして出てくるクリエイティビティのようなものをいう。(13)

事象と事象の間の関係性は誰にでも見つけ出せるものではないし、自分が見出した関係性を説得的に他人に語ろうとするときには、事象同士あるいはテクスト同士の間を埋める議論が必要とされる。それが松岡の言う「巧まずして出てくるクリエイティビティ」にあたる。

編集でいちばん大事なことは、さまざまな事実や事態や現象を別々に放っておかないで、それらの「あいだ」にひそむ関係を発見することにある。そしてこれらをじっくりつなげていくことにある。(14)

要素間に関係を見つけ出し、丁寧に結びつけていくこと。この要素間を繋ぐ議論が全体に力を与えるのである。なぜなら、このような間を埋める議論こそが、独自の視点や思想のもとで展開されるものだからである。

そもそも編集とは「該当する対象の情報の構造を読みとき、それを新たな意匠で再生するもの」である。(15) 何らかの情報や事柄の構造を解釈した後、新しく構成しなおすことが要求される。その再構成に伴う新たな視点は、誰にでも簡単に見出せるものでもないし、誰もが同じ視点に立つとも限らない。情報の再構成は、各人がそれぞれの仕方で、各自が持つ知識や経験、発想に従って行なうものである。情報の再構成と言っても、常に難解なアカデミックな議論に繋がるわけではない。あるいは常に文化的で高尚な話題であるわけでもない。昨日の出来事をまとめること、あるテーマに沿って何かを話すこと、エッセイや日記を書くこと、料理をすること、旅行の計画を立てること……身近な事柄にすでに編集は潜んでいるのである。だからこそ、編集は「広範囲な領域に通用する柔らかい武器になりうる」のである。(16) 誰もが日常的に行なっているからこそ、編集はしなやかで柔軟なテクニックとして、様々な情報や事象に相対した際に、私たちの役に立つ。また、それゆえ、私たち独自の視点やあり方を投影させることもできるのである。

以上のように考えるならば、テクストの編集に創造性を見出すことは可能となろう。そして、事象と事象とを繋ぐ議論に創発性や独創性を見出すのであれば、各事象を結ぶ関係性は、発見されるというよりもむしろ発明されると言った方がよい。関係性はすでにそこにあって覆いを取られるのを待っているのではなく、テクストを繋ぐ者が作り出すものであるからだ。たとえテクストをただ単に切り貼りして生み出されたかのように思われる作品であっても、予想もしなかった力あるいは効果を発揮することがあるのはこのためである。

### 3-2　通常的時間概念における因果律

バルトにせよ、松岡の論ずる編集にせよ、読み手の能動性を強調する。それはサイバースペース上のテクストを読む者たちが否応なしに経験する能動性であろう。その一方で、オリジナルのテクストを紡ぐことはやはり困難なのではないかという疑問が提起される。もしある作品が先行する作品との連関の中で理解されるのであれば、たとえば、先行する作品群がすでに確立した枠組みや方法へと容易に結びつけられるであろう。テーマ、方法、構造等々、先行する作品の何ものかとの類似が必ず言われるに違いない。そのとき、テクストのオリジナリティを主張することは難しくなる。すでに書かれ読まれたテクストとはまったく異なる何かを生み出すことが私たちには可能であろうか？　これは芸術全般にわたって突きつけられる問いである。

問題は、ある一つのテクストがすでに書かれ、すでに読まれたものとみなされるとしても、すでに存在するテクストを時間的に遡って得られる一つのテクストの原因だとみなしてはならないということである。バルトは言う。

> 間テクスト性を有するもの——その中にすべてのテクストが含まれるのだが——は、それ自体が別のテクス

トの間に存在するテクストであるが、テクストの何らかの起源と混同されてはならない。ある作品の「源泉」、「影響」を見出そうとすることは親子関係の神話の仲間入りをすることだ。テクストを形成するのに役立つ引用は匿名であり、痕跡を辿ることができないが、それでもなお〈すでに読まれて〉いる。それは、引用符なしの引用文なのである。[17]

エクリチュールが、すでに先行するテクスト群、レクシ群へと関係づけられようとも構わない。先行するテクストは、今生み出されつつあるテクストの、直接的原因ではないからだ。それでもなお、何らかのテクストはテクストのネットワークの中で理解される。それが「引用符なしの引用文」ということだ。レクチュールが複数的であると同時に、エクリチュールもまた複数的である。いかなるテクストであってもテクスト世界の中に位置づけられるということは、エクリチュールが複数的で多元的な意味を孕むということである。この意味において、エクリチュールはオリジナリティを獲得することが可能である。

注意すべきなのは、オリジナリティというものを、通常的時間概念のもとに理解された因果関係と結びつけてはならないということである。私たちはすでに第二章において因果律について再考した。テクストの起源に関しても事態は同様である。私たちは一般的に、時間的に先行する事柄に原因を見出そうとする。しかしそれでは、私たちはどこまでも遡り、原因に辿り着くことを諦め、ついには力尽きることだろう。私たちは原因に到達できず、しかもそれでもなお、結果をすべて含むような原因を想定してしまうことだろう。テクストの起源は新たな因果律のもとで理解すべきなのである。

# 4　テクストの起源

## 4－1　新たな因果律

テクストの起源を求めるために、その原因となったテクストを時間的に遡るのだとすれば、無限背進に陥るか、遡るのに疲れて原因を見失うかしてしまう。それは、ここでの原因の捉え方に問題があるからに他ならない。テクストの原因として最初に気づかれなかったものを後づけの議論で見出して、先入観として取り入れた通常的時間の流れに従って、結果より前に位置づけてはならないのである。もし、結果を通してしか発見できない原因であるのなら、それは結果より以前に存在していたとは言えない。つまり、結果が現われて初めて原因を規定できるのである。このような因果律をテクストの場合に適用するならば、次のように言えるであろう。結果としてのテクストが存在し始めるまさにその瞬間に、原因が明らかとなる。何らかのテクストが存在して初めて、原因を問うことができるのだ。

この先、どのような劇作品が生まれるかというインタビュアーの問いにベルクソンは次のように答えている。

> 過去のうちに可能的なもの（le possible）を置く、というよりも可能的なものはどの瞬間にもひとりでに過去のうちに入りこむということは疑えません。事象（la réalité）が予見のできない新しいものとして創造されていくにつれて、そのイメージは自分の後にある不定な過去のうちに反映します。そのイメージはそこでいつでも可能なものであったということになります。しかしちょうどその瞬間になって初めて常に可能だったであろうということになるのです。そこで私は、そのイメージの可能性（la possibilité）はその事象性（la

réalité）に先立つものではなく、一度事象性が現れてしまうとそれに先立ったであろうということになると言ったのです。ですから可能的なものは過去のうちにある現在の蜃気楼なのです[18]。

この先、生み出されるであろう作品を予測することなどできない。たとえ、その作品の断片が今この時点ですべて存在するとしても、である。私たちはできあがった作品を見て、過去にその作品の起源を求める。しかしそれは「現在の蜃気楼」にすぎないのだ。

ベルクソン自身は可能なもの（le possible）あるいは可能性（la possibilité）とリアルなものあるいはリアリティ（la réalité）と対比させているが、これをピエール・レヴィのヴァーチャル化とアクチュアル化の運動とさらに関連づけるならば、事態はより鮮明となる[19]。ある人間が何らかのテーマについて自分の思考なり、状況の描写なりを表現し、結果としてのテクストがここにある。このテクストを読むと、この書き手がすでに他の人間が表わしたもの、イメージ、音などを取り入れていることが判明する。だからといってテクストの原因がアクチュアルにテクスト以前に存在していたとは言えない。書き手が自らのテクストに取り入れることで、テクストの原因としての他のテクストやイメージはアクチュアルなものとして浮かび上がってくるのだ。

しかしながら、原因としてのテクストはヴァーチャル的に存在していたと言える。ただし、このような存在は、結果として生まれたテクストを前にして初めて、原因であったと規定できるものである。なぜなら、ヴァーチャルとしての存在は混沌とし、問題提起的で、答えの予測できるものではないからだ。このようなヴァーチャルとしての存在の間に関係性を見出し繋ぎ合わせてアクチュアル化する運動、つまり、ばらばらにあるものを一つにまとめ上げる運動は表現者に依存している。表現者がこの言葉、この画像を選び取ることで、このテクストはテクストとして初めて存在し始めるのである。

テクストの起源を以上のように考えたうえで、再び次のような問いに戻ろう。テクストの書き手は誰なのか？創造的な読みを提示したテクストが何らかのまとまりを持って存在し始めるとき、このようなテクストの原因はもともとのテクストの書き手であるのか、それとも読み手であるのか？　問題は、テクストを読む場合、とくに、サイバースペース上のテクストのレクチュールの場合における主体の役割をどう考えるかという点にある。

## 4－2　動的な読み手と書き手

サイバースペースにおいて無際限にヴァーチャルとして存在するテクストを、読み手は自らテーマを決定し、始点を発見し、読んでいく。何を読むのかは、読み手に依拠している。ヴァーチャルなテクストからアクチュアルなテクストへ。この運動は二重の意味を持つ。デジタル化されたテクストを今ここでアクチュアル化するという意味と、混沌として存在していたテクストに秩序を与え新しいテクストを生み出すという意味と。後者は驚くほど表現者の運動に似ている。テクストの起源についての議論を思い出すならば、結果から見た場合、読み手が選択したテクストが、ヴァーチャルとして存在していたとは言える。しかし、そのテクストをアクチュアル化したのは読み手自身である。レクチュールの本質は、予め確固としてあった要素としてのテクストを漫然と並列するものではない。それは、テクスト間に新しい関係を発明する創造的な行為なのである。

こうして、書き手と読み手はその境界を曖昧なものにする。読み手は書き手へと変容しうるし、書き手はまた読み手となる。それは終わりなきエクリチュール－レクチュール運動として位置づけられる。それだけではない。おそらく、書き手と読み手をテクストに先立って前提とすることすら戒められねばならないのだ。「著者と読者の関係」を、たとえば和辻哲郎は次のように表現する。

「著者と読者との関係」と言われるものは、著者と読者とが相寄って作るところの関係にほかならない。しかもこの関係よりも先に著者と読者とがあるわけではない。著者は読者に規定せられることによって、すなわち読者との関係によって、初めて著者であり、読者もまた著者との関係によって初めて読者である。この関係が著者を著者たらしめ読者を読者たらしめるのである。と言って著者と読者よりも先にその関係があるわけではない。関係はあくまでも読者と著者との間に作られるのである。いずれもそれ自身独立に先立って存することはできぬ。ただ相依って立ち得るのである。[20]

関係は、著者や読者といった個々の要素に先立つ。著者や読者というものが予め存在しているのではない。テクストを通して著者と読者という関係が初めて成立し、事後的に著者と読者が規定されるのである。間柄がまず示され、そののち、行為の主体が認められるのだ。重要なのは、サイバースペースにおいてはこの著者と読者の関係が、絶え間なく入れ替わり得るということである。著者と読者が予め存在しないだけでなく、著者と読者とは固定的な存在にはならない。著者が読者との関係の中で著者となる。しかしながら、読者はまた、その著者によって著わされたテクストを自分なりに読み、解釈する。あるいは他のテクストと結びつけたり、自分の体験へと送り返す。そこではすでに、新たなテクストが編まれ始めている。そのとき読者は著者となり、また別の読者に向けてテクストが作り出されるのである。

このように考えるならば、そもそも主体としての「著者」や「読者」は静的な存在として規定されないことがわかる。「著者」や「読者」はそれぞれ、書くことと読むことの別の表現であり、むしろテクストをめぐる運動そのものなのである。〈主体〉という語を目にしたときに私たちが思い浮かべるもの、おそらくそれはデカルトのコギトに遡る思惟実体であろうが、それを固定的なものとみなすことはもはやできない。書きつつある者としての著者と、読みつつある者としての読者が、テクストへの関わり方によって、その立場を逆転させる。それだけではない。著者と読者が関わるテクストそれ自体もまた、エクリチュールやレクチュールに従って変容し続ける。ただし、著者や読者、そして作品を意識的に一つの持続するまとまりとして捉えることは無意味ではない。もし、敢えて著者や読者という主体的な表現を付されるメリットがあるとすれば、それは書かれたものや読まれたものをある一つの強調点の下に見て、持続する主体に何らかの評価を帰属させうるという点にある。

こうして、私たちはサイバースペースにおいて、従来の固定的な書き手や読み手の役割に縛られることなく自由にテクストに関わることができるかのようである。だが、ここでもう一度問いたい。私たちはそれほど自由にテクストを読んでいるのだろうか。そして、テクストのレクチュールをエクリチュールへと繋げることはそれほど容易なのであろうか。

## 5　惰性的レクチュール
### ――私たちは自由か？――

松岡の主張を受け入れるならば、編集は誰にでもいつ何時でも起こっている作業であり、人々は各瞬間ごとに何らかのテクストや情報を創造していることになる。だが、そのようなレベルの行為にも創造性を認めるか否かは問われてよい。ここで敢えて問いたいのは、私たちは創造性の名に値するような水準のレクチュールを常にしているのかということである。それはたとえば、インターネット上を飛び回り、次々とテクストを接続していったからといって、その行為が常に能動的であるのかという問題として立てられる。私たちは意図的にクリックしているのではなく、知らず知らずのうちにクリックさせられているのではないか。

たしかに、どのテクストを読んでいくのか、どのサイトへと飛んでいくのか、どのリンクを選択するのかは読み手の側に委ねられている。すでにできあがった完成体としての書物よりも、サイバースペース上のハイパーテクストは線形性が低い。しかし、だからといってレクチュールに常に能動性が求められているわけではない。なぜなら多くの場合、私たちは目の前に差し出される選択肢の中から手近なものを選び取り、クリックしているにすぎないからだ。その程度の能動性は、リニアのテクストを読みながら他のテクストとの関連を連想したり、他のテクストへの暗示に気づいたりする場合よりも、むしろ低い。

ところでレクチュールの自由とは何か。サイバースペース上では、選択肢は無限に眼前に広がっているように見える。読み手は、いわば全能の存在として、無限に広がるテクストの世界を自由に泳いでいけるかのようである。しかし、果たして読み手は本当に〈自由〉なのだろうか。

そもそも、私たちの前にある選択肢は、本当の意味で無限ではない。また無限であるかのように思われる選択肢を、私たちは〈自由に〉選び取っているわけでもない。なぜなら、サイバースペースを泳いでいる際に、自らの確固とした意志をもってクリックしているというよりも、むしろクリックをさせられている、惰性に任せている場面がはるかに多いからだ。リンクは一見、自由に付けることができ、連関は読み手の能動性によって作られるように思われる。しかし、多くの場合、モニタの前に居る私たちは、確固とした意志を働かせ、個々の可能性の吟味したうえで、常に問題意識を頭に置きながら、緊張感を保ってレクチュールを進めているわけではない。むしろ、エクリチュールにはなりえない惰性的レクチュールを繰り返し、類似のテクストを消費している、あるいは消費させられている。目の前に映し出されるテクストは次々と変化していくが、それでいて相互に似通っている。リンクは開いているようで実は閉じている。[21] そこに創造性はない。

## 5－1　デカルトにおける自由の問題

ここで少し回り道をして、デカルトにおける自由の問題について考察してみたい。この問題は自由意志の問題すなわち誤謬論として「第四省察」を中心に、『哲学原理』との比較や、メラン宛書簡との関わり、あるいは懐疑やコギトとの関連づけによって論じられることが多い。しかしながら、なぜコギトおよびアポステリオリな神の存在証明の後に、そしてアプリオリな神の存在証明の前にこの問題が置かれているのかという、順序の視点を考慮に入れなくては浮き彫りにされない点がある。「第四省察」の時点でデカルトが確信している〈思惟する私〉と、私のうちにある観念から証明された〈完全無欠の神〉[22]の間に、いかなる関係があるのか、あるいは逆に、いかなる断絶があるのか、という問いを、背後に読み込まなければならない。

ところで、誤謬や意志の問題を、「神が私をそのように作ったのだから不平を申し立てることなど許されない」[23]という言葉を解釈して、すべて信仰の次元へと還元して理解してしまうことは、無神論者が決して真理に到達できないのと表裏一体であって、私たちにできること、すなわち思考することを放棄してしまうことに他ならない。有限である私たちが誤謬を犯すのも当然である、と考えるべきではないということだ。それでは、「誠実な神が私を作った」ことと、「私が誤る」ことや「意志の自由を持つ」こととをどのように両立させ理解すべきなのか。「第四省察」で求められている「私」とは、すなわち主体性とは、どのようなものなのか。上述のパースペクティヴのもとで、これらの問いを考えていくことが必要である。

「第四省察」では、神は誠実であるにもかかわらず、私は誤りを犯してしまうという事実から、私が持つ知性と意志の分析および両者の関係へと議論は展開されていく。このとき、意志決定の自由が誤謬とどのように関わっているかが論じられる（この問いは重要である。なぜなら、これこそが、私たちを知性と意志の問い直しへと導くだけではなく、なぜ誤謬の問題がアポステリオリな神の存在証明の後に配置されているのかを問題化する契機ともなるからである）。さらに、自由の程度の差違を検討した後に、人間に求められる主体としての完全性が明らかにされる。

ここではまず、「私が誤る」という事実を分析しながら、知性と意志の関係を概観したい。ついで、自由の内に認められる程度が、何を根拠にしているのかを検討する。最後に、意志決定の自由のどのような用い方が、「私」という主体に求められているのかを論じる。その際、神と私との関係あるいは断絶という視点を、以上の論点すべてにおいて保持していく。神についての議論などハイパーテクスト論とどのように関わるのかといぶかられる向きもあるかもしれない。少なくともここでの神は信仰の対象ではないということを強調しておき、超越的な存在との対比においてのみ初めて明らかになる人間的主体の可能性を、自由という観点から論じていく。

## 5-2　誤謬を犯すということ

神のアポステリオリな存在証明の後、デカルトは真なる神を観想して、次の二点を認める。すなわち第一に、誠実な「神が私を欺くなどということはありえない」[24]ということと、第二に、私のうちに「ある判断能力」があり、これを正しく用いさえすれば誤ることはない、ということである。[25]問題は、だからといって私が決して誤りえない存在ではないことである。この誤謬の原因はどこにあるのだろうか。

デカルトは次のように続ける。「神が私を、決して誤ることのないようにつくりえたということは疑いを容れないし、神が常に最良のものを欲するということも疑う余地がない。それならば、私が誤るということは、誤らないということよりもいっそう善いことなのであろうか[26]」。この問いは、至極もっともであるように私たちには響く。しかしながら、これは神の目的を質すものである。私が誤るという事態は目的原因ではなくて、作用原因に関係づけられなければならない[27]。私たちが誤りを避けうるはずであるにもかかわらず、それでもなお誤謬を犯してしまうその理由を問うべきであろう。ここで注意しなければならないのは、私たちが有限であることを前提として、不完全な私たちが誤りを犯すという事態をそのまま受け入れてしまわないことである。

ではそもそも、誤謬とはいかなる事態なのであろうか。デカルトは、「誤謬とは単なる否定（negatio）ではなく、むしろ欠如（privatio）[28]」であると言う。欠如とは、「私のうちに何らかの仕方であるべき認識が欠けていること[29]」である。だが、それは「私」にとって本来あるべきであったにもかかわらず、神が「私」のうちに置かなかった認識という意味ではない。そのような認識を私が決して持ちえないという完全な「否定的」事態ではない。「何らかの仕方で欠けている認識」という表現は、「別の仕方で持つべきことが可能な認識」と言い換えることができるであろう。もし、誤謬が私にとって「否定」を示す事態だとしたら、私は決して真なる認識に辿り着けないように神によって作られていることになる。一方、私が誤りを決して犯さないように作られているのならば、そのような私はある意味で神と連続した存在とみなされるであろう。デカルトがここで言いたいのは、神と「私」との間の一種の類似と完全なる断絶である。たしかに「私」は「あたかも神と無の中間者、最高存在と非存在の中間者として構成されている[30]」が、それは「あたかも」であって、神と私とは連続的に理解される完全性のグラデーションのうちに位置づけられるわけではないのだ。だからといって、私には可能な限り神に近づきうる道が残されていないわけではないのだ。

ではこのような誤謬の原因はどこに存するのか。それは「私のうちにある認識の能力と選択の能力つまり意志の自由とに、言い換えれば、知性と同時に意志とに、依存する[31]」。すなわち「意志は知性よりも広い範囲に広がるものであるゆえ、私が意志を、知性と同じ限界内にとどめおかずに、私の理解していない事柄にまで及ぼす、というこの一つのことから生じるのである[32]」。こうして、意志の大きさと知性の及ぶ範囲との不一致が指摘されるのである。

## 5－3　知性と意志

知性の本質とは、あるいはまた意志の本質とはどのようなものなのであろうか。まずは「私」における知性について見てみたい。ところで、「第四省察」とは、コギトによって確信された「私」とその存在を証明された「神」との差異を再確認する過程であった。そして、完全で無限である神に対して「私」が、どのような能力を持ち、それをどのように生かせば最大限に有限なる「私」を実現することができるのかを探究する過程でもあった。知性の分析をこのような視点のもとで押しすすめるならば、次のようになる。

デカルトは言う。「知性のみによっては、私は、ただ観念をとらえるだけである。これら観念は私が判断を下しうる材料にすぎ」ない。そして「このように厳格に見られた知性のうちには、本来の意味での誤謬は見出されないのである」[33]。知性のうちにあるのは質料的虚偽だけであって、本来の意味での誤謬である形相的虚偽は見出されないということである。質料的虚偽とは「存在していないところのものをあたかも存在するもののように」観念のうちに「表現してしまう」誤りのことである[34]。しかしながら、そのような観念を観念として持っているそのこと自体は、虚偽ではないのであり、そのような観念を実在するものとして「判断」してしまうときに本来の意味での虚偽、すなわち形相的虚偽が発生するのである。

さて、私たちの知性はたしかに、明晰判明な認識を得る力を持っている。しかしこの力を神のそれとを比較するならばどうだろうか。

たとえば理解の能力を考えてみるなら、私はこれが私においてはきわめて小さく、きわめて限られたものであることをただちに認め、同時に、それとは別のはるかに大きな能力、むしろ最大で無限な能力の観念を形成する。そしてこのような能力の観念を私が形成しうるということから、その能力が神の本性に属することを知るのである。[35]

知性というものは、「私」に明晰判明な認識を提示する。これ以上、疑いえないと思われるような懐疑に耐える認識をもたらす知性は、そのような認識を与えうるという意味では、ある種の完全性を持つ。それはもちろん、神による支えが背後にあるからだ。問題は、それについて明晰判明な認識を得ることのできる対象がきわめて限られるということである。つまり、知性の働きそのもののうちに過誤の原因はないが、その及びうる範囲の狭さが、誤りを引き起こす要因となってしまう。なぜなら、対象の認識を肯定したり否定したり、追求したり忌避したりするような判断は、知性の範囲を越えて及んでしまうからである。このような判断こそが意志に由来するものである。

それでは、このような知性に対する意志とはどのようなものなのだろうか。意志とは「判断の能力」である。そして「意志の本質は、われわれが、あることを、なすこともなさないこともできる〔言い換えれば、肯定することも否定することも、追求することも忌避することもできる〕というところにのみ存する」か、「むしろ、知性によってわれわれに提示されるものを肯定あるいは否定する際、すなわち追求あるいは忌避する際に、われわれが、何ら外的な力によって決定されてはいないと感じてそうする、というところにのみ存する」。[36] つまり、意志とは働きである。私たちは、半分だけ意志するということはできない。迷っている、あるいは躊躇しているという場面を想定できるとしても、それはその都度、二つ以上の選択肢のうちのある一つを選び、選ぶことをやめ、別の選択肢を選び、またそれをやめ……ということを繰り返しているにすぎない。「なすこともなさないこともできる」という表現は、何らかの対象に対してどちらを選ぶことも可能だというのではなく、意志そのもののうちの、対象が限定される以前の性質を敢えて語っているにすぎないからである。なぜなら「なすこともなさないこともできる」ということは、私たちのうちにおける意志の働きに相応する事態ではないからである。意志は常に、なすか、あるいはなさぬか、を選択することしかできず、両方の選択肢を同時的に選び取ることは不可能なのである。

もし「なすこともなさないこともできる」という事態を、意志の能力の可能性とみなし、知性と切り離された形で意志において語るのであれば、その自由、その及びうる範囲のこの上ない広さを意志の本質としてみなすこともできる。ただし、意志と知性とを切り離して捉えることは、その本来の意味、すなわち神における姿からは完全に隔たってしまうであろう。

実際、神の場合において考えてみると、このテクストはより明らかにされる。神とは「ある無限な、独立な、全知かつ全能な、そして私自身をも——もし私の他にも何ものかが存在するなら——他のすべてのものをも創造した、実体[37]」であった。ここで、神の完全性は、一見別々のものとして語られうるかのように見えるが、実はそうではない。なぜなら、「神のうちにあるすべてのものの統一性、単純性、すなわち不可分離性こそは、神のうちにあると私が理解する主要な完全性の一つだからである[38]」。したがって、知性と意志も、神においては、完全に一致しているのである（永遠真理被造説[39]にそれは如実に表われている）。知性と意志とが私たちにおいては一致して働かないのも（なぜなら知性が常に意志に先立つからである）、神における知性と意志との絶対的一致による協働が矛盾に見えてしまうのも、私たちの有限性に起因している。知性と意志という私たちにとっては二つのまったく異なった姿に見える働きを、あたかも一つであるかのように一致させることが、ある意味で神の似姿を実現させる唯一の方法である。もちろん、私たちの知性によって認識されうるものは少数であろうが、少なくとも、明晰判明な認識を得たときに、私たちはそれが実在的なものであると確信できる。そのときに、私たちは「ますます自由に」、可能な限り最も神に近い形で、その認識を肯定するのである。

## 5-4　人間の非決定と神の非決定

知性の及ぶ範囲に意志を限定することによって、誤謬を忌避しうることがわかった。しかしながら、ある事柄を明晰判明に理解した場合に、その事柄を「自由に」選択するとはいかなる事態なのであろうか。人間における自由はいったいどのような事態を指すのであろうか。デカルトはこのように言う。

私が自由であるためには、私がどちらの側にも動かされることは必要ではない。むしろ反対に、私が一方の側に傾けば傾くほど——真と善との根拠をそちらの側において明証的に理解するからであろうと、神が私の思惟の内部をそのように方向づけるからであろうと——私はいよいよ自由にその側を選択するのである。たしかに、神の恩寵も、自然本性的な認識も、決して自由を減少させるのではなく、むしろ増大し強化するのである。(40)

明晰判明な認識は、私たちにとって理解できないか、あるいは曖昧である理由によって、外部的に強制的に一方の側を選ばせるのではなく、内部的に真と偽の根拠を示しつつそれを選ばせる。その圧倒的な明証性が、私たちに自発的にその側を選択させるのである。このときの自由とは、外的な制約や強制から私たちが完全に解き放たれているということである。神の恩寵や自然本性的な認識が自由を強化するのは、明晰判明な理解という内部的な働きに影響を及ぼすからに他ならない。

自発的な自由と比較して程度の低い自由、すなわち非決定の自由が語られるのであるが、この非決定の自由を見るとき、両者の違いはいっそう際立つのである。デカルトは次のように言う。

私をいずれか一方の側へおしやる理由がまったくないときに私が経験するあの非決定は、最も低い段階の自由であって、これは決して意志における完全性を証するものではなく、ただ、認識における欠陥を、すなわち、ある否定を証するにすぎないのである。なぜなら、もし私が、何が真であり何が善であるかをいつも明らかに見るとするなら、どんな判断を下すべきか、あるいは何を選ぶべきかについて、決してためらわなかったであろうし、かくて私は、どれほど自由であっても、決して非決定ではありえなかったであろうから。(41)

一方へと押しやる理由がなければ、一見、私たちはどちらを選ぼうが自由であるように思われる。しかし、一方を選択し、それが誤りであった場合には、上述したような知性と意志の自発的な一致という理想形が実現されていないということになる。反対に、一方を選択し、それが正しかった場合はというと、それは単なる偶然のなせる技であり、知性を働かせていないがゆえに、やはりデカルトの求める自由ではないことになってしまう。

結局、曖昧な認識しか得られない場合に私たちにできることは、判断を保留することだけである。さらに言えば、曖昧な認識を受け入れたり、そのような認識に同意したりせず、むしろ否定したり、同意しないことが求められる。非決定の自由というのは、いわばメタレベルの自由である。知性は、何らかの対象に対して自らが曖昧な認識しか得られないという事態を認識する。そのとき、その対象それ自体に対して非決定となるのだが、その対象について曖昧な認識しか得られないという事態に対しては、今度は自発的な自由とまさに同じように、同意しないと決定する。この意味において知性は自由であり、曖昧な認識しか得られないというそのこと自体は、この上なく明晰で判明である。

この自由の程度の違いに関しても、神との類似あるいは差異という視点を導入することによって、明らかにされる点がある。注目したいのは「第六答弁」における神の自由と人間の自由との決定的な違いを説いた次のような一節である。

意志決定の自由について言えば、われわれのうちにおけると神のうちにおけるとでは、そのあり方が格段に異なっています。というのは、神の意志が、作られたところのもしくはいつか作られるであろうところのすべての事物に対して、永遠の昔から非決定でなかったということは矛盾であるからで、それというのも、善なるものにせよ、真なるものにせよ、あるいはまた信ぜられるべきもの、あるいはなされるべきもの、あるいはやめられるべきものにせよ、神の意志がそれら〔の本性〕がそうなるという事態をしつらえるべく自らを決定するに先んじて、それらの観念が神的知性のうちにあったというようなものは何ら仮想することはできない、からです(42)。

すなわち、神は全能であり自由であるのだから、たとえ真理であろうと、時間的論理的順序であろうと、神を従わせることは不可能なのである。知性が常に先行する私たちにとっては矛盾とも見える事態であるが、何事も神が欲するからこそ、真となる。まるで主意主義とも受け取られかねない主張がここではなされている。よって、神の非決定が人間のそれと格段に異なるのは、何ものにも神の意志が縛られないというその一点に尽きるのである。

一方、人間には、何かを欲したからといってそれを真にできるほどの力も、意志の大きさに合わせて自ずと知性の大きさが広がっていくという力も、備わっていない。人間に可能なのは、次の二点である。第一に、明晰判明な認識をそのように判断すること、つまり知性に意志を一致させること。これがある種の神の似姿であるのは、規模もまたレベルも格段に異なっているうえに、神がすでに真や善の基準を定めており私たちはそれに従わざるをえないのではあるが、外部的な強制や制約からは自由となり、上述の神の非決定に似た状態を具現化しうるからである。第二に、もし明晰判明な認識を得られないならば、判断を保留すること、意志をその対象そのものに対しては発動させずに、意志そのものとして働かせることができる。この自由は、第一の自由よりも低い段階にある。なぜならば知性と意志の一致という神の似姿である自発的な自由を実現できないからである。それは知性の対象が曖昧であり、その対象にとらわれてしまうからである。それでも自由と言われうるのは、対象が曖昧であると知性が認識したそのものは、不完全性の現われと言えよう。そのような外的な力に意志が影響されてしまうのは、観念そのものが明らかであり、それに対して同意しないようにしたり、否定したりするのは、人間になしうる完全性の一種だからである。神による真や善の基準が定められている以上、実在する対象を明晰判明に認識し、それを肯定したり、それに従ったりすることが、人間に求められている理想的な形である。

## 5-5 求められる主体性

こうして、神と私との間に存する或る種の類似と決定的な断絶とが明らかとなった。知性が明晰判明な認識を得ることと、意志がこれ以上想像できないほどに大きなものであるということは、私のうちにおける或る種の完全性である。それに対して、知性が手に入れることのできる明晰判明な認識が多くはないことと、知性と意志とを協働させる場合に知性が常に先んじてしまうこと、両者を統一的に考えられないことが私たちの限界であると言える。前者について神のある種の似姿を宿している私たちであるが、後者によって誤謬を犯す危険にさらされてしまう。しかしながら、私たちがまったく誤謬を犯さない存在であったならば、あるいは逆に常に誤謬を犯してしまうような存在であったならば、自らと神との類似点を探究することも、それによって決定的な断絶を知ることもなかったことであろう。

私は誤謬を犯す。しかし私は常に誤るわけではない。私は「誤りを犯す危険に常にさらされてはいるが、判断を保留することによって、それを避けることもできる」のであり、もし仮に何か誤謬を犯した場合には、「なぜ私は誤ったのか」と自分自身に問うことが可能である。その問いが、改めて、私たちの知性の限界と、意志の大きさを確認する作業へと私たちを導き、さらには、知性と意志を一致させれば誤らないこと、知性が曖昧な認識しか得られないときには判断を保留すること、という私たちがなすべきことを提示する。そのときに、私たちは常に神を意識せざるをえないであろう。これはこの上なく主体的な歩みである。何らかの認識に対するこのような具体的な歩みのそれぞれが、私たちがどうあるべきか、私たちの主体としての完全性をどう実現すべきかという問いへの答えとなるのだ。

### 5-6 見かけの自由

以上のように、デカルトは自由を知性と意志の一致に見る。ここから二つの考えが引き出されうる。第一に、デカルトは誤謬と関係づけて自由を論じたが、ハイパーテクストを接続する際に私たちが目指すのは必ずしも誤りのない「真なるテクスト」を作り上げることではない。真偽に重きを置くデカルトと、むしろ創造性を重視しようとする私たちの間の、最も大きな違いがここにある。ただし、自由それ自体に目を向けたとき、それを知性と意志の一致に求めることに大きな意義がある。これが第二の点である。もし、私たちがより大きな自由を求めるのであれば、知性の及ぶ範囲を広げることが要請されるであろう。[43] なぜなら、意志はすでに（神の似姿であるかのように）無際限に広くその力を発揮することができるのに比して、その及ぶ範囲が小さいのが知性の力であるからだ。それゆえ、第Ⅳ部で詳細に展開するように、集合的知性における相互的修習の重要性が理解されるであろう。学ぶことによって、私たちはいっそう自由になるのだ。この意味において、私たちは集合のうちへと「知」

という観点を引き入れることができる。これが知性と意志の一致に自由を見ることの大きな利点である。このように考えるならば、単なる選択肢の豊富さは、デカルトにとって自由ではなく、むしろ、私たちを混乱させる原因にすぎないことがわかる。

私たちは（一見多く見える）選択肢を前に自由を勝ちえた気分を味わう。しかし、それはデカルトの求める自由ではない。それだけではない。すでに述べたように、情報量が増えれば増えるほど、私たちはむしろカオスに置き去りにされ、茫然としてしまうのである。そして、手近な、目の前に差し出される選択肢の一つを選び取り、あたかもそれが自らの自由な選択であるかのように錯覚する。しかし濱野智史も言うように、私たちはアーキテクチャによって、(44) 気づかぬうちにそのように行動させられているだけなのかもしれない。理性を越えるところにまで意志を及ぼしてしまう代償に、私たちは目に見えない枠組みに押し込められてしまうのである。そのとき、閉じたリンクよりもさらに閉じた世界に私たちは閉じ込もることになる。問題は、構造としてハイパーテクストであることと、テクストをハイパーテクストとして扱うことを同義的に扱ってはならないということである。構造的にハイパーテクストであっても、無意識にリニア以上にリニアにテクストを追ってしまったり（つまりすでに付けられたリンクを仕向けられた通りに辿ってしまったり）、あるいはもはや明確な道筋や文脈すら見つけられないような仕方でサイトからサイトへのジャンプを繰り返してしまうことは珍しくないのだ。

以上のように、レクチュールの主体はそれほど〈自由〉でもなければ、常に創造的な読みを実現しているわけでもない。ハイパーテクスト理論はややもすれば、自由や相対性を強調し、既存の枠組みや価値観を崩す画期的な側面を称賛する。しかし、デリダも言うように、現代思想は決して「なんでもいいから」《n'importe quoi》という領域を称賛したことなどなかったのだ。(45) ランドウはデリダを引きながらあたかもデリダ理論の現実化としてハイパーテクストを積極的に評価するが、当のデリダはその点に関して慎重である。その点を踏まえれば、バルトであれデリダであれ、決して行き過ぎた相対化を認めているわけではないことがわかるだろう。

こうして私たちは改めて次のように問う。レクチュールの主体としての読み手は、本当に作者を凌駕しうるのかということにある。たとえ創造的と言われるほどの読みを提示したとしても、読み手はあくまで読み手であって、書くという厳しい行為に匹敵するほどの読みは不可能なのではないか？　レクチュールがエクリチュールへと変容するその変わり目には、大きくはないがしかし、飛び越えなければならない断絶がある。レクチュールをレクチュールのままであらしめようとする力は、小さなものではない。その力に抗ってエクリチュールという別の段階へと移行しようとするときには、その断絶を越えなければならない。これが一つめの問題である。

もう一つの問題は刹那性である。ハイパーテクストは、「一連の決断から生じる」[46]ものである。作品に寄りかかって読み進めることのできた古典的テクストでは求められなかった能動性を、読み手は発揮しなければならない。ハイパーテクストにはもはや中心がなく、テクストを求心化する点はその都度変わるからである[47]。古典テクストにおいて言われていたテクストの内と外、たとえば一つの作品に対する二次的な注釈という位置づけだけを主張することはもはやできない。ハイパーテクストにおいては、逆に、注釈書を中心に置いたときに放射状に広がるテクスト群を考えることもできる。もともとの作品と注釈書の間の優劣や、重要性の違いなどは、固定的なヒエラルキーにおいて語られない。何を中心に置くかによってリンクは変化し、それぞれのリンクがいわば同じ価値をもって私たちの前に現われるからだ。脱中心化されたハイパーテクストは、誰がどのようにリンクするかによってその現われ方が変化する。一つのまとまりが形成されたとしても、それは瞬間のことであり、刹那的である。それだけではない。一つのレクチュールは、意識的に保存されない限り、消えていく。このような瞬間のレクチュールから、果たしてエクリチュールに繋がるようなテクストが生じうるのだろうか。

## 6　能動的レクチュールのために

インターネット上のテクストは、否応なしにハイパーテクストとなる。しかしそれは単なる構造として、単なる可能性としてである。テクストを開かれたものとするためには、テクストにアクチュアルに関わる者が、能動的に働きかけエネルギーを備給する必要がある。そうすればこそ、テクストから意味が立ち上がるのであり、何らかのまとまりが生まれるのである。翻ってテクストが一つの力を持ち、私たちに働きかけ、私たちは敢えて受動的となることによって学ぶことができる。それが、惰性的なレクチュールと創造的なレクチュールを分ける鍵となろう。そして、創造的なレクチュールのみが、エクリチュールへと接続しうる道を拓くのである。

注（8）でも触れたように、伝達が目的であるとき、デジタルはこの上ない正確さでそれをやり遂げる。コピーのコピーのコピー……はどこまでも続くことであろう。しかし、切り貼りされながら、それも次々と別の背景や文脈にテクストの断片が載せられていくのであれば、いわば〈オリジナルのテクスト〉にはなかった何かが入り込んだり抜け落ちたりするに違いない。それをノイズとして片づけるのではなく、むしろ、単なる伝達を越え出る契機とすることができる。すなわち、コピーが繰り返される過程で、もともとのテクストが改変される場合に、それを原テクストの瑕疵と見るか、あるいは逆に、原テクストから派生した興味深い変容として見るか、という問題である。大多数の場合は単なるコピーペーストに終わっているとしても、派生したテクストが原テクストを凌駕する力を得たり、原テクストよりも多くの読み手を惹きつけたりということはありうる。そうだとすれば、コピーが完全になされていないテクスト、いわばノイズの含まれる複製が、そのノイズを積極的に評価することによって、テクストの別の面を見せるということがあるのだ。そのとき、ノイズはもはやノイズではなく、

テクストを別の段階へと導く原動力となり、ときには原テクストよりも中心的な位置を占めることすらある。どれほど平凡で型にはまった読みであっても、読む行為は、単なる可能から実在への運動に位置づけられるものではない。意味を付与するということは、もともとのテクストからはみ出し、別のテクストへのリンクをつけ、読み替えることだからである。レヴィは言う。

レクチュールという行為は、あるテクストの意味の一つのアクチュアル化であると言える。それはアクチュアル化であって実現 réaliser ではない。なぜなら、解釈は創造という排除できない部分を含んでいるからである。[48]

たとえ、〈文字通りに〉テクストを解釈したところで、テクストを言い換えたり、編集したり、別のテクストと結びつけたり、連想を働かせたりするのであれば、読みはヴァーチャルからアクチュアルへの運動の中で理解されるべき行為である。解釈はどれほど月並みなものであっても、そこには創造の萌芽が含まれる。たとえ芽吹くのにさらに時間を要するとしても、その兆しを無視することはできないのだ。

ここでは、バルトが読書の複数性について述べている箇所が参考になるだろう。バルトは次のように考える。一つのテクストを再読することは、同一のテクストにおいて新しいテクストを獲得することである。同じテクストであっても、再読によって、別の意味づけをなし、別の視点を生み出し、別の解釈を施すことが読み手には可能なのである。ただ単に、テクストを「消費」するだけの読み手に対し、テクストを「増加させる」このような読み手も存在する。[49]後者は作者にもなりうる読み手であり、そのときレクチュールはエクリチュールへと変容する。

その意味で、ある一つのレクチュールはアクチュアル化でもあり、ヴァーチャル化でもある。ある一つの解釈を提示するレクチュールは、アクチュアル化の相の現われだと言える。しかし、その読みはまた、他のテクスト群や言葉の海へと絡め取られ、ヴァーチャル化する。一つの読みというアクチュアルな解決は、再び疑問を呈されたり、別の文脈に位置づけ直され問題にされたりして、そこにとどまることはない。読み手のなす解釈は、何か確固とした不動のものではなく、そのときは砂を集めて山を作るように一つの高みを実現しても、すぐに波によって崩されて起伏のない砂浜に戻ってしまうように、永続的なものではないのだ。しかし、そこに読み手がいる限り、砂山はまた、前とまったく同じではなく、別の形で、あるいは別の場所で、別の砂粒の助けを借りながら、形成されることだろう。砂山が波によって崩されるとは、別の問題意識へと投げ込まれることである。しかし、そのような問題意識のもとで、別のアクチュアル化――別のレクチュールがなされ、アクチュアル化とヴァーチャル化のとどまることのない運動が繰り返されていくのだ。

ただ単に、テクストがデジタル化されることがヴァーチャル化なのではない。デジタル化され、インターネット上に載せられたハイパーテクストに、「人間」が介入することが重要なのだ[50]。人間が関わることによって、テクストのヴァーチャル化を本当の意味で語ることができる。そもそも、サイバースペースをサーフするのは、誰か。「人間」である。ネットサーフィンするときに、主体としての人間は、検索をしたり、選択をしたり、ジャンプしたり、結びつけたりする。そのような様々な行為を通して、自分なりの〈航海〉をするのだ。

ただし、ここで人間の介入を一面的に捉えてはならない。テクストと主体としての人間を二つの項として分けて考え、どちらか一方のみを見るのであれば、テクストをめぐる運動、レクチュールとエクリチュールから生ずるテクストの全体像を摑むことができないからである。二項のうち、人間の側に重点を置くならば、人間が何らかの意志の力によってテクストを紡いでいく姿を見ることができる。しかし逆に、テクストの側に視点を移すならば、テクストに潜む力、身体化した思想が主導権を握るかのように、別のテクストと結びついたり増幅したりするように見えるだろう。しかしこれはただ一つの事象であって、テクストと主体の一体化、いわば情報体（entité informationnelle）をそこに見出すべきなのである。テクストと主体が一つの働きとして運動し始めるとき、私たちはその動きを一挙に捉えることに失敗して、二項のうちのどちらか一方のみに注目したり、あるいは二項を働きではなく一つの対象として見てしまったりするのである。対象化された主体やテクストには、物理的存在や固定化された側面という印象が付与される。そこにはもはや運動はなく、テクストや主体の抜け殻のみが残される。

アーレントは次のように言う。

偉大な思想家の中で、ソクラテスだけが自分の思想をあえて書き記そうとしなかったのは、この点も彼のユニークなところであるが、ともかく、ソクラテスの重みを増している。というのは、思想家が永遠なるものにどのように係わるにせよ、自分の思想を書き記すために机に向かう途端、明らかに思想家は、とりもなおさず永遠なるものに係わることを中断し、自分の思想の痕跡をなにがしか残すことに注意を向けるからである。この場合、思想家は〈活動的生活〉に入り、この生活の永続性と潜在的不死のほうを選んでしまっているのである。(51)

ソクラテスは、対話者との間に生まれる動的なやり取りの中に哲学の本質を見た。対話はリアルタイムで行なわれ、対話者の反応如何で対話の進むべき方向も異なってくる。もし、ソクラテスが何事かを読み手に伝えようとして、対話を書き留めようとするならば、それは対話を行なうこととはまったく異なる営みとなろう。そこでエネルギーが注がれるのはテクストであり、読み手の存在であって、もはや対話者でも対話それ自体でもないからである。

プラトンが師に代わってテクストとして対話を記すとき、そこでは重要な何かが失われると同時に、ソクラテス自身が書き記したのでは得られなかった何事かが付け加わる。失われた何かとは、リアルタイムで生まれるダイナミズムであり、緊張感である。しかしながらそこで付加されるのは、プラトンがソクラテスの意図を完全には把握できない（いかなる人間も他者の意図を余すことなく把握することなどできないであろう）がゆえに、プラトンの引く補助線によって、ソクラテス自身も気づかないソクラテスの姿である。プラトンの目を通して、かえってソクラテスの別の側面が浮き彫りにされるのだ。

この意味において、思想家がアーレントの言う「活動的生活」に入ることは一概に非難されるべきではない。そもそも活動的生活とは、「なにごとかを行うことに積極的に係わっている場合の人間生活のこと」であって、「この生活は必ず、人びとと人工物の世界に根ざしており、その世界を棄て去ることも超越することもない[52]」のである。人々と人工物の世界に根ざすということは、まさに人々が共生している社会において、活動的生活が営まれることを意味する。プラトンが身体化したソクラテスの思考に関わるテクストは、時を経て私たちの前に現われる。私たちはプラトンの描くソクラテスについてのテクストと一体化し、情報体を形成し、また別の形の思考を練り上げていくであろう。

テクストと主体が一体化したものとしての情報体は、他の情報体と接続したり、他の情報体から影響を蒙ったり、何らかの力を与えたりする。そのとき、一方が能動となり、他方が受動となることによって、作者と読み手の地位が決定する。しかし、その関係は固定的なものでも永続的なものでもない。両者の関わりは、一つの情報体を形成し、能動と受動は絶えず入れ替わる。このときの受動とは、敢えて受動的となる受動であって、惰性ではない。惰性的レクチュールは、放っておけばそうなってしまうような読みである。能動的受動に基づくレクチュールは、対峙するテクストをひとまず受け入れるが、そこにとどまることのない読みである。いったんは、読まれたテクストが潜勢したとしても、それはヴァーチャル化なのであって、そのようなテクストはアクチュアル化されることを待っている。

こうして、私たちは情報体が増幅したり収縮したりする様子の中に、接続したり接続を切ったりする運動の中に、集合的知性の可能性を見る。そのとき主体がいかなる存在となるのか、主体が単数ではなく複数的に、より正確に言えば集合として存在する可能性はあるのかどうかを問わねばならない。

同時に、テクストや読み手や書き手といった主体の持続性は、テクストに痕跡として残されている身体性、第三章で見た思考の身体性に求めることができる。私たちはそこで、知というものが物化されて捉えられてはならないという主張に加え、しかしながら知が表現される際にいったん、テクストのうちに沈潜するという側面を見た。この意味において、ハイパーテクストは、様々な知や思考や情報の身体化である。まず第一に、テクストが何らかの物理的支持体に支えられて私たちの前に現われるという意味で、第二に、そこには作者の身体性が、ごくわずかではあるが、痕跡として残されているという意味でそうなのである。重要なのはこの第二の点であって、ハイパーテクストを様々な情報の身体化と考えることにより、私たちは読者と作者、レクチュールとエクリチュールに対して、別の側面から光を当てることができる。

「人間」が介入することによってテクストに意味が与えられると言うとき、私たちはテクストと人間の二項対立をそこに見る。しかし、テクストを思考の身体化として捉えるとき、読者の介入、あるいは作者の介入は、そこにおいて一つの情報体を生み出す、いわば二元論の合一の次元として語ることができる。そして、思考の身体化であるテクストが独自に繋がりや接続を求めることも、テクストが読者や作者自身に働きかけることも、時間空間を超越したハイパーテクストが、別の主体と関わり、情報体を形成することも理解できるようになる。

それはまた、作者と読者の一体化でもあり、作者と読者がテクストを介して一つの情報体を作り上げることともなる。さらに言えば、作者も読者も複数でありうるし、テクストもまた複数でありうる。徐々に俯瞰的視点の高度を上げていくことによって、ついには様々なテクストや主体を含み込む多層的で多元的な集合であり一つの情報体へと到達することができる。これが集合的知性でありポリフォニックな世界なのである。このような集合的知性については、とりわけ倫理的視点から第Ⅳ部において検討されるであろう。

(1) バルト『S/Z』(Barthes, *S/Z*) やエーコ『開かれた作品』(Eco, *Opera aperta*) を参照のこと。

(2) 米山優『情報学の基礎』二六八頁。

(3) ランドウは次のように、ハイパーテクストを定義づけている。「ハイパーテクストという術語はテクストのいくつかのブロックから成り立つテクスト――バルトが「レクシ」と名づけたもの――とそれらを結びつける電子リンクを意味する。「ハイパーメディア」とは、画像情報、音響、アニメーションや他のデータの諸形態まで含めることによって、ハイパーテクスト形式のテクストという考え方を単に拡張したものにすぎない。ハイパーテクストは、言葉でできた部分を別の言葉の部分とリンクさせるのと同じくらい容易に、画像やマップや図や音響とリンクさせる。このハイパーテクストが、テクストの概念を言語だけから成り立っているテクストを超えたところにまで拡張させて以来、私は、「ハイパーテクスト」と「ハイパーメディア」の区別をしなくなった」(ランドウ『ハイパーテクスト』一二頁、Landow, *Hypertext*, p. 4)。バルトの「レクシ (lexie)」(短いテクストの断片) については『S/Z』一六－一七頁 (Barthes, *S/Z*, p. 129) を参照せよ。

(4) 主体に関する議論は第四章を参照のこと。

(5) アリストテレス『詩学』三九頁 (Aristoteles, *De Arte Poetica*, 1450b20－30)。

(6) 同書、四二頁 (*Ibid*., 1451a30)。

(7) ランドウ、前掲書、一二頁 (Landow, *op.cit*., p. 4)。ランドウは第一章において、現代批評理論との関連を強調しつつ、ハイパーテクストの大まかな定義をしている。

(8) コピーされるときのノイズを積極的に解釈する可能性を探求することもできよう。詳しくは本章**6**を参照のこと。

(9) ランドウ、前掲書、二二頁（Landow, *op.cit.*, p. 10）。

(10) Barthes, *La mort de l'auteur*, pp. 41 - 45.

(11) Barthes, *De l'œuvre au texte*, p. 912.

(12) これが第五章で問題化した、人々が一般的に抱いている〈リアリティ〉概念である。

(13) 松岡正剛『知の編集術』三七頁。

(14) 同書、四六頁。

(15) 松岡正剛『知の編集工学』一四頁。

(16) 同書、一七頁。

(17) Barthes, *De l'œuvre au texte*, p. 912.

(18) ベルクソン「可能性と事象性」『思想と動くもの』一五三頁（Bergson, *La pensée et le mouvant*, p. 111）。

(19) レヴィは、可能‐リアルの運動を、計画が予定通り実行されるようなもの、設計図からそのまま製品が作られるようなものとして位置づけている。可能性に欠けているのは存在だけなのである。しかし、ヴァーチャル‐アクチュアル運動には、単なる実現や実行にはない創造性を見ようとする。ベルクソンが可能性から事象性への運動に見たのは、このような創造性であった。詳しくは第二章を参照のこと。

(20) 和辻哲郎『倫理学（一）』八〇頁。

(21) 米山優『自分で考える本』一〇三‐一〇四頁。

(22) ここでデカルトが述べる神は、信仰の神ではなく哲学の神であることを念頭に置くことが重要である。デカルトは神に関して、神学の領域（たとえば啓示など）に介入することは望まなかったが、人間理性によって検討しうる事柄については積極的に自らの意見を述べている（メルセンヌ宛一六三〇年五月六日付書簡、AT. I 147 - 150）。

(23) たしかにデカルトは繰り返しこのように表現する。たとえば「第四省察」のAT. VII. 55、AT. VII. 60、AT. VII. 61を見よ。

(24) デカルト「第四省察」AT. VII. 53。
(25) 同書、AT. VII. 53 - 54。
(26) 同書、AT. VII. 55。
(27) デカルト「第五答弁」AT. VII. 374 - 375。
(28) デカルト「第四省察」AT. VII. 54 - 55。
(29) 同書、AT. VII. 54。
(30) 同上。
(31) 同書、AT. VII. 56。
(32) 同書、AT. VII. 58。
(33) 同書、AT. VII. 57。
(34) 同書、AT. VII. 43。
(35) 同書、AT. VII. 57。
(36) 同上。
(37) デカルト「第三省察」AT. VII. 45。
(38) 同書、AT. VII. 50。
(39) デカルトは数学的真理について、真理だからこそ神がそれを永遠と定めたのではなく、神がそれを真理と認めるからこそ真理となると主張する。いわば、主意主義に見える立場を取るのである。ただし、神の意志と知性とは完全に一致しているのであって、「主意主義」という表現は正確ではない。
(40) デカルト「第四省察」AT. VII. 57 - 58。
(41) 同書、AT. VII. 58。
(42) デカルト「第六答弁」AT. VII. 431 - 432。
(43) ただし、ここで「知性の及ぶ範囲を広げる」と言ったときに、知性を量的に捉え、知性の範囲の拡大をたとえば知識量の増大とみなしてしまってはならない。むしろ、第三章で検討したように、知ろうとする欲望や、思考する力、潜在する知の力といったものをここに見るべきである。

（44）濱野智史『アーキテクチャの生態系』第一章を参照のこと。

（45）デリダ『パピエ・マシン（上）』五一頁（Derrida, *Papier Machine*, p. 30）。

（46）レヴィ『ヴァーチャルとは何か？』四二頁（Lévy, *Qu'est-ce que le virtuel?*, p. 40）。

（47）ランドウ『ハイパーテクスト』一二一頁（Landow, *Hypertext*, p. 69）。

（48）レヴィ、前掲書、四二頁（Lévy, *op.cit.*, p. 39）。

（49）Barthes, *S/Z*, pp. 130 - 131.

（50）レヴィは「コンピュータ的な過程だけではなく、人間 - 機械の組み合わせを考察するかぎりにおいてのみ、問題提起というものはあるのだ」と述べている（レヴィ、前掲書、四二頁、Lévy, *op.cit.*, pp. 39 - 40）。

（51）アーレント『人間の条件』三五頁（Arendt, *The human condition*, p. 20）。

（52）同書、四三頁（*Ibid.*, p. 22）。

# 第Ⅳ部　社会的連繋

二元論再考に基づき、知や主体、情報やハイパーテクストについて分析した後、私たちは最終的にサイバースペースにおける具体的な集合体の可能性を問うことになる。それは、私と他者との関係を再問題化することであり、いわばサイバースペースにおける新たな倫理を構築することでもある。ここでは敢えて、サイバースペースの未来を理想的に語る。私たちはどのように他者と連繋しうるのか、どのように「私」とともに「他者」を活かしうるのか、全体を、各々個のレベルで見たときも、集合のレベルで見たときも、どちらも見事な形で成立させうるにはどうすればよいのかを問う。これら対立しうる両者をまとめ上げるのが情報体という概念である。「私」でありながら「他者」でもあるということ、個でありながら全体でもあるということを両立させることを試みる。

# 第七章　相互的修習

私たちはすでに、集合における評価システム「知識の樹」という一つの提言を見た。その一方で、「知」のあり方が単に情報の受け渡しに還元されないという点も考察した。以上を踏まえたうえで本章では、相互に学び合うという関係が、どのように具体的に実現されうるかを見ていく。[1]「私」と「他者」が対立しない、しかも、「他者」を「私」へと還元してしまわないような関係の可能性を探求する。

## 1　脱領土的コミュニケーション

現在の情報化社会、とりわけサイバースペースは、これまで国境、地域、職業、身分、文化といった属性や限界に縛られていたコミュニティとは根本的に異なる新たな関係を構築する可能性を持っている。すなわち、この新たな空間は、伝統的な枠組みにとらわれない脱領土的な（déterritorial）[2]相互コミュニケーションへの道を拓こうとしている。その可能性を現実のものにできるかどうかが、まさに今、問われているのだ。

サイバースペースの大きな特徴は、後に見るように、既存の価値観やヒエラルキーとは別の枠組みの中で人々が出会うということである。私たちは、現実世界の名前や身分を明かすことなく相互に関わることができる。それを肯定的に受け止めるか、否定的に捉えるかによって、今後の情報社会における態度が決定されてくるだろう。問題は、サイバースペースにおける私たちのあり方、翻って他者のあり方をどのように理解するかにある。サイバースペースにおいて開かれた対等なコミュニケーションが可能であるか否か、言い換えれば、匿名の他者、見知らぬ他者とどのように関わっていくべきかという問いに、私たちは向き合わなければならない。

ここではまず、見知らぬ者として私たちの前に到来する他者をどのように捉えるべきかを考察する。その際、他者理解のあり方を三つに分類することが有効であることを示す。ついで、どのような他者理解をするかによって、サイバースペースにおける振る舞い、とりわけ倫理的振る舞いが決定されていく様子を見ていく。最後に、一部の限定された人々にとってではなく、あらゆる人々にとって開かれた対等なコミュニケーションが成立する可能性を検討する。そのとき、交換される情報をどのようなものとして理解するかが鍵となってくるだろう。サイバースペース上に現われる他者と、どのように関わり、どのように情報をやりとりしていくべきかという問いを、私たちは倫理の問題として論じていく。

## 2　これまでの情報倫理学

上述の問いは、言うまでもなく、これまでの情報倫理学において、すでに重要な問題の一つとして論じられてきた。簡単に概観したい。これまでの情報倫理学はむしろ、サイバースペース上で実際に起こっている問題にどう対処すべきか、という視点で議論を展開しているように思われる。たとえば、著作権の問題（知的所有権の問題）やいわゆるネチケットといったネットワーク上での振る舞いやモラルの問題、あるいはプライバシーや個人情報保護といった問題がそれである。

現実に不利益や被害を蒙っている人々がいる以上、このような問題、いわば実際の法規制をどのように整えていくかに直接関わる問題を、現状を踏まえて具体的に論議していくことはたしかに重要である。[3] また、実際的な問題にその都度対応するがゆえに、最も合理的であると思われるに違いない。たしかに、大きな物語が終焉したと言われる現代では、超越的な基準や第三者の審級といったものに訴えて倫理を語ることは難しくなってしまっている。[4] 一部の限られた共同体の中では、宗教や国家による倫理的基礎づけということが今でもあるいは可能かもしれない。しかしながら、サイバースペースという広大な空間、それも国や文化の境界を越えたコミュニケーション空間におけるそのような超越的な価値基準の措定は、非現実的である。このように考えるならば、個別の具体的事例に対応しようとする応用倫理学としての情報倫理には果たすべき役割があるが、本論の主旨はそこにはない。

問題は、具体的諸問題に対する解決の目指すものが予め決定されているならば、大きな変化に対応することが難しくなるということだ。なぜなら、私たちには想定していなかった問題が生じうる可能性が常に残されるからである。応用倫理学的方法では、短いスパンにおいて個々の問題に効果的に対処できるという利点がある一方、諸問題は不利益への対処という観点から扱われ、それ以上生産的な議論へと結びつけることが困難になってしまう。たとえば、既得権益の保持が予め目的とされるとき、その権利や利益が基づく枠組み自体を疑問視するには決して到らない。

サイバースペースという新しい空間における倫理を考える際、その新しさゆえにこれまでの方法では対応しきれない部分が出てくる。従来の枠組みを越える問題に出会ったとき、そこへと差し戻して再考察できるような基盤もまた必要であろう。[5] それが新たな倫理的可能性を探求する端緒となる。

ピエール・レヴィは、サイバースペース上で生じる問題を否定的に捉えるのではなく、新たな解決をもたらすための踏み台としてみなすことを提起する。このような問題は、レヴィによれば「ヴァーチャル化」の本質を明るみに出すものである。[6] サイバースペースにおいては既存の区別や限界が流動化され、今まで問われなかった、あるいは気づかれなかった問題の相が発見されるとレヴィは解釈する。こうした過程が「ヴァーチャル化」と呼ばれるのである。一方、ヴァーチャル化に対置されるアクチュアル化とは、このように提起された問題に創造的解決を与えることである。創造的解決というのは、つまり、予め選択肢として解答が準備されていないということだ。問題提起的なヴァーチャル化という運動において、これまで気づかれることのなかった視点や問題意識が生まれる。その問いに対して、私たちは新たな解決を模索する。第三章で検討したように、一対一対応の問いと答えの範疇にとどまらない問題提起とその創造的解決がありえるのだ。後に詳しく検討するが、この二重の創造性こそが、新しい観点から倫理を論じる際に大きな助けとなる。こうした創造性は、短期的な視点からの問題提起とその解決にとどまらない考察をする可能性を生む。すなわち、ヴァーチャル－アクチュアルの運動において論じられる情報倫理は、解決だけでなく、〈問題〉そのものも創造的であり未知であるがゆえに、より幅広い事柄に対応しうる基盤を形成しうる。ヴァーチャル化という視点に立った場合、〈問題〉はむしろ積極的に模索され、問題の発見がすでに生産的なのだ。私たちはサイバースペースやそこに現われる他者、交換されるメッセージといったものをヴァーチャル化し、またそれに対する解決（すなわちアクチュアル化）を目指すところに見出される倫理について、これから見ていくことにしよう。こうした立場からすれば、個々の具体的な知識や情報の背後にあるものについての、一見迂遠にも思われる考察が、結局のところ倫理を語る際の近道となりうるのである。

私たちが提起するサイバースペースの倫理を語る方法は、実際的な法のレベルで論じられるというよりもむしろ、一つの問題提起（problématique）として、あるいは礼節（politesse）や態度として語られる。このような倫理の語り方は、法として人々を強制するものでも、命法として外部の超越的権威や価値に従わせるようなものでもない[7]。重要なのは、コミュニケーションの新たな形態に即した倫理を探求し続けるということだ。その探求し続けるという態度が倫理の実践となり模範となる。

この二つの立場、すなわち法整備を目指す立場と新たな倫理を探求する立場について、どちらが優先されるべきかだとか、どちらがより有効かといった議論は無意味であろう。なぜならこの二つはレベルの異なる視点であり、それと同時に両者は相互補完的でもあるからだ。実際の法整備が進められる一方で、それでもなお、既存の枠組みや見方を変更しうる可能性を含んだ議論もなされるべきである。両者が互いの議論に影響を与えつつ、与えられつつ、いわば直線の両極端から中央を目指すようにして、倫理や法を語ることが重要なのである。私たちがここで進めていきたいのは、サイバースペースにおける人々の新たな社会的関係をどのような倫理の下で語るのかという議論である。そのためには、これまでの社会的関係を根底から変えてしまうサイバースペースとはどのような空間であるのかを私たちは見極めなければならない。

## 3　サイバースペースの特徴

### 3－1　多層的世界

私たちはかつて、自分が物理的に占めている場所の制限から逃れることができなかった。誰かと話をしたり情報伝達をするためには、必然的に場所の移動を伴ったのである。当然のことながら、コミュニケーションする相手や出会う人々も限られていた。もちろん、口頭で誰かに伝言を頼みメッセンジャーがそれを伝えるということもあるが、それでもやはり、メッセンジャーは物理的に移動しなければならなかった。しかし文字の登場とともに状況は変わり始める。

自分自身はその場にとどまりながらも、自分のメッセージが〈直接〉相手に伝えられる。また書物が著わされることによって、情報はそれまでとは大きく異なる規模で広まることになる。文字情報は著者の死後も残され時間と空間を越えて伝達される。このときすでに、私たちの持つ空間概念は単なる地理上の距離のみで計量できるものではなくなっていた。私たちの持つ時間概念もまた、情報伝達に関して大きく変容したのであった。

しかし「文字の文化」が「声の文化」を完全に駆逐してしまうわけではない。むしろ「書くこと」が、私たちの思考やコミュニケーションのあり方を問題化し、それが今度は「語ること」へと差し戻されて、様々な概念が再考されるのだ(8)。インターネットの到来も同様の事態を引き起こしている。

要するに、新しい技術や道具の登場とともに、以前の時間空間概念は変容するということである。その変容に伴って、空間性とは何か、時間性とは何かが問われる。しかしだからといって、それ以前の時間空間概念がすぐさま完全に排除されるわけではない。かつての時間空間概念は、部分的に退けられたり、逆に部分的に強められたりしながら、新たな時間空間概念と共存する。こうして空間理解も時間理解も多層的になっていく。

インターネットの出現により、時間空間概念は一気に変容を促された。ネット上でのコミュニケーションはリアルタイムでなされる。しかもマスメディアのような一対多のほぼ一方向的なコミュニケーションではなく、多対多の双方向的コミュニケーションである。私たちはこれまで出会うことのなかった人々と、空間や時間を超えて出会い、相互にやり取りする。サイバースペースはかつての時間空間理解と対立し、あるいはかつての理解を包含し、あるいは逆にかつての理解によって包含されながら、多層的な世界を構築している。サイバースペースにおける時間空間概念の変容は、すべてを別の枠組みへと変えてしまったわけではなく、時間や空間やそこにおけるコミュニケーションを多様なレベルで並存させるあり方を生み出したのだ。

### 3-2 開かれた空間

初期のインターネット・コミュニティが、相互に助け合い、知的財産を共有しようという理想をある意味で実現していたということから、ネット社会こそが真の平等をもたらし、「開かれた空間」を形成しうる可能性があると期待した人々も少なくなかった。しかし初期とは比較にならないほど多くの人々がネットにアクセスしうる状況となった今、単純なオプティミズムはもはや通用しない。

たとえばインターネットを利用しながらも、従来の人間関係にとどまった閉じたリンクを形成する場合も多々ある。SNS（ソーシャル・ネットワーキング・サービス）における、ほぼ実生活の人間関係がそのまま持ち込まれたような繋がりがそれである。だがそれだけではない。サイバースペースにおいて出会うのが、いわゆる同一的な自己としての他者、自分を一歩も超え出ることのない他者でしかない場合も少なくない。SNSの例で言えば、趣味のコミュニティで出会う人々が、予め自分が求めていたり予測していたりした印象や行動から少しもはみ出すことのない存在であれば、そこでのコミュニケーションはいわば独り言にとどまる。自分の興味や関心から外れた人々とはそもそも出会うこともなく、そのような人々はあたかも世界に存在しないかのように振る舞うわけである。こうしてどこまでも同じような言説が終わることなく再生産され、繰り返され、消費される。このとき、開かれた空間において開かれた関係が築かれているように見えて、関係は実際のところ半分閉じたままに終わってしまっている。そこで形成されているのはベルクソンの言うような「閉じた社会」(sociétés closes)(9)にすぎない。

しかしながら、いわゆる現実世界における空間と大きく異なるサイバースペースの特徴とは、国境や文化、身分や社会的限界を超えたところでのコミュニケーションが可能であるということではなかったか。新しい技術を用いつつもそれ以前の関係性に固執する人々や、新しい技術をいわば悪用しようとする人々の間で、私たちはそれ以外の可能性を敢えて探求することはできないだろうか。もしサイバースペースが新たな関係性を築く可能性を私たちに与えるのであれば、単なる自己の分身にとどまるような者たちだけではなく、より本質的な意味での他者に私たちは出会うことだろう。他者は、身分や社会的地位を必ずしも明らかにせず私の前に現われる。ときには偽ることさえある。いわば匿名性のもとに現われる他者とは、私たちにとっていったいどのような存在なのだろうか。

## 4　匿名性としての他者

まず、匿名性として現われる他者とはどのような存在かという問いから始めたい。ここでは、他者を三つに分類していく。第一の立場は、他者を「畏れるべき者」とみなす。つまり他者は〈私〉に危害を加えうる者であると捉える。よって、〈私〉の権利が侵害されないようにそのような他者から身を守らなければならないということになる。この立場からは、他者は何をなすかわからない存在、〈私〉とはかけ離れた何者かとみなされることになる。〈私〉の理解を常に超える者として現われるのが他者だということだ。これとは逆に、第二の立場は他者を「自己の分身」だとみなす。たとえばコミュニケーションすることで他者と私は理解し合うことができるという理想が語られるのは、この立場においてである。最後に、「畏れるべき者」でも「自己の分身」でもない、第三の視点から捉えられた他者理解が可能であるのかどうかを問う。各視点について、詳しく見ていきたい。

## 4-1　畏れるべき者

畏れるべき者とみなされる他者、中でも他者を危害を加えうる者とみなす立場は、先ほど述べたこれまでの情報倫理学の中に見出すことができる。匿名の他者は、その匿名性ゆえに、〈私〉に危害を加えうる者として捉えられる。あるいは逆に、〈私〉もまた他者に対して（意識的であれ無意識的であれ）危害を加えかねない者とみなされる。その結果、他者のもたらす危険から身を守ることが目指されたり、他者の権利を侵害しないように自分の行動をどのように規制すればよいのかが問われることとなる。たとえば、ヴィリリオはサイバースペースを〈今、ここ〉の脱領土化されたものとみなすが、その特性を批判的に理解する。近接性を無視して構築される関係など信じないというわけである。そこには、匿名の他者を斥け、地縁や血縁で結ばれた、いわば従来の枠組み内での関係を尊重しようとする態度がうかがえる[10]。

このように、多くの社会情報学や情報倫理学における議論では、匿名の他者が積極的に評価されることはほとんどない[11]。匿名の他者は、得体の知れない者として私たちの前に現われ、容易に信頼することを私たちに躊躇させる。もし他者を、第一に危害を加えうる者として捉えてしまうならば、他者との繋がりを拒否する形で、サイバースペースの最大の特性である脱領土性をも否定してしまう可能性がある。そうなってしまえば、もはやサイバースペースを活かす道を探求することすら私たちにとって困難となるだろう。では、場所や地位を越えた関係性に期待すること、すなわち従来の地縁や血縁、職業や身分への信頼を凌駕することはできないのだろうか。言い換えれば、脱領土的であるサイバースペースの特性を生かした新たなコミュニケーションを構築する可能性を探求することはできないのだろうか。

先述したように、初期のインターネット・コミュニティが、相互に助け合い、知的財産を共有しようという理想をある意味で実現していたということから、ネット社会こそが真の平等をもたらし、いわゆる直接民主主義を可能にするという議論もなされた。しかし今は、電子民主主義に対する否定的な見方がむしろ多い。少なくとも、インターネットのおかげで直接民主制が実現したという例はいまだ存在しない。初期のインターネット・コミュニティのメンバーは、アクセスできる人間が限られていたため、結果的にその制限がフィルターとなっていた。つまり、このときのコミュニティで出会う他者は、職業や身分への信頼のもとで現われていたのであって、得体の知れない他者ではなかったのだ。

ところで、いわゆる広義の倫理学は、サイバースペースに限らず、現代社会の多様性の中で他者との共生や公共圏の構築を問題としてきた。そこでもまた他者は、決して汲み尽くすことのできない存在、畏れるべき存在として捉えられることがある。たとえばレヴィナスは、デカルトの神を他者概念として再構成する。他者とは、私の思考から「絶対的に溢れ出してしまう」者であり、どんなに努力しても到達不可能な者として現われる。そのような他者を〈私〉が理解しうる者として語ることはできない。なぜなら他者は私に「所有」されることは決してないからである[12]。このような考えを踏まえたとき、サイバースペース上に現われる他者を、私たちは畏れ続けなければならないことになるのだろうか。たしかに、他者を絶対的な外部に位置づけるレヴィナスではあるが、同時に「歓待性」(hospitalité) という概念[13]についても言及する。すなわち、私たちとは根本的に異なる他者であっても、いや、異なる他者であるがゆえに、心からもてなさなければならないと言うのである。違いを認めながらも、歓待すること、これが見知らぬ他者と正当に向き合う関係を形づくる機縁となるのだ。

他者を畏れるべき者とみなし、私よりも高次なレベルに置き、そこに優越性を見るというレヴィナスの議論は、他者を彼方に置くからこそ私たちは倫理を語ることができるのだと考える人々にとっては肯定的に捉えられている。その一方で、もし他者が絶対的な外部であり、しかも〈私〉よりも優越性を持つ者として現われるのならば、私たちはなぜそのような他者と関わらなければならないのかという疑問を抱く人々もいる。つまりなぜそのような他者を歓待しなくてはならないのかと問いたくなるわけである。歓待すべしの「すべし」の理由づけが容易ではない。また、もし他者が絶対的な外部であるとすれば、たとえもてなそうとしたところで、私たちはいったいどのように他者と関わることができるのか、私たちは他者との関係の端緒をどのように見出せばよいのか、疑問として残ることになる。

### 4-2 自己の分身

では、他者と自分との違いを越えられないものとみなすのではなく、他者と自分との違いを認めて共存しようという立場はどうか。このような立場では、一見、理想的な関係が語られているように思われる。とくに、サイバースペース上では、身分や地域の限界を越えて関係を築くことができる。それゆえ、この新たな空間のおかげで従来の枠組みを越えたコミュニケーションが可能となって、他者と共存していけるのではないかと考える人たちがいる。すなわち、匿名の他者、見知らぬ他者をあえて承認することによって、サイバースペースにおいて「公共圏」を形成する可能性を探求しようというわけである。公共圏とは、ハーバーマスによれば、「コミュニケーションのネットワーク」であり、政治システムと私的領域を媒介する構造を持つ[14]。ここでは、そのような媒介が実際にどのように可能であるかを論ずることはできないが、次のことを指摘することはできる。すなわち、コミュニケーション的行為によって公共圏が構成されているのだとすれば、脱領土的なネットワーク社会が訪れたおかげで、ハーバーマスの言う理想的な発話状況が実現されるだろうと考える人々もいるということである。

違いを認めつつ共存する。そのために私たちはコミュニケーションし続けなければならない。それが私と他者とを結ぶ手段である。一見、理想的に見えるこの主張は、しかしながら、ある種の傲慢さを含んでいる。私の正当性や価値観は当然のものとして前提したうえで、異なる他者も認めてもよいという傲慢さである。そこでは、差違が積極的に評価されることはない。差違は私の正当性や価値観を揺るがすことは決してない。それどころか、差違が私の理解できる範囲に解消され、同化されてしまう可能性すらある。このように考えると、コミュニケーションし続けることで私と他者が理解し合えるという理想には、私と他者との違いをむしろ解消しかねない危険性が含まれていることに気づかれる。そのような理想において、私と他者とは置き換え可能であり、他者が他我となってしまう。他者とは異質な者、自分が必ずしも完全に理解できる者ではないことを意味するが、他我とはもう一人の〈私〉でしかない。脱領土的なサイバースペース上で、開かれた関係を構築するどころか、むしろ閉じた世界を作りかねない。自分に似た者とだけ連繋して満足してしまうおそれがある。ハーバーマスが、道徳的共同体のメンバーである誰もが、すべての他者を「われわれのうちの一人」として扱い、連帯しなければならないと言うとき、「他者の受容」を「他者の他我への解消」としてしまわないために、私たちには慎重さが要請されるのである(15)。

たしかに、コミュニケーション行為が公共圏を再生産していくという考え方からすれば、サイバースペースの特性は積極的に評価される。これまでの（サロンやコーヒーハウスといった）限定されたコミュニティや、マスメディアによって形成されるいわば一対多のコミュニケーションしか許さないコミュニティとは別のレベルの公共圏を作り上げる可能性が生じてくるからである。問題は、サイバースペースにおいて、差違をどのように積極的に認めていくかということである。自己と同一化することなく、かといって絶対的な外部に置くことなく、他者を理解することは可能だろうか。

## 4-3　第三の視点

匿名の他者に対峙したとき、そのような他者を畏れるべき存在として捉えるか、あるいはまた、私の分身として（つまり私に同化しうる者として）捉えるかという、この二者択一の道しか私たちにはないのだろうか。この選択肢以外の道はないのか。すなわち、匿名の他者を自己に取り込むことなく、それでいて私たちに何かをもたらしてくれる者として積極的に捉える道を探求できないのだろうか。これが第三の視点の出発点である。

ところで、広義の倫理学においてはすでに、異なる国籍、異なる文化、性別の違いを越えて私たちはどうやって共生（conviviality）を実現できるかが論じられてきた。すなわち、差別や不平等をなくし、正義（justice）を語るにはどうすればよいかという議論である。たとえば、「《共生》」の理想を実現するためには「各人が互いに相手を、自分とは異なる独自の観点をもった自律的人格として尊重し配慮しあう作法[16]」が必要だと言われる。たしかにこの理想が見事に実現されれば、他者を畏れることのない、しかも〈私〉へと同化することのない関係を築くことができよう。ただし、これを実現するために私たちは何をなすべきか、この理想へと私たちを向かわせる動機づけをどこまで説得的に語れるのかは大きな問題として残されている。以上のような問題意識を持ちつつ、さらには上述の議論が匿名の他者に対しても適用されるか否かを検討しなければならない。ここで注目すべきなのは、サイバースペースの特性である。

そもそも、匿名としての他者が私たちに対して常に、しかも直接現われてくるのは、何よりもインターネット空間においてである。この特性を否定的に捉えるのではなく、積極的に評価し、（レヴィのタームを借りれば）ヴァーチャル化しようとするのが第三の立場である。たとえばレヴィは、サイバースペースの匿名性を肯定的に評価しようとする。私たちはすでに、ヴィリリオが〈今、ここ〉の脱領土化を批判していることを見た。レヴィにとって〈今、ここ〉の脱領土化は否定的な要素ではない。サイバースペースはその脱領土性ゆえに、むしろかえってこれまでの時間的や空間的な帰属や限定を超え出る新たな利点を持った場として評価される。従来の地縁や血縁、身分や職業への帰属意識とは別のところで、言うなら匿名性の世界で人々が出会うことができるのはサイバースペースにおいてより他にない[17]。インターネット上であればこそ、あらゆる人々にとって見知らぬ者と出会う可能性が生ずる。そのとき、まさにこのサイバースペースにおける匿名の他者に対してどう向かい合うかが、あらゆる人々にとって問題となるのである。

レヴィの議論には、他者の匿名性を保持しつつ肯定的であろうとする意志が見られる。他者を何かを「知っている者」、「私が知らない物事を知っている者」、「私が気づかない問題提起をもたらす者」だとみなすのである。ここには他者に対する畏れはもはやない。と同時に、私の知らない事柄を知っていたり気づかせたりする他者に対する積極的な承認がある。なぜなら、他者と私の「未経験の領域」が重なり合わない以上、「他者は私自身の知を豊かにしうる、一つの源泉を象徴している」からである[18]。

こうして、レヴィは何かを知る、あるいは何かを学ぶという行為を基に、他者を尊重する態度を引き出そうとする。これは、単純に多様性を認めようとか、他者を尊重し配慮しようといった抽象論から一歩踏み出した議論である。匿名的な他者を承認するときに必要とされるのが、相互的修習（apprentissage réciproque/reciprocal learning）である。私にとっての他者を新たな知をもたらしてくれる存在と捉え直すこと、あるいは逆に他者にとっての私は新たな知を与えうる存在であると自負すること、これこそがまさに、私にとっても他者にとっても倫理的な態度なのである。

### 4-4　匿名が意味するもの

相互的修習について見る前に、そもそも匿名性とは何かについての考察を試みたい。東浩紀によれば、かつては「なにかを能動的に述べ、書き記し、発表していながら、あえてその責任を負うべき著者の名前を隠すこと」[19]が、匿名性として捉えられてきた。しかしネットに代表される新しいメディアにおいては、新しい匿名性が問題となっている。東はそのような匿名性を「顕名」（実際にこのような表現が使われることは稀だが、匿名に対して名前が顕わになる事態を指してこのように呼ぶ）と対比させて考察していく。サイバースペース上で問題となる匿名性とは、情報を発信する側ではなく受信する側が「自分の意志とは関係なく勝手に名前が奪われる」[20]ことに関係する。すなわち、何らかの情報を入手することで自分の存在が顕わになってしまうときに、剝奪されるような匿名性のことである。ここで東は、私たちの名前が望むと望まざるとにかかわらず流出してしまうことによって侵害されるものを念頭に置いているように思われる。プライバシーの侵害、あるいは見えない管理強化に対する危惧といったものである。

サイバースペース上では一般に、現実世界とは違った振る舞いが可能であるかのような印象を受ける。なぜなら、私たちは現実の名前や顔を明かすことなく、いわば〈自由に〉様々なサイトを訪問し情報を入手することができるからである。さらに、何かを表現するに際しても、まさに匿名のままでいることが可能だ。しかし東は、このような印象は幻想であるとする。実際は、能動的に表現する場合だけでなく単なる読者にとどまる場合であっても、アクセスの日時やＩＰアドレスが記録されている。よって、サイバースペース上での私たちの行動は現実世界におけるよりも容易に明らかにされ、逐一監視されるおそれがある。表現するだけでなく情報を入手したり読んだりするにあたっても、私たちの行動は記録されてしまい、匿名性のもとにとどまることはもはや不可能である。ネット上での振る舞いは現実世界とは違って、名前が明かされないがゆえに〈自由〉であるという幻想を抱く者にとっては、東の警告は有効であろう。だが私たちは東が拘泥する「名前」とは違ったレベルでの匿名性を考えてみたい。

東の考える匿名性は、主体というものが一つの名前のもとに理解される一貫した存在だという思想に基づいている。そのような一貫した主体性がサイバースペースにおいても保持されていると考えられている。すなわち、何を読み、何を表現し、何を考えているのかという事態が、すべてある一つの名前のもとに取り集められ、その集合体が一つの主体を形成しているとされている。アイデンティティは名前のもとに形成される。それゆえ名前が流出することは、主体の存在の根幹部分に関わる重大事だと理解されるわけだ。だがそのとき、名前は常に顕わになるわけではなく、まさに匿名のままでいることは可能である。実際、一般人がサイバースペース上でコミュニケーションする場合、ＩＰアドレスの特定まではできてもその背後に存在する現実世界の名前を突き止めることは容易ではない。私たちにとってサイバースペース上の他者はやはり、その大部分が匿名のままにとどまっているのだ。

しかしサイバースペースにおいて、現実世界の名前や身分、職業などが明らかとされないとしても（ときには偽るとしても）、他者は別の仕方で自らを顕わにする。それは他者の発するメッセージや情報の内容である。私たちの関心は、その人が何を考え、何を表現しているのかという点に絞られていく。いわば、主語（名前や身分）ではなく述語（情報内容）によって規定される他者を、私たちは匿名性のもとに現われる他者と呼ぶ。つまり、名前のついた主体が第一に存在するのではなく、何を読み、何を表現しているのかという事態がまず第一にあるのだ。

このとき、この新しい空間における人々の関係は、メンバーは何を知っていて、何を語り、何に興味を持っており、どのように考えるのかといった観点から築かれる。それは、名前のもとに形成された身分や職業的アイデンティティから、知のアイデンティティへの移行を意味する。人々の関係について知を中心として捉え直したときに、サイバースペースは知の空間として現われる。各自の存在基盤を、名前ではなく知へとシフトさせた場合、サイバースペースは別の姿として捉えられうる。このとき、名前は明らかにならなくとも（あるいは明らかにする必要もなく）、私たちが何を知っており何を考えているのかが重視される。それは、名前が明らかにされる以上に私たちの正体が顕在化することを意味する。この匿名性のもとに現われる他者は、逆説的にも、名前を隠すことで名前以外の部分を顕在化させる結果となる。たとえば、どこの誰によって発言されたかということを問うことなく、情報そのものに興味をひかれ共感するということがある。たとえ見知らぬ者同士であっても、それが契機となってコミュニティが形成されるということもある。知という規準に基づいて何らかのコミュニティを作り上げたとき、そこで問題となるのは地理上の距離や年齢や職業といったものではない。

とはいえ、本章**3－1**でも述べたように、サイバースペースが従来のヒエラルキーや職業や身分に基づくアイデンティティを完全に破壊するものでもない。従来の社会的関係を覆う形でサイバースペースは新たな空間を拓く。既存の関係は、あるときはこの新たな空間に侵食されて弱められ、あるときはこの空間に対抗する意味でいっそう強められるだろう。重要なのは、既存の関係がたとえ強められるにしても、知の空間ともはや無関係ではいられないということである。なぜなら、既存の関係も含めた社会的関係を知の空間として捉え直すことが可能だからである。これが知の空間が従来の関係を覆うという意味である。

だが、現実の名前が明らかにされないとしても、サイバースペース上での自分の存在を一貫させようという動きはある。サイバースペース上でハンドルネーム等の仮の名前を使い、それを自己の分身とみなしアイデンティティを帰属させる場合がそれである。匿名ではあるが、発言したり表現したりする主体に一貫性を持たせている。その意味において、ここには従来のアイデンティティを半ば踏襲する形での自己があると言える。仮ではあるが一定の名前の下に、自らの発言の責任を負ったり、自らの表現に対する評価を受け入れたりする。

しかし一方で、一回限りの発言やコメントといったものも存在する。このとき、発言や表現主体が持続して一貫したアイデンティティを持つことは、もはや重視されない。むしろ、何らかのテーマや一連の議論の下になされる発言内容それ自体に注目が集まる。もし、何らかの主体が形成されるとすれば、それは種々の発言の後に、いわば事後的に確認されるものとなるだろう。このとき、私たちは自己の在りようの変化をまざまざと感じ取ることができる。サイバースペース上でのコミュニケーションが、私たちのアイデンティティや主体の問題を顕わにするのだ。私たちは予め持っている名前のもとではなく、刻一刻と生まれる情報のもとに自己を見る（あるいは他者を見る）。このサイバースペース上での自己の在りようの変化が、そもそも私たちがどのようなあり方をするのか、他者とはどのような存在か、という問いへと私たちを導くのである。

サイバースペース上に現われる自己も、現実世界における自己も〈自己〉なのであって、どちらがより真実であるとか、根源的であるといったことは問題ではない。ただ、自己のあり方が変わるのである。実のところ、サイバースペースが出現する以前であっても事態は同じであった。自己は常に一貫した仕方で在ったわけではないが、現実世界の名前に引きずられるようにしてアイデンティティが語られていたのだ。他者についても同様である。いや、他者については自己についての認識よりもさらに明確に、主体について問題化されるであろう。なぜならサイバースペース上では、ある主体が常に同じ名前のもとに現われるという保証がないからである。たとえ一つのハンドルネームを使用していたとしても、その背後に常に同じ人間が存在するとは限らない。主体の一貫性について、サイバースペース上では常に問題化される。そのとき、サイバースペースは現実世界の名前のもとにあるアイデンティティをいったんないものとしうる。名前よりもむしろ、何が表現され、何を考えているのかという情報内容それ自体へと重心がシフトする。匿名性のもとに現われる他者とは、従来の名前を隠しながらも、その情報内容によって逆に正体を明らかにしてしまうようなあり方をするのだ。

以上のように、知という観点から他者を捉え直したとき、たとえ現実世界における身分が明らかにならなくとも、他者は別の仕方で私たちの前に姿を現わすということが見えてくる。私たちが他者について知りうるのは、むしろ情報内容であるし、私たちもまた、サイバースペース上では名前ではなく情報内容によって評価されたり判断されたりする。そのとき、私たちは他者とどのような関係を構築することが可能なのだろうか。サイバースペースにおける他者との社会的関係を再考しなければならない。

## 5　相互的修習という態度

他者との関係を築き上げていくとき、どのようなコミュニケーションが可能か。他者は必ず私の知らない何かを知っている。その意味において他者は私の知の源泉となる。他者から何かを学ぼうとするとき、他者は私にとって豊かな世界への入り口となる。

また、私は他者から何かを受け取るだけで終わることは決してない。私もまた、他者の知らない何かを知っており、それを教え伝えることができるからである。さらに、私が何らかの問題を解決し、そこで停止してしまうところで、その解決を新たな問題の出発点とみなすような、新しい方向づけを与えてくれるものも、他者であるだろう。それだけではない。解決そのものにおいて私と他者は共働することができるのだ。これまでの枠組みでは評価されることのなかった知も、脱領土的に他者に出会い、コミュニケーションする中で、認められていく。私は他者から一方的に教わるだけではなく、他者に対して何かをもたらすことのできる存在となるのである。この相互的関係が、私が他者を尊重する事態だけではなく、逆に他者から私が尊重されるという事態を生み出していく。このような知の交換は絶えず繰り返され、相互的修習に終わりはない。私たちは、学び、教え続け、予期せぬ問題提起を与え合い、それによって互いに豊かになる。全体的な視点から見れば、この絶え間なき相互的修習がサイバースペースを養っているとも言える。これまでの伝統的な帰属意識に基づくアイデンティティから知のアイデンティティへと移行することで、私たちは自らの特性をますます発展させていけるだろうし、多に埋没させることなく知を正当に評価することもできる。自らの特性を発展させていくことは、そのまま集合の知を豊かにすることに繋がる。互いに教え合い学び合うこと、それを絶え間なく行なうこと、それが相互的修習の重要な点である。

### 5―1 相互的修習の中での他者

注意しなければならないのは、他者の知（翻って私の知）[21]は、単なるデータベースではないということである。もし知がデータの集まりへと還元されてしまえば、私たちはただ、他者の知を都合の良いときに利用し、使い果たすにとどまるだろう。そのとき他者への倫理的態度は養われない。もちろん、ある特定の情報を収集したり交換したりということはありうるだろう。しかし、他者から何かを学ぶとは、他者のすべてを知ることではない。なぜなら、「強い意味での修習は、他者の世界の不可解性や非還元性との邂逅でもあり、それが他者に対して私が抱く敬意の根拠となる。私の力の可能な源泉である他者は、あくまでも謎のままでありながら、どこから見ても望ましい存在となる」[22]からだ。他者とは、決して手の届かない畏れるべき存在ではない。私たちは学ぶという形で他者と関係を結ぶことができるからである。しかしながら、他者は自己と同一化しうるようなものでもない。他者を汲み尽くすことは私にとって不可能だからである。他者は不可解性を保ったまま、しかし私を超越することなく存在するのだ。

「知」を価値あるものとみなし、「学ぶ」ということに重要性を見出す。このような態度の背景には、人々の持つ知を無駄にしないようにしよう、知という資源を有効利用しようという考え方がある。レヴィの主張のうちに、このエコロジー的でもありエコノミー的でもある思想がうかがえる。しかし、人の知を資源に喩えた場合、他者を単なるデータベースとみなしてしまう危険（それはまさにレヴィが避けるべきであると警告した危険である）

が生ずる。もし、知や情報とはどこかに蓄積しておくことができ、必要なときに取り出すことが可能であるものと理解するならば、相互に学び合うことの本当の意義が見えてこない。その場合、他者とは単に私の代わりに様々な知を記憶する役割を担うだけの存在となってしまう。

### 5-2　知の生成

そもそも、相互的修習において私たちが交換しうるのは単にアカデミックな知識に限定されるわけではない。職人の知恵や技術も含まれれば、いわゆるサブカルチャー的な知識も知識とみなされる。それどころか、多数の中に埋もれてしまいがちな少数派の知、消え去ろうとしている知こそが逆に尊重される。なぜなら、多くの人が知らないことをその人は知っているということそれ自体が、すでに評価されるからである。[23]知識や知というと、すでに社会的に認められ価値あるもの、より多くの人が必要としているものと理解されかねないが、そうではない。従来の価値観に収まらないものであっても、またほんのわずかな人にとってしか必要でなくとも、ここでは知識の名に値するのである。

それだけではない。相互的修習の中で交換される知は、予め有益な情報であるとか有用な知識であるというふうに限定されてしまってはならない。そうではなくて、他者とのコミュニケーションの中から結果的に生ずる動的な知を含める必要がある。どこかに蓄積可能で、いつでも取り出しうるようなものが静的な知であるとすれば、動的な知は、前もって確固とした形を持った知ではない。言うなら、メッセージの送り手にとっても受け手にとっても、それがどのように役立ち、知となり情報となりうるのかを予めわかっていなくともよい。むしろ、交換を続ける中で、自分でも気づかぬうちに、他の人に訴える情報を発していたということがありうるのだ。そうなってこそ、知識や知はレヴィが言う意味でアクチュアル化され、誰にとっても予期されなかった創造的なものとなる。ここにこそ、動的な知の本質がある。メッセージは、どのような人に出会い、何を主題とし、どのような流れで表現されるかという要素に大きく左右される。そのような要素を前もって知ることができない以上、自分が何を知っていて、どういう情報を与えることができるのかは、私にとってすら未知なのである。知識や知は、私の記憶でも、他者の記憶でもない。それは匿名の記憶であり、いわば世界の記憶なのだ。

匿名性のうちでは、コミュニティは固定的ではなく、人々の興味や関心に従ってメンバーが入れ替わりうる流動的なものとなるだろう。また、そこでやりとりされる情報の価値づけも、話題やメンバーによって変動しうるものとなる。そのとき、ある人が発するメッセージは、メッセージが発信された時点では、誰かにとって役立つとか価値があるということが発信者自身にとっては明らかでないということもありうる。すなわち、情報の価値づけは交換の中から生ずるものであり、外部からの押しつけや公に学校や社会等で認められている既成の価値観に左右されないということである。価値基準は刻一刻と変化しうる。交換される情報は、絶え間なく価値評価されるが、評価基準そのものも絶え間なく変わっていく。また、同じメッセージであっても、Aというコミュニティでやりとりされる場合と、Bというコミュニティでやりとりされる場合では、評価も変わってくるだろう。まったく正反対の評価を受けることもありうる。さらに言えば、Aというコミュニティ内でのやりとりでは生じなかった情報が、Bというコミュニティ内からはメンバーとのメッセージ交換に触発されて生じるということさえありえよう。情報とは、固定的で堅固なものばかりではない。むしろ、動的でコミュニケーションの中から生成してくるものが、他者にとってだけではなく自分にとってすら、本当のところ価値あるものなのだ。

レヴィがサイバースペースの匿名性を肯定するのは、何らかの匿名の他者を畏れるべきか、あるいは肯定すべきかという二分法とは別の立場に彼が立脚しているからである。つまり彼は、知識や知そのものの匿名性が、こうした動的なコミュニケーションのうちから浮かび上がってくるという、まさにそのことをこそ肯定しているのである。

## 5－3　社会的なものとは何か

ところで、本章のタイトルにある「社会的連繫」であるが、ここでなぜサイバースペースの倫理を語るに際して「社会的」というタームが重視されるのかを確認しておきたい。社会的、フランス語で言えばsocialという用語は、ラテン語のsocialisあるいはsociusにその語源を辿ることができる。この二つのラテン語はともに、仲間（compagnon）であること、あるいは隣人（voisin）であることを意味する。すなわち、社会的というタームには、他人を仲間として処遇すること、異邦人を隣人として迎えるというニュアンスが含まれる。したがって、socialとは「客迎えの慣習」[24]であり、hospitalité（歓待）なのである。しかしながら、日本語として「社会的」というタームを目にするとき、私たちにとってそれは歓待から程遠い概念として受け取られてしまう。なぜだろうか。

市野川容孝は、その著『社会』において次のような指摘をしている。[25] 私たちが「社会」という言葉を用いるとき、普通、以下の対立概念のもとに意味を理解している。すなわち、自然に対する社会、個人に対する社会、そして国家に対する社会である。よって私たちが「社会的関係（連繫）」という表現を目にするとき、思い浮かべられるのは、上述の三つのカテゴリーのうちのいずれか一つ（あるいは複数）である。個人ではなく公の関係であるとか、自然状態ではなく社会化された人間関係であるとか、国家権力に対する社会関係であるといったように。しかし、社会的（social, sozial）というタームには、日本語のニュアンスからは読み取れない四つ目の意味が含まれている。それは日本語で言えば、福祉や厚生といった意味合いである。

市野川の指摘によれば、フランスにせよドイツにせよ、憲法において次のような規定がなされている。「ドイツ連邦共和国は、民主的、かつ社会的な連邦国家である」（ドイツ基本法第二〇条）

「フランスは、不可分の、世俗的、民主的、かつ社会的な共和国である」(フランス現行憲法第一条)もし私たちが「社会的」という用語を自然や個人や国家に対立させて理解するならば、この規定は非常に奇妙なもののように思われてしまう。なぜ「社会的」という語が「民主的」(démocratique)という語と並列されるのか。「社会的」というタームは決してデモクラシーの対立概念ではない。いわゆる弱者を視野に入れること。これが日本語から完全に抜け落ちてしまっている第四の意味合いである。このとき私たちは「社会的な社会」というものすら語る可能性を持つ。

ここから、欧米で社会的関係(連繫)が語られる際、なぜ議論が即座に「倫理」や「礼儀作法」へと結びつけられるのかが明らかになる。たとえば、新たな知の空間であり、これまでにない社会的関係を切り開く「集合的知性」をテーマにした著書で、レヴィが第一章にサイバースペースにおける「倫理」を置いたのはゆえなきことではなかったのである。私たちは今後、社会および社会的という用語を目にするたびごとに、第四の意味を念頭に置くことが求められるのだ。

そもそもこれまでの「民族や国家や宗教といった帰属によって共同体を形成することが血まみれの袋小路」へと至ってしまっていたことは周知の事柄である。そのためにレヴィが提示するのが「知」という基軸である。[26] 民族や国家や宗教は、必ず「~ではない」人々を生み出す。すなわち、A民族ではない人々、B国家に属さない人々、C宗教を信じない人々といった具合にである。民族や国家によるコミュニティに属する人々と属さない人々の間には、争いや排除、対立等々が生まれ、せいぜいましな事態として互いに無関心を装う状況を想定できるくらいである。しかし「知」を基盤にすることで状況は一変する。なぜなら何一つ知らない人は存在しないからだ。知の空間は、従来の関係性を覆う。これまでとは違ったレベルから関係性を捉え直しうる。こうして何かを知っているということを拠り所に私たちは一つの大きな集合を構想することができる。そこでは民族や国家といった基準を軸にAか非Aかを語るのではなく、何を知っており、それをどのように語るのかが問題となる。それは多様性を積極的に認める集合なのだ。知を基軸にするということは、これまでのコミュニティとは違った視点から集合を捉え直すということだ。この視点の移動により、私たちの構築しうる関係性もまた、捉え直されることになる。

こうして、従来の公と私との調停といったレベルではなく、ドゥルーズの言うように、公と私を横断する形で社会的なものを語ることができる。[27]この意味での「社会的」連繫を、すなわち、多様性を認めつつできる限り多くの人を覆うような関係を、探求しなければならない。日本語では抜け落ちてしまっている第四の意味をも含んだ社会的連繫が、サイバースペースにおいてどのような形態で構築しうるのかを問わねばならないということである。重要なのは、知を基盤にした関係、相互的修習の関係であり、孤立した状態ではなく社会においてこそ各自の価値が承認されるという点である。このような関係が、いわゆる匿名性のもとに展開されるコミュニケーションだからこそ可能であるということを、次節以降で見ていきたい。

### 5－4　相互的修習から社会的連繫へ

私たちはすでに、「知」を物化しては捉えられないことを見た。[28]それだけではなく、何かを学ぶとか、何らかの知識を得るといったことが、事後的ですらありうるということも見た。私たちは、目指す知識を予め設定しなくとも、自分の得た知識が何を意味するかを理解できなくとも、何かを学ぶことができるのである。

知を以上のように捉え直したうえで、「相互的修習」について考察していきたい。私たちは日々、様々な事柄を学ぶ。その一方で、私たちはすでに知っている事柄を誰かに教えている。私たちは必ず、対話相手の知らない事柄を知っているからである。サイバースペース上で、書き込みに対する書き込みが次々となされていったり、コメントを記したメールが行き交ったりする。それは印刷された書物が生み出すことの難しい事態であろう。だがそれと同時に私たちが気づくのは、相互関係とはいえ、必ずしも常に、著者と読者という直接的な関係を考える必要はないということだ。書物から何かを学び、直接著者に働きかけなくとも（著者は二千年以上も前にこの世を去っていることすらあり）、何かを学んだ者は、それを誰かに語ったりテクストによって表現したりすることで、他の人々に働きかけていく。それは、俯瞰的な視点から眺めれば、一冊の書物を媒介に生まれる巨大な集合体なのだ。

だが、これだけでは事態の半分しか言い当てていない。私たちの強みは、何かを学んだり教えたりということを無意識に実行することができることだ。すなわち、ある特定の事柄について学ぼうとか、何らかの知識を教えようと意識することなく、相手から学んだり誰かに教えたりするという事態が起こりうる。その場合、コミュニケーションの時点では、互いに修習が起こったと気づかない。しかし、それはやがて何かを生み出したり、生み出させたりする原動力となるだろう。つまり、潜在的な力が生ずるのだ。重要なのは、コミュニケーション運動そのものである。何をやり取りしているか気づくことなく、両者がコミュニケーションし、その行為から、直接的にであれ間接的にであれ、新たな知や考えが溢れ出る。ここから二つの事柄が引き出せる。一つは、教える側と教えられる側というものが、固定的ではなく流動的な関係であること。私たちは、あるときは学ぶ側に立ち、あるときは教える側に立つのであって、この関係は常に移行し続ける。さらに言えば、学びつつ教える、教えつつ学ぶという関係すら可能なのだ。もう一つは、学んだり教えたりする事柄が、予め決定されているわけではないこと。私たちは具体的な何かというものを学ばないことすらありうるのだ。あるいは、学んだり、教えたりしたことすら気づかないことも、学ぶためのエネルギーを獲得したり蓄積したりすることもある。それは、学ぶとはどういうことかということを学んだり、表面上のメッセージとは異なるメタ・メッセージを受け取ることなのだ。知を媒介にした流動的な関係が潜在的な力を生み出すこと、これが相互的修習の最も重要な点である。

こうして相互的修習は何かを知っている人すべてを巻き込んでいく。さらに言えば、何も知らないように見える人々すらこの関係のうちに含まれていく。なぜなら、一見、無知であるように思える人に、何かを知っている人が向き合ったとき、教える側は、教えるという行為を通して何かを学ぶからである。また、教えながらその人物が潜在的に持っている力を引き出しうるからである。その潜在的な力は、今度は逆に教える側に働きかけて、別のエネルギーを生じさせる。これは優れて社会的な関係であり連繫であるのだ。

この相互的修習が、現実世界よりもサイバースペース上で大きな可能性を持っていることは明らかである。まず第一に、従来は発言や表現の場すら与えられることのなかった人々が声を上げることを可能にする。それも、これまでの価値基準（学校や職業といった既存のヒエラルキーの中での基準）とはそぐわない事柄を、価値あるものとして提示しうる。新たな価値基準を生み出し、それに基づいたコミュニティを形成する可能性があるのだ。第二に、名前や身分に縛られることなく、いわゆる権威のもとではなく、個々の発言や情報について評価することを可能にする。すなわち、これまでの価値基準によるヒエラルキーの中で蔑ろにされてきた人々の表現を救い出す可能性を持っている。これらはまさに、匿名性のもとに現われることの利点である。第三に、サイバースペース上では従来ならば出会うことのなかった、空間的に離れた者たちを結びつける可能性がある。人々を結びつけ相互にやり取りすることを容易にするのは、サイバースペース特有の空間性に基づく利点である。

当然のことながら、従来の価値基準やヒエラルキーも残り続けることであろうし、そのような権威はサイバースペース上でかえって強められることもあるだろう。あるいは相互的ということなど意識せず、一方的に情報を引き出せばよいと考える人々も存在し続けるに違いない。しかし私たちは、少なくとも別の価値基準を打ち立てる可能性や声を上げる可能性を手に入れるのである。この可能性はもっと評価されてよい。これによって私たちは、いわゆる弱者や虐げられてきた者たちをも視野に入れた新しい関係の端緒を見出すことができる。このような社会的連繫について、私たちはどのようなヴィジョンを描けるのであろうか。

## 6　リアルタイムの倫理

上述の社会的連繫が新たな倫理への入口だとしても、私たちはそのような連繫自体を受け入れるべきか否か、あるいはそれ以外の連繫が可能か否かを問いたくなる。そもそも相互的修習という態度を認めるかどうかについても議論が分かれる可能性がある。ただ、上述のような関係性を認めることによって、私たちは大きなメリットを手に入れることができる。それは、社会的連繫を基盤にした知の空間においてそのような連繫自体を問題化し、新たな関係を探求する手段が私たちには残されているということである。それはまさにサイバースペースのリアルタイム性に基づいている。

サイバースペースにおけるリアルタイムでの調整は重要な要素となる。まず何よりも、これまでの時間的リズムを速めることができる。ネットワークに繫がり、デジタル技術を駆使することによって、データの書き込みや伝達や共有などはより効率的になされうる。この点に関しては、すでに私たちが日々経験していることでもある。しかし、忘れてはならないのは次のような意味でリアルタイムを捉えることである。すなわち、これまでのコミュニケーションのスタイルを変えずに速度だけを速めるのではなくて、集合に属するメンバーが相互に作用し、互いの潜在的な力を最も高めるような仕方を模索することである。言い換えれば、手段や速度の変化を享受するだけでなく、それに伴って、メンバーが以前よりも力を発揮できるようなコミュニケーションや関係性を、まさにリアルタイムで創り出していくことが重要なのである。その場合、その時々で論じられるテーマや目指される計画によって、価値基準や判断基準も異なってくるであろうし、重視される能力や必要とされる知も変わってくることだろう。このとき、前例や慣習を守って行動した方が、リアルタイムの知を調整するよりも費やされる時間を短縮しうるということが、皮肉にも理解されるだろう。だが目指されるのは単なる時間短縮ではない。むしろ、集合がリアルタイムに対応し、変化し、決定していくという可能性を拓き、各メンバーが絶えず相互作用し、意味を書きかえ読みかえていき、それによって集合的知性がますます豊かになることである。この意味でのリアルタイムを重視しなくてはならない。

このように捉えられたリアルタイムは、コミュニティ内での閉じた慣習そのものを問題として俎上に載せることを可能にする。コミュニティ内で築かれる関係そのものを再考したり、よりよい基準や方法それ自体をともに模索することもできる。もしサイバースペースの特性を活かした倫理がありうるとすれば、まさにこの点こそが強調されるべきであろう。絶えず多数の基準によって再評価されること、それも基準そのものを問い直すような形で評価され続けることが重要である。

こうして私たちは、超越的基準による外部的命法や、いわゆる「第三者の審級」に頼らずとも、自らの倫理について語ることができるようになる。基準そのものを絶えず問題化し、評価し、固定化することなく問い続けることが、超越的基準の措定に取って代わるからだ。そのとき、私たちの責任（responsabilité）は、これまでよりも大きくのしかかってくる。私たちは、誰に対して「応える」（répondre）ことが求められるのだろうか。社会的連繋を目指すとき、これまで見過ごされていた、あるいは蔑ろにされてきた弱者の声、匿名性のもとに現われる見知らぬ他者の声に応えなければならない。

見知らぬ者をコミュニティへと受け入れるのは容易なことではない。受け入れるということは、コミュニティ側の規律や習慣をまったく変えることなく、見知らぬ者に既存のルールを守らせてメンバーに入れるということを意味しない。見知らぬ者がもたらす差違や刺戟を積極的に認める。コミュニティ内の規律や習慣をその差違をもとに見直したり、問題化することもありうるだろう。構成員が変われば、コミュニティ自体も変化していくはずである。また逆に、あるコミュニティに新たに加わった者たちは、そのコミュニティと自らの考え方の違いを積極的に認める。自らの思想自体を問題化することも視野に入れつつ、メンバーとしてコミュニティに関わっていく。これが歓待（hospitalité）[29]に基づく道徳がもたらす理想的な状況である。匿名性のもとに現われる他者を排除するのではなく、もてなすこと、これによって私たちは逆に他者から受け入れられる契機、ひいては社会と関係を繋ぐ契機を手に入れるのだ。誰もが見知らぬ者と出会う可能性を持ち、誰もが見知らぬ者となりうる可能性を持ち、誰もが変化していくのである。そのとき、歓待に基づく相互的で社会的な連繫が何よりも重要となるのだ。

## 7　ポリフォニックなサイバースペース

相互的修習という視点が導入されることで、私たちは自ずから他者を尊重し承認する態度を養うことができる。相互的修習とは所有物としての知識や知という立場を、自他ともに放棄することである。こうして匿名性を経由して何かを学ぼうとする姿勢は、結果として他者の声に耳を傾けることに繋がる。さらに、学んだ知を踏まえて、この匿名性の空間に自分が残した情報が、今度は未知の他者にとって問題を発見したり解決したりするきっかけになることもある。サイバースペースにおいては、必要な端末を手にしさえすれば、あらゆる人々に発言する機会が与えられる。言い換えれば、すべての人々が相互的な問題提起のやりとりや、新しい問題の思わぬ発見（ヴァーチャル化）、協働的で創造的な解決（アクチュアル化）といった作業に参画することができるのだ。

もっとも、情報が寡占化されたり、その情報へのアクセスが集中的に行なわれる場合もあり、その場合そうした知や情報以外のところにある情報の発信者は、こうした匿名性の共同体にさして寄与していないのではないか、という反論もありうるだろう。しかしこのとき、前者は多数に支持されているがゆえに後者よりも勝っているという基準を容易に持ちこんではならない。その基準こそがまさに、従来の枠組みのうちで形成された価値観である。こうした批判は、レヴィの言うヴァーチャル化が、相互に問題を提起し、発見し合うことであり、また相互的修習が、こうした問題提起のやりとりという側面を本質的に持っていることを見落としている。知識や情報が寡占化されるところでは、思いもよらない問題が新たに掘り起こされる可能性は著しく減少してしまう。相互的修習において交換されるのは、無知そのものでもある。この匿名性の共同体は、知のヒエラルキー構造に対して、強い抵抗力を示す。そしてそこにおいてこそ、あくまでも小さな声でしかない、多様でささやかな情報が、集合における豊かさを生み出すものとして、自らを魅力的に響かせることができるのだ。

私たちは今や、バフチンがドストエフスキー文学と結びつけて展開したポリフォニーの思想をサイバースペースで実現させる可能性を語ることができる。バフチンによれば、ポリフォニックな音楽の本質は、「個々の声が自立したものとしてあり、しかもそれらが組み合わされることによってホモフォニー（単声楽）よりも高度な統一性を実現することにある(30)」という。サイバースペースで奏でられるのはユニゾンでもなく、主旋律を多くの副旋律が支える音楽でもない。中世後期からルネサンスにかけて盛んであったポリフォニー音楽では、各旋律がそれぞれの音楽を歌う。そのためには各自が他の人々の声を聞かなければならない。けれども同時に、他の旋律につられることがあってはならない。そして、全体として、集合として聞いた場合、個々の旋律よりも豊かな音楽が生まれるのである。

私たち一人一人は個として存在する。それは組織やコミュニティの中に解消されてしまうようなものではない。

それと同時に、個の集合が一つのポリフォニックな音楽を奏でる。それは決して、全体主義的で一に還元されてしまうような集合ではない。全体がただ一つの目標に向かったり、ただ一つの価値基準によって動くわけではないのだ。個の特性やかけがえのなさは何よりも尊重され、それと同時に、集合としても豊かになり、それどころか、個だけが独立して存在していたのでは得られない集合としての力が生まれるのである。

以上の議論に情報体という概念を導入することによって、私と他者との関係、個と集合との関係がより立体的に浮かび上がってくる。本論の第Ⅱ部（第四章）において、「私」の内なる他者について論じた。これは、「私」が他者あるいは自己の外部の知や情報と相対することによって、自己のうちに他者が生ずるということを意味していた。私と他者とは、何らかの関係を取り結ぶことによって一体化する。それは、他者を自己へと還元することでも、他者を超越的な存在とみなすことでもない。私と他者とが、たとえば何らかの情報を介して、あるいは共通のテーマを介して、ともに思考をし、知を練り上げていく運動そのものが情報体なのである。そのとき、私が他者に還元されたり、他者が私に還元されることはない。あるいは、個が集合に還元されたり、集合が個に還元されることもない。それでいて、私と他者は一体化しうるし、個と集合もまた一体化しうるのである。

一体化という表現から、私と他者とが共通の考えを持たねばならないとか、相互にわかり合わねばならないとか、そのような集合は全体主義に陥るなどと誤解してはならない。情報体を形成するといっても、自分の理解の範疇に収まる他者とのみ関わるというわけではないのである。自己の理解の範囲内に他者を押し込めてしまうことは、他者をもう一人の自己として捉えてしまうことであり、個を集合へと解消してしまうことであり、最終的には他なるもの、互いの差違を消去してしまうことである。何らかの情報や他者と批判的に関わること、あるいは、咀嚼しえない情報や理解しえない他者と関わることによって、一つの情報体を形成することもありうる。むしろ、自己の理解の範疇に還元しえない情報や他者こそが、内なる他者の発見に繋がるのである。情報体は私と他者とを、あるいは個と集合とを区別しつつまとめ上げる。ただしそれは、私と他者とが、あるいは個と集合とが、完全に溶け合い、融合してしまうことを意味しない。情報体とは、あくまでも区別と合一が両立している状態を指すのである。上でポリフォニー音楽とのアナロジーで語られた集合のあり方、単独でも全体としても音楽が成立するようなあり方は、まさに情報体のあり方と一致する。

こうして私と他者は、あるいは個と集合は、知を基盤として相互に学び合う、あるいはともに学び合うという関係を築き上げる。この運動を、一つのまとまり、あるいは一種の持続として捉え直したとき、情報体という概念が現われる。情報体は、私と他者の間でも、私と私の内なる他者との間でも生ずる。それは空間や時間を超えて生成する。他者は死者でもあり、これから生まれる者でもありうる。私と決して直接に出会うことすらない存在でもありうる。それでもなお、私は他者の声を聞こうとし、関わろうとし、協働することができる。情報体はそのような協働の現われである。知とは、すでに論じたように、学ぶという運動であり、潜在的な力であった[31]。知におけるそのような潜在性、将来における可能性、こことは異なる場所での評価など、いわば時間軸と空間軸を最大限に引き伸ばした中で、情報体は力を発揮する。以上のように、情報体という概念を通して相互的修習を捉え直すならば、サイバースペースが多層的で豊かな知の空間として広がっていることに、少なくともそのような空間として存在しうる可能性を秘めていることに気づかれるであろう。

こうして、目指されるのは、匿名性のうちに見出される知を通じて、絶えず多様な個を価値評価し続けること、差違こそが集合の豊かさへと繋がると認めること、そしてまた知と問題提起の交換という性格を持つ相互的修習によって、ダイナミックなサイバースペースを再生産し続けることである。ここにおいて、私たちは、サイバースペースというものから初めて明確に理解される倫理を見ることができる。このような倫理的態度は、匿名性においてある自己および他者を積極的に承認することから始まる。豊かで創意に満ちた知と情報がもたらされるのは、何らかの知を目標として追うことよりむしろ、こうした倫理的態度によってであることを、私たちは忘れてはなるまい。

（1） 以下、本章は「サイバースペースにおける相互的修習——情報倫理学の視点から」『情報文化学会誌』第15巻第2号および「サイバースペースにおける倫理的可能性——新しい社会的連繫をめざして」『社会情報学研究』Vol. 13, No. 2という二本の論文をベースに加筆修正したものである。

（2） ここで脱領土的という語を用いたのは、従来の規範や枠組みを超える新たな特性を形容したかったがためである。これに似た言葉として越境的という用語があるが、境界を保持したままそのラインを越えるというイメージであり、当初の境界は変化することはない。その場合、かえって境界が強化される可能性もある。この意味において、サイバースペースは越境的というよりも脱領土的である。

（3） 応用倫理学の一分野としての情報倫理学分野における諸々の書物、すなわち越智貢・土屋俊・水谷雅彦編『情報倫理学』、越智貢編『情報倫理学入門』、デボラ・ジョンソン『コンピュータ倫理学』等々をひもといてみれば、以上の諸問題が主に論じられていることに気づかれるだろう。このような情報通信技術に関わる「規範」という意味にとどまらない、哲学や思想を視野に入れた情報倫理もまた論じられるべきだとする立場もある。たとえば、ルチアーノ・フロリディ他、西垣通・竹之内禎編著訳『情報倫理の思想』を参照せよ。

（4） 社会の構成員全員が共有する行動様式や価値観は「大きな物語」と呼ばれてきた。近代（モダン）はまさに大きな物語に依拠した時代であった。これが現代においては徐々に失われ崩壊している、すなわち、「ポストモダン化」しているとみなされる（リオタール『ポスト・モダンの条件』）。大澤真幸は、私たちの行動を暗に監視し規制していたものを「第三者の審級」と呼び、これが現代においてはやはり撤退していると考えている（大澤真幸『電子メディア論』）。

（5） いわゆる著作権は、サイバースペースにおいて従来のような形態では守るのが難しい権利である。これは旧来の枠組みでの所有という考え方を、サイバースペースという新たな空間へも持ち込もうとするために生じている齟齬である。このとき私たちは所有権概念の変更を余儀なくされる。詳しくは本書第四章を参照のこと。

（6）ヴァーチャルは、幻想であるとか存在を欠いていると理解されて、リアリティに対置されることが多い。しかしレヴィは、ヴァーチャルをアクチュアルの対概念として理解し、ヴァーチャル化を何らかの事物や現象を新たな問題提起的視点から切り取ることだとみなす。詳しくは、レヴィ『ヴァーチャルとは何か？』第一章を参照せよ。

（7）たとえばカントは、道徳法則の必然性を人間の経験から切り離して探求することを目指している。そのような必然性が示されて初めて、道徳法則は普遍的なものとして、すべての人間に対して適用される絶対的な命令という位置づけを獲得する。詳しくは、カント『人倫の形而上学の基礎づけ』を参照せよ。

（8）「声の文化」と「文字の文化」についての分析はオング『声の文化と文字の文化』に詳しい。とくに、第一章、第四章、第七章を参照のこと。

（9）ベルクソンによれば、私たちの形成する社会は多くの場合、広大ではあるが閉じている。閉じた社会とはつまり「どんな瞬間にも若干数の個人を包含し、その他の個人を排除することを本質としている」ような社会のことである（ベルクソン『道徳と宗教の二源泉』三七頁、Bergson, *Les deux sources de la morale et de la religion*, p. 25）。

（10）ヴィリリオは自らを哲学者ではなくまずもって都市計画研究者であるとみなして、ある一つの「脅威」について語る。「隣にいる人と遠くにいる人の問題は、都市の問題」である。すなわち「隣人は、私のそばにいる人で、いっしょに都市を形成し都市の権利を守る人」である。しかし、「都市の外にいる人々は事実上、異邦人であり敵」であった。そうだとすれば、隣人を越えて異邦人と繋がりうる今日のサイバー空間では、人との関係をどのように築いていけばいいのか。ヴィリリオは「遠くにいる人、すなわち異邦人を愛すること」は結構なことだが、「隣人を犠牲にしてまで遠くにいる人を愛することには、否」と言う他ないと主張する。詳しくはヴィリリオ『電脳世界』四三頁を参照せよ。

（11）ただし、人間の「弱さ」（vulnerability）の中に敢えて「強さ」を見出し、ボランティア活動に注目して、他者との繋がりを積極的に論じようとする人々はいる。金子郁容『ボランティア――もうひとつの情報社会』や干川剛史『公共圏とデジタル・ネットワーキング』などの議論を参考にせよ。

（12）他者は自己に同化されるものではない。なぜなら、他者は常に私を越え出るものとして現われるからである。そのような他者と私との関係はすでに倫理的である。外部から到達する他者の現前そのものが倫理なのだ。詳しくはレヴィナス『全体性と無限（上）』岩波文庫、七二－八四頁（Lévinas, *Totalité et infini*, pp. 18－23）を参照せよ。

(13) 自分たちとはまったき意味で異なる他者を差別したり排除したりするのではなく、心からもてなすという意味で使われる。伝統的にこの語 hospitalité は「歓待性」と訳されてきたが、熊野は「他者を迎えいれること」と訳し「オスピタリテ」とルビを振っている（レヴィナス『全体性と無限（下）』二五五－二五七頁）。
(14) 公共性という概念の起源と発展については、ハーバーマスの『公共性の構造転換』において詳しい。とりわけ、一九九〇年新版への助言を参考にせよ。また、公共圏の機能や構造については、彼の『事実性と妥当性』を参照せよ。
(15) ハーバーマス『他者の受容』の序文および第一章を参照せよ。
(16) 井上達夫・名和田是彦・桂木隆夫『共生への冒険』二五－二六頁。
(17) レヴィ『ポストメディア人類学に向けて』三三頁（Lévy, *L'intelligence collective*, p. 23）。
(18) 同書、三八頁。（*Ibid*, p. 27）。
(19) 東浩紀『情報環境論集』一二三頁。
(20) 同書、一二七頁。
(21) ここでは「他者の知」「私の知」という表現をせざるをえなかったが、実際は知を所有物と考えること自体を問題化しなければならない。本書第三章を参照せよ。
(22) レヴィ、前掲書、三九頁（Lévy, *op. cit*, p. 28）。
(23) Lévy et Authier, *Les arbres de connaissances*, pp. 87－90.
(24) 今村仁司『交易する人間』二五頁を参照のこと。今村は以下に言及する市野川とは異なる仕方で「社会」あるいは「社会的」という概念を詳細に考察する。この概念を交易や贈与と関連づける彼の議論は興味深い。
(25) 市野川は、ルソーに遡りながら丁寧に「社会的なもの」という概念に何が含まれるかを考察している。詳しくは市野川容孝『社会』の第Ⅱ部を参照せよ。
(26) レヴィ『ポストメディア人類学に向けて』三七頁（Lévy, *L'intelligence collective*, p. 26）。
(27) 社会的なものの横断性をドゥルーズは語っている。「それ〔＝社会的なもの〕はまた公的領域とも私的領域とも混同されない。何故ならば、反対に社会的なものは、逆に公的なものと私的なものとの新たな雑種的様態をもたらし、国家の介入とその撤退の、国家の負担とその軽減の再配分、独自の絡み合いを自ら作り出すのだから」（ドゥルーズ『狂人の二つの体制

1975－1982』一六〇頁、Deleuze, *Deux régimes de fous*, p. 105)。〔 〕は曽我による補足。

（28） 詳しくは本書第三章を参照のこと。

（29） レヴィナスやデリダなどが論ずる、他者をもてなし迎え入れるという概念が歓待である。見知らぬ他者や異邦人を受け入れるための倫理にとって重要な概念である。この hospitalité という語には、hôte という基語が含まれているが、hôte とは主人を意味すると同時に客をも意味する。すなわち、hospitalité には、もてなす主人ともてなされる客との立場が入れ替わりうること、両者の関係が相互的であるという両義性が含まれている。詳しくは、レヴィナス『全体性と無限』およびデリダ『歓待について』の議論を見よ。

（30） ミハイル・バフチン『ドストエフスキーの詩学』四五頁。

（31） 知のあり方については、本書第三章を参照せよ。

# 第八章　情報体から集合的知性へ

知の空間であるサイバースペースにおける相互的修習という観点から世界を捉え直すことによって、私たちは新しい倫理の形とそのような倫理を常に問題化しうる可能性を手に入れる。ここでは、サイバースペースにおける個人と集合が、具体的にどのようなあり方をしうるのかを検討する。それは差異と平等の問題、アイデンティティの問題という視点から語られ、最終的に集合における礼儀作法（civilité）の問題が浮かび上がるであろう。ここではまず、理想的と言われるコミュニティの姿から見ていく。

## 1　コミュニティ・ソリューション

インターネットが普及し始めた頃、限られた人々のみがアクセスする状態にあって、私たちは過大な期待を抱いた。インターネットによって平等がもたらされ、誰もが自らの意見を表明し、互いに尊重し合い、真の民主主義が実現されるといった期待である。このような理想は、二一世紀を迎えた現在、ほとんどの人々が掲げるのを諦めてしまっているかのようであり、少なくともその実現は素朴に信じられてはいない。技術的な発展のスピードに比べて、私たちの意識やシステムの変化は速いものではない。少なくとも、直接民主制や電子民主主義がそれまでの政治システムに取って代わったという実例を私たちはまだ知らないのである。

インターネットの長所や短所について語る場合、むしろ短期のスパンで捉えられた利益や問題ばかりが声高に論議される。私たちはここで、長期的視点に立った〈理想〉を敢えて語ろうと思う。おそらく、大きな流れに逆らうことになろうし、現実離れしているとの批判をされることであろう。しかし、私たちは〈理想〉を語ることを諦めてはならないのである。逆らいがたい大きな流れがあるとしても、それでもなお自らの意見を表明しうるというサイバースペースの利点を私たちは享受する。そもそも〈理想〉とは、語られたり掲げられることによって私たちに一定の価値を示し、そこへと近づこうと努力する途を拓くためにある。〈理想〉さえも語られなくなってしまえば、私たちは自らがどこに向かおうとしているのかという問いを立てることすら放棄してしまい、現実に厳然としてある諸問題を見ないままにしてしまうであろう。このような立場に何らかの意義があるとすれば、予め設定され固定された〈理想〉を実現するためではなく、〈理想〉それ自体を常に書き換え、可能な限り多様な人々の存在理由を保持しようとするところにある。

以下、私たちはインターネットが可能にしたコミュニティのあり方、とりわけ倫理的形態について検討する。もちろん、ネットを介在させないコミュニティにおいても同様の議論をすることは可能である。私たちはそのような議論も参照しつつ、インターネット空間特有のコミュニティがありうるとすればどのような形なのか、そしてそのようなコミュニティが現実のコミュニティよりも先んじている点があるとすればそれは何かを、明らかにしていく。

## 1-1　指揮者のいないオーケストラ

インターネット上で形成されるグループやコミュニティが何らかの決定をする場合、キーワードとなるのがメンバーによる自由で平等な意見表明と、それを踏まえた解決といったものである。たとえば、サイバースペースにおける非常にポジティヴで理想的なコミュニティの形を考えれば次のようになろう。そこでは、いわゆる現実の顔も名前もわからない人々（すなわち現実社会で形成しているアイデンティティとは別の形で現われる人々）とともに、年齢やしがらみや身分を越えた一つのグループを私たちは構成しうる。メンバー間でなされる決定は、トップダウン的ではなく、等しく意見を述べ合った後に、合意を形成するようなものである。言うまでもなく、理想的なコミュニティのあり方は、サイバースペースに限定されて論じられるわけではない。実際に、いわゆる〈ヴァーチャル〉ではなく、現実社会におけるグループの理想は倫理の問題として、あるいはビジネスや経済のモデルとして論じられている。そのときしばしば具体的な成功例として引き合いに出されるのが「オルフェウス室内管弦楽団」である。金子郁容の『コミュニティ・ソリューション』は、指揮者のいないオーケストラであるオルフェウス室内管弦楽団の事例から始められている。

それぞれの芸術家が自分勝手に行動しはじめたらオーケストラはカオス状態に陥ってしまう。その問題を絶対的な指揮者によってコントロールすることで解決しようというのが従来のオーケストラであるとしたら、メンバーの間の密接な情報共有とアクティブなインタラクションによって「情報と関係性の共有地（コモンズ）」を作り、お互いをアーティスティックに相互編集することで解決しようというオルフェウスの方法は、われわれが本書で言っている「コミュニティ・ソリューション」のきわだったひとつの例である。(1)

指揮者がいないからといって、リーダーシップがまったく存在しないというわけではない。リハーサルの場で、どの曲については誰がリーダーシップをとるのか自然に決まってくる。そのようなメンバーによるリハーサルは、混沌から秩序が出現するプロセスそのものである[2]。解釈の違いは徹底的に論議され、全員が忌憚なく意見を述べ合う。ときには修復しがたく見えるような口論さえ起こるのであるが、最終的には一つのソリューションへと向かっていく。その過程を、金子はシンフォニーというよりもポリフォニーだと評する[3]。数人で構成されるグループではなく、二六人もの演奏者のいるオルフェウスで、指揮者なく素晴らしい演奏が成り立つということは、驚異的な事実である[4]。しかし、彼らの演奏はたしかに評価され称賛されている。

この事例と比較されるのが、いわゆる伝統的な権威ある指揮者を筆頭に置くオーケストラの形である。おそらくオルフェウスとの違いを強調するためであろうが、指揮者の指示の絶対性、オーケストラに厳然としてあるヒエラルキーなどが指摘される。そのとき、一方が平等で自由で開かれており、誰もがリーダーであり責任を取りうるのに対し、他方は立場の違いが固定的で、閉じた世界を形成しており、最終的に責任をとるのはトップに居る指揮者であるといった図式化がなされるのである。ただし、両者ともに素晴らしい演奏を実現しうる。異なるのは目標への到達の道筋なのだ。この図式化を踏まえたうえでコミュニティのあり方として評価されるのは、前者である。しかし私たちは、オルフェウスと伝統的オーケストラとの比較をもう少し詳細に検討してみたい。上述の図式は物事を単純化し、重要な部分を隠してしまうおそれがあるからだ。

### 1-2　ポリフォニックな過程

どちらのオーケストラにおいても、当然のことながら、大まかな目的は設定されている。一言で言えば、素晴らしい演奏をすることである。ただし、オルフェウスにおいては、どのような曲を演奏し、どのような解釈をするかはメンバーに委ねられている。言い換えれば、何をもって「素晴らしい」とするかという価値基準それ自体を、メンバーが作り上げるということである。とはいえ、オルフェウスであっても、リーダーシップをとる者は存在する。ただしリーダーは固定的地位ではなく、曲によって誰がイニシアティヴをとるのかが変わってくるし、強引な振る舞いはメンバーをまとめ上げることに役立たない。またメンバーはリーダーに対して自由に意見を述べることができる。しかしながら、誰もが意見を述べることができるからこそ、リハーサルには、通常のオーケストラの何倍もの時間と労力がかかる。[5] その意味で、通常のオーケストラにおいて指揮者が力を持つということは、解決を早める効果を持つ。とりわけ曲の解釈や演奏の良し悪しなど、評価が分かれる可能性のある事柄について、リーダーが明確な基準と立場を打ち出し、問題が生じたときに責任をもって一つの選択をすることができる。メンバーはリーダーの選択に従わざるをえない一方、責任を預けることができる。

創立者ジュリアン・ファイファーは両者の差異を簡潔に表現している。

指揮者がいるオーケストラでは、コミュニケーションはたいてい、指揮者と演奏者のあいだの縦型で一方的なものです。演奏者は、ときどき指揮者やセクションリーダーに質問をすることがありますが、他の演奏者の音色やある一節をどのように表現するかなどについて意見を言うことはありません。オルフェウスではコミュニケーションは横型です。したがって、そこには、二つの耳の代わりに五十二の耳によってオーケストラ中に生まれる提案や批判のためのコミュニティができるのです。

しかし、自由を発揮するには、その分、責任を負うことになります。オルフェウスでは、その責任というのは、自分がコミュニティに貢献するということ、思慮深くし、かつしっかりと意見を主張すること、そして、いつでも忍耐強くあることです。われわれに課せられたこの責任の重さやリハーサルでときどき経験するフラストレーションは、人々が喜びを分かち合い、人間の深いところからくる表現を共有する、バリアーのない貴重な瞬間が得られることで十分に価値あるものとなるのです。[6]

もし私たちがよきリーダーを持つ機会に恵まれたのであれば、たとえそれがトップダウン的で一方的であったとしても、おそらくメンバーの繋がりが横型で「平等」である場合よりも、素晴らしい演奏を少ない時間と労力によって実現させることができるだろう。それは、たとえばプラトンの掲げた哲人政治の理想が実現されるかのようである。

プラトンによる理想の国家は、幼いうちからその人間の本質、すなわち自然本来の素質[7]を見極め、各人に適応した仕事に向けて子供を育て、国家に役立てるというものである。その見極めを私的な利益と関わらせずになしうるのが知を愛する者としての哲学者である。それが哲人政治と呼ばれる所以である。この形態は、おそらく現代の多くの人々が批判するか、少なくとも抵抗を覚えるようなものであろう。ただし、よきリーダーを得ることができるのならば、実現不可能ではない。もちろん、国家というような規模ではなく、リーダーがメンバー全員を把握しうるような一つのコミュニティやグループを考えた場合ではあるが。もし、優れたリーダーがメンバーの特性を把握し、各自を最大限に活かす形で何らかの演奏なり計画なりを実行しようとすれば、非常に効果的な実現が期待されるであろう。メンバー各自が自由に意見を述べ合い、一つのものを作り上げていくよりも、場合によっては、短い時間で質的にいっそう優れた結果が生み出されることだろう。この可能性に賭けるのであれば、哲人政治——すなわち優れた絶対的リーダーを頂点に置くこともありえよう。

しかし、たとえばルソーはこのような形態に反対する。[8] もしもメンバーがよきリーダーを失ってしまったとしたらどうか。責任をすべて一人に預ける反面、各メンバーは自分で思考したり吟味したりすることを忘れ、どのような形で一つのプロジェクトを実現すればよいのか、わからなくなってしまっているだろう。そうだとすれば、私たちは一人の理想的なリーダーに頼るよりも、むしろ各人がリーダーたりうるような、まさにオルフェウス室内管弦楽団のようなコミュニティを形成すべきなのである。絶対王政に比して、直接民主制には各人に対して煩瑣な手続きや決定のプロセスが必ず付きまとう。しかしそれは私たちが全員コミュニティのメンバーであることを意識し、あらゆる決定に対して責任を持つために必要なプロセスなのである。また、たとえメンバーが入れ替わったとしても、全員参加型のコミュニティは、常に動的にコミュニティ内の基準を作り変え、合意を形成しうる。ただし、注意しなければならないのは、各自が責任を持って一つのコミュニティに参加するために、ルソーが一つの条件を課していることである。それは、互いに顔の見える関係であり、相互に（少なくとも）その存在が認められるような規模であることだ。直接民主制の実現を語るときにルソーが念頭に置いているのはジュネーヴであった。そうだとすれば、いわば「顔の見えない人々」によって形成されるネット上のコミュニティに関しては、もう一段階越えるべきハードルがあることになる。この点については後に言及しよう。

金子がオルフェウス室内管弦楽団の方法をシンフォニーというよりもポリフォニーだと評したのは、混沌から秩序が生まれるプロセス、主旋律を支える副旋律というあり方ではなく、各旋律が独立しながらも一つの全体を奏でようとするそのあり方に拠っている。煩瑣な手続きを目的達成のために厭わず、各自の意向や解釈をまとめ上げ、独創的な演奏へと繋げていく様子は、たしかにポリフォニックな過程と言える。だが、問題は、彼らの演奏するものがシンフォニー音楽であってポリフォニー音楽ではないこと、彼らの目指すものがあくまでも調和であることだ。おそらくここに、金子の主張するコミュニティの理想の限界がある。

### 1-3　オーケストラの限界

そもそもオルフェウスという「コミュニティ」は、優秀な演奏家の集まりであり、メンバーは選抜され限定的である。その上、リーダーが固定的でないとはいえ、何らかのイニシアティヴをとるものは常に存在する。さらに、曲についての解釈の違いが存在するとしても、だからといって彼らが目指すものは「素晴らしい演奏」に他ならず、その意味において目的は明確である。決定すなわち「ソリューション」に至るまでの彼らのプロセスはたしかにポリフォニーに近いものではあるが、ポリフォニーの本質はさらに豊かなものである。

皆川達夫の『中世・ルネサンスの音楽』によれば、「中世ヨーロッパでは、九、十世紀のころから、〔……〕多声音楽が行われて」おり、「二本あるいはそれ以上の異なった旋律線を同時に重ねて歌うタイプの音楽」がいくつかあるのだが、その一つが「ポリフォニーと呼ばれるもので、とくにルネサンスの時代――十五世紀中ごろから十六世紀にかけてもっとも顕著にあらわれたものである」と定義されている。[9]「四つの声部――ソプラノ、アルト、テノール、バスのそれぞれが、それぞれ均等に、互角に揺れ動いている。ここではどの声部が主で、どれが従という関係はなく、四つの対等の声部が互いに絡みあい、もつれあって、全体の音の綾を織りなしている[10]」というポリフォニー音楽がコミュニティを語るうえで重要な示唆を与えている。なぜなら、各声部の均等な独立性が確保されているが、それにもかかわらずある種の集合や全体が成立しているからである。

このように、ポリフォニー音楽とは、複数の旋律がそれぞれ独立して奏でられ、主旋律が存在しない。ポリフォニーが目指すのは単なる和声的調和ではないのだ。たとえばポリフォニー音楽の歌い手は、主旋律を歌うものと、その主旋律に対して副次的な旋律を歌って和声としてみたり、伴奏の役割を担ったりはしない。ポリフォニーに主旋律は存在しないし、目指すべき和声の調和も存在しないからだ。そうだとすれば、ポリフォニー音楽においては、歌い手の各自がそれぞれの個的な旋律を大切にしなければならない。それは他の旋律と調和させるためではなく、自らの旋律として主張をしなければならないのだ。しかし同時に、歌い手は他の歌い手たちの声を聞かねばならない。なぜなら、たとえそこに和声のようなハーモニーが存在しなかったとしても、他の歌い手たちをスポイルしてしまってはならず、彼らの旋律をかき消してはならないからだ。

そのような集合において、私たちの能力はどのように引き出されてくるのか。プラトンの哲人政治では、絶対的な能力と権力を持つ支配者が、構成員の能力を的確に判断し、それぞれに適応する「仕事」を彼らが幼い頃に設定する。しかもその設定が変えられることはない。もしこの方法が見事な仕方で実現されるのであれば、その人間はたしかに能力を最大限に活かすことができよう。

しかし人間の能力は、そのように限定的なものなのであろうか。まずやってみることがなければ、その人間にどのような潜在能力が隠されているかなど誰にもわからないのではないか。アリストテレスが人間の能力に言及して、能力の発揮に「先だつ現実的活動が必要である」[11]と述べるのはそのためである。よって、集合において出会う相手によって、私たちがどのような知的欲求を抱くのか、何に対して興味を引かれるのかは変わってくる。それは、先に述べたように、力を持ったリーダーがメンバーの能力を活かすのとは違った仕方で、人間の能力を開花させる。おそらく、リーダーが把握することのできなかった能力すら発揮されることもあろう。さらに言えば、自分自身にさえ知られなかった思いも寄らない能力が花開くことすらありうる。それは、関わるメンバーによって、そのような能力が初めて生まれるからである。普通私たちは能力の発揮を、その人間の中に隠されながらも予め存在していたものが表現されたと理解する。しかし、それは予め存在していたわけではなく、他の人々と関わることによって初めて生成したものなのである。それは、そのような人々と関わることがなければ、おそらく発揮されることはなく、存在すらしなかったことになるような能力である。この意味において、メンバーとの相互関係の中では、トップダウン的なコミュニティでは生じえなかった力が生み出されうる。

さて、最終的に生まれるポリフォニー音楽を耳にするとき、和声の調和に慣れた私たちは不思議な感覚にとらわれる。どの声を追うのか、どの段階でどの声に耳をすますのかといった選択は私たちに委ねられている。もちろん、一つの全体としてポリフォニー音楽を聞こうとすることも可能であって、そのとき私たちの前には、和声のハーモニーとは異なる〈一つの音の集合〉が現われる。調和に慣れた私たちは、ある種の苛立ちや落ち着きのなさをあるいは感じるかもしれない。しかし徐々に、ポリフォニー音楽に不思議と魅了されていくに違いない。その魅力は、個々の声と集合の声が同時に存在するところにある。もし、個々の声と集合の声とを同時に見事に耳によって捉えることができれば、ポリフォニー音楽の力を私たちが理解したことになるであろう。

よって、コミュニティ・ソリューションを体現している実例として金子が称賛しているオルフェウス室内管弦楽団のあり方は、ポリフォニー音楽の考察の後では、非常に限定的であることがわかる。彼らの奏でる音楽がシンフォニーであることからもわかるように、メンバー一人一人が担う役割は、最終的には集合のうちにかき消される。第一の目標は「複数のメンバーによって一つの曲を演奏する」ことであって、目的自体が見直されることもなければ、再問題化されて新たな解決が探求されることもない。個の主張と集合の主張とを見事に両立させている実例ではないのだ。個がそれぞれに歌いながらも、一つの集合として成立しうる事態は、より俯瞰的な視点から検討することによって明らかになる。それは、音楽の比喩で言えば、演奏家と彼（女）らが演奏する音楽だけでなく、楽器を演奏する技術を持たない者たちやただ音楽を聴くだけの者たち、音楽に興味を持たない者たちや耳の聞こえない者たちまでをも巻き込むような一つの集合を考えることである。

## 2　多文化主義

ポリフォニックなあり方を検討した後、私たちは多文化主義という一つの理想について考察する。多文化主義においては、多種多様な文化が、どのように共存し、どのように価値を持ち、どのように互いを尊重し合うかが問われている。問題となるのは自文化とは異質の文化、自文化とは異なる価値基準に支えられた文化をどのように承認するかという点である。他なる文化を自文化へと還元するということなく、あるいは逆に、自文化とはまったく関わらせず遠く隔たった位置へと追いやるということなく認めることは可能だろうか。

## 2-1 テイラーのマルチカルチュラリズム

多文化主義的思想の根底には、これまで私たちがマイノリティをマジョリティに還元してきてしまったことや、人種や文化に基づく差別を解消できなかったという事実がある。それは近代の価値観やヨーロッパ中心主義を問い直すという態度にも支えられている。思想的な背景にあるのは、「二元論や現実主義のパラダイム〔時代に共通な現実の枠組〕に対する根本的な批判」[12]である。すなわち、いわゆるデカルト的二元論に代表される近代の思想を問い直しながら生まれてきた構造主義やポストモダンの思想が、多文化主義の一面を担っている。

多文化主義の認識論的な側面は、アンドレア・センプリーニによれば、四つの側面に集約される。①現実とは構築されたものである。②解釈とは主観的なものである。③価値とは相対的なものである。④知とは政治的な事象である。[13]これらは、いわば近代の合理主義、本質主義、普遍主義に対置される立場であり、ポストモダンの論者たちが主張してきたものである。ここにおいて、差異と平等のアポリアや主観的承認と客観的能力のアポリア、あるいは相対的価値と絶対的価値のアポリア等々をどのように考え、解決しうるのかという点が問題にされる。中でも「差異の承認」の問題を重視しているのがチャールズ・テイラーである。テイラーは承認を新しい時代に特有の問題として捉えようとする。

以前の時代においては、承認は問題としては現れなかった。社会的な起源を持つアイデンティティは、すべての人が自明視していた社会的範疇にもとづいていたので、一般的な承認がこのアイデンティティのなかに組み込まれていたのである。しかし、内面において生み出される、個人的な、独自のアイデンティティは、こうした承認をア・プリオリには享受しない。それは交渉を通じて承認を獲得しなければならず、この試みは失敗するかもしれないのである。近代とともに生じたのは、承認の必要ではなく、〔承認をめぐる〕新しい条件であり、そのもとでは、承認を受ける試みは失敗するかもしれないのである。承認の要求が今はじめて認められているのはこのためである[14]。

テイラーは対話によって私と他者の間の差異、あるいは承認をめぐる問題を解決する緒を見出そうとする。彼の議論においては、繰り返し「対話的」(dialogical) というタームが現われる。

人間の生の、この決定的な特徴とは、それが根本的に対話的 (dialogical) な性格を持つということである。我々は、表現のための豊かな人間言語を身につけることによって十全な人間主体となり、自らを理解し、自らのアイデンティティを定義づけることができるようになる。ここでの目的のために、私は言語を広義に解釈したい。すなわち我々の話す言葉のみでなく――芸術、身ぶり、愛などの「言語」を含めて――我々が自己を定義づける手段となる他の表現形態をも含めたい。しかし我々はこれらの表現形態を他者との交渉を通じて学ぶのである。人々は自己定義に必要な言語をひとりで獲得するのではない。むしろ我々は、我々にとって重要である他者――ジョージ・ハーバート・ミードが「重要な他者」と呼んだもの――との相互作用を通じて、それらの言語へと導かれるのである。この意味で、人間の心の起源は独白的ではない。すなわち、

それぞれの人がひとりで達成するものではない。それは対話的なのである。(15)

たしかに、私たちは生まれたときからすでに世界のうちに、他者の関係性の中に投げ込まれている。私たちが言語の使い方や意味を獲得していくのもまた、そのような関係における相互作用である。その意味において、テイラーが「対話」を重視する点には頷ける。対話を通して、私たちは自己のアイデンティティを作り上げ、他者もまた同様であり、こうして互いに承認する関係を築き上げていくことができよう。ただし、互いの承認、しかも互いに異なるアイデンティティを持つ者同士が認め合うことの具体的な実現については、いくつもの問題が含まれる。

多文化主義は、現実の世界において、いわば政治的側面や法的な側面をどのように整備して折り合いをつけていくのかという点を問題化する。たとえば、アファーマティヴ・アクションと呼ばれる積極的な差別是正政策や、ジェンダーをめぐる問題などが挙げられる。しかしここでは、より認識論的な問題、そもそも多様な文化を認めるとはどういうことかという哲学的観点から考察を進めていく。

承認の問題は、差異と平等の問題として捉え直される。差異の承認は、個々人の間に、あるいは、マジョリティとマイノリティの間に何らかの区別を引き入れる。異なるということは、常に何かと比較して違いを強調することだからである。しかし同時に、私たちは平等であること、あるいは平等な権利を持つことを要求する。生まれながらに、あるいは、教育の過程で、構造的に予め組み込まれてしまった開きを埋めようとするのが差別是正である。問題は、是正をしようとする行為自体が、それぞれの特性に対する固定的な価値基準を当てはめて、差異をマイナス要因としてしか捉えられなくなってしまう危険を孕むところにある。そのとき、価値基準そのものは問われることなく、従来のヒエラルキーが保存されたままに終わり、せいぜい社会の中での多少の改正が見込まれるだけであろう。

問題はそれだけにとどまらない。差別されているマイノリティは、そのマイノリティ性ゆえに、一致団結することを暗に求められる。その団結はときにドグマ的で、そこから外れた者たちは、マイノリティ内部のさらに周縁へと押しやられる。しかし、真の多文化共生とは、マイノリティ内部ですら多様性を認めることであり、さらに言えば、マイノリティを即座に「被差別」や「弱者」と結びつけないことである。エイミー・ガットマンは『マルチカルチュラリズム』の序文で次のように問う。

多文化的なアイデンティティの多様性を尊重して、しかもいかなる人の生もあまり厳格に脚本化しない、そうした承認をめぐる政治はありうるのであろうか[16]。

私たちは、差異を承認するというよりも、より積極的な仕方で差異を評価するようなあり方は可能かを問わねばならない。差異の承認には、強い個が自らを確保したうえで相手を認めるというあり方と、他者と出会うことによって、柔軟な個が自ら破壊され変容する可能性を持つようなあり方という二通りの仕方がある。もし差異の承認や多様性ということが前者の意味で語られるのであれば、人は他者と関わりを築くことができないことになる。なぜなら、強い個が何らかのコミュニティやグループを形成する際に、構成員として認められるのは自らの分身であり、拡大された我でしかないからである。そこでは個は決して他者と出会うことはできない。他者との出会いは、今まで築いてきた個がさして堅固なものではなく、関係の中から生起する揺らぎを含んだものであることを私たちに知らしめる。そのような個の変容が、差異を積極的に評価する態度へと繋がる。なぜなら、私個人のうちにすでにある「私の内なる多様性」を認めることで、多様な他者のあり方がある意味当然のものとして浮かび上がってくるからである。

### 2-2 多文化主義が孕む問題

テイラーの多文化主義に対して、ハーマッハーはその著『他自律』において批判的議論を展開する。彼によれば、そもそも文化とは「私たちと他者が語り合い、行為し合いながら現に存在し、そしてそれによっていかなる客体としての固定化からも逃れるための私たちの流儀[17]」である。ところが、文化は本性的に他なるものとの区別を強調し、ときには軽蔑へと向かう傾向にある。[18] 多文化主義を主張するのであれば、自己の多文化主義を絶対として他を排除してはならない。すなわち、「多くの多文化主義」が存在しなければならない。問題は、多様性の理念がヨーロッパや北米の文化に属していることである。私たちは〈多様な多様性〉の可能性を探求することはできるのだろうか。すなわち、多様なものが存在するということそれ自体はどのように担保されるのかという問題である。そもそも多文化共生の議論をする際に、私たちは多文化共生主義それ自体を認めない人々の存在する可能性を見ないようにするか、あるいはないものとしてしまう。多文化共生は、それを主張する（いわば広い許容性を持つ）人々を否定する者たちをも含み込む議論をしなければならない。

差異を認めつつ共存することは生半可なことではない。なぜならそれは、私に不快な出来事をもたらしたり、私を認めなかったり、私を攻撃する人々と共生することだからである。私を攻撃する者たちが存在することを、少なくとも「一つの価値によってすべてを支配することによってもたらされる平和」よりも「いっそうよいもの」と認めなければ、多文化共生を正当な仕方で語ることはできないだろう。さらに、たとえばマジョリティとマイノリティが対立したとき、Aという文化とBという文化が対立したとき、それぞれの内部において権利や承認を獲得するために互いの差異を消去する方向へと向かうのであれば、それは新たな対立を生み出すだけとなってしまう。私たちが形成するグループは様々な規模と多様な構成員からなる。個人においてすら、私たちはただ一つの固定的なあり方をするわけではなく、まして他者との関係の中で個人やグループを考えるのであれば、私たちは常に変化し、揺れ動き、一貫した持続的な固定性のみに基づいて（いわば、ある一つのアイデンティティに縋るようにして）承認や権利を主張することなどできなくなる。個としても、集合としても変動するあり方を、私たちはどのような仕方で積極的に捉えうるのであろうか。これはまさにポリフォニーの問題である。

## 2-3　平等と差異

ここでいったん、議論の発端であるサイバースペース上における平等性へと話を戻そう。サイバースペースにおける平等の議論の多くは、現実社会の中で持つ私たちのアイデンティティ（仕事や身分、社会的立場といったもの）を越えたところで一つのコミュニティを作るがゆえに、メンバーは等しく発言権を持ち、誰もが忌憚なく意見を述べることができるといったものである。しかし、等しく意見を述べることだけが「平等」なのであろうか。

たしかに、ブレインストーミングやビジネスにおける何らかの創造的プロジェクトの達成といった場合には、メンバーが意識的にであれ無意識的にであれ考えていることをすべて表に出すことによって、新しいアイディアを生成させるといったことが目指される。そのような事例であれば、各自が目に見える形で自分の考えを表明することは最重要課題となる。しかしまったく別のケース、たとえばコミュニティで起こったメンバー同士の諍いといった問題を解決する場合、あらゆるメンバーが等しく意見を言うことが重要となるのか。あるいは、コミュニティにおいて私たちは「問題を解決する」ことすら求められないケースも考えられる。コミュニティのメンバーの表現を受け入れることや他のメンバーに対して敢えて受動的にとどまることもありうる。すなわちここで問いたいのは、コミュニティを形成するメンバーの役割はすべて同じものであるのかということである。それは、役割を均等なものにすることが「平等」を意味するのかということでもある。

アーレントは次のように言う。

多種多様な人びとがいるという人間の多数性は、活動と言論がともに成り立つ基本的条件であるが、平等と差異という二重の性格をもっている。もし人間が互いに等しいものでなければ、お互い同士を理解できず、自分たちよりも以前にこの世界に生まれた人たちを理解できない。そのうえ未来のために計画したり、自分たちよりも後にやってくるはずの人たちの欲求を予見したりすることもできないだろう。しかし他方、もし各人が、現在、過去、未来の人びとと互いに異なっていなければ、自分たちを理解させようとして言論を用いたり、活動したりする必要はないだろう。なぜならその場合には、万人に同一の直接的な欲求と欲望を伝達するサインと音がありさえすれば、それで十分だからである。[19]

「平等」であることはたしかに必要である。しかしコミュニティにおいて、あらゆる人々が「同一」の行為をなさなければならないというわけではない。むしろ、行為や言葉によって私たちは、他者とは異なる「私」を表現し、理解させようとする。それが平等における差異である。あるいは単に、消極的な表現、すなわち発言者に対する同意や相槌といった形でコミュニティへ参加することもありえよう。コミュニティにおける各人の役割は多様である。そのような多様な役割の中でも相互的関係は築かれ、相互作用は担保される。

集合においては、意見を言う者、耳を傾ける者、まとめ上げる者、学ぶ者、評価する者など様々な役割がありうる。また、他の人々が一つの考えを生み出すのを手助けすることに徹する人もいよう。自らの役目をそのように主張するソクラテスは、その手法を産婆術と名づける。自分自身で何らかの新しい考えを生み出すわけではないし、何か確かなことを知っているわけでもない。しかし、他の人々が持っている思考の萌芽や潜在能力を対話という働きによって開花させるのがソクラテスの役割である。彼が繰り広げる対話は、参加者全員に等しく発言権が与えられ、均等に主張がなされることを平等と言うのであれば、平等とは言えない。そもそも、ソクラテス自身が自らの立場を対話相手のそれとは違った仕方で位置づけるのである。それでいて、ソクラテス的対話は、ときに結論も出されず混沌のうちに終えられてしまったとしても、各自がそれぞれの役割を果たし一つの対話を形成していることが理解される。さらに言えば、そのような対話を書いたプラトンや、それを読む私たちといった広がりを持つ対話は、閉じた世界を形成するどころか、どこまでも開かれた可能性を含んでいる。

金子がポリフォニックと評するオルフェウスという集合は、一見、各人の個性を見事に反映しつつ一つの独創的な曲解釈を提供する創造的グループに見える。しかし問題は、メンバーの限定性と目的の固定性にある。メンバーは必ず優秀な（もちろん、「優秀」という基準はそれほど確固としたものではないが）演奏家でなければならず、その条件を満たしたうえでの個性ということになる。また、目的は何らかの曲目の見事な演奏であって、これもまた「見事」という基準は曖昧ではあるが、目的それ自体が根底から覆されるということはない。

しかし、私たちがポリフォニックというタームからイメージするのは、むしろ各人が一見ばらばらな思考や行為をしながらも、俯瞰的に見ればある種の全体を構成しているといった状況である。そのとき、各人の個性はいっそう多様性に満ち溢れたものであり、目的それ自体が書き換えられたり、ときには目的それ自体が共有されていることすら意識されることなく、一つの集合を形成することがありうるのだ。集合における個はもっと強調されてよい。

そもそも共同体における倫理や振る舞いの議論は、各人をまずは没個性的な一個の「人間」として見ることから始まる。社会契約説を展開したホッブズにせよロックにせよルソーにせよ、それぞれの考想する共同体や社会は違えど、そこで描かれる「人間」の姿は一般化され、適度な知性を備えた理性的人間である。彼らは、社会化あるいは社会制度の根拠を明らかにするべく、自然状態から社会状態へ到る過程を考察したが、そこで見過ごされてしまうのは人間が相互に大きく異なりうるという可能性である。さらに言うならば、そこで想定されているのは、人間の一生において最高度に身体的能力も精神的能力も発揮されているような、強い「個」であって、庇護を必要とする幼年時代やあるいは逆に手助けを要する老年時代を基盤に考えられることはない。いわゆる弱者は議論の完成の後に導入されるのであって、しかも彼らの行為は強い「個」に支配され左右される。私たちは自らが潜在的に弱者であることを忘れている。かつて誰もが弱者であったし、これから(もしかすると明日にでも)弱者となりうるような存在である私たちは、決してすでに常に強固な「個」を保持しているわけではない。「個」はもっと柔軟で移ろいやすく、時間の流れや環境や自らが築く関係によって変容しうるものである。私たちは、弱さへと目を向けなければならない。それも弱さを否定的に捉えることのないような視点に立ちながら、である。

## 3　ポリフォニックな集合的知性

### 3－1　弱さというつよさ

ルソーの主張する自由とは何か。それは、何よりも自分が加担するコミュニティに対する責任を取ることである。そして、自らの意思決定の機会を決して他人に委ねることなく行使することが自由なのである。

しかしこのようなあり方は、強固で不変な個、しかも相互に独立し関係を断ち切るかのような個を要請する。これは、公を重視するがゆえに、個が集合のうちに解消されてしまうようなあり方である。これでは、個性や多様性を語ることはできない。

　相互依存あるいは相互関係を取り結ぶということをネガティヴに捉えてはならないし、むしろ通常考えられている意味よりもいっそう強い意味において理解すべきである。相互依存的なあり方は、独立しては存在しえない弱い者同士がもたれ合いながら存在する仕方と理解されている。また、相互関係を取り結ぶということは、独立した強い個が敢えて何らかの関係を築くことだと理解されている。このような理解は同じ前提に基づいている。すなわち、個のあるべき姿とは強固で完成され不変なものであり、そこへと到達しえない個は未熟で、不完全であるということ。そこからさらに敷衍されるのは、関係の構築が自己変容の可能性を含まないということである。自己変容を認めないのは、いまだ自己が完成されておらず弱い存在であるということがひたすらネガティヴに理解されているからに他ならない。弱さという特性を積極的に捉えようとすることは、差異を埋めるためにマジョリティや強者へと近づこうとすることとは別の途を探ることへと繋がる。私たちは差異を積極的に評価する可能性を問わねばならない。

### 3-2　差異の積極的評価

　もし、差異をマイナス要因として捉え、その差を埋めようとして、ある標準的な基準を目指して配慮する、いわばアファーマティヴ・アクションをなそうとするならば、差異はいつまでもプラスへと転ずることはない。そうだとすれば、到達すべき標準点を定めることが、そもそも既存の価値観に縛られた不平等を生み出すこととなってしまう。

　では、差異を差異として認め、承認し、違いをむしろ評価すべきものとするならばどうか。問題は、多くのメンバーを擁する大きな集団に共通する価値が力を持ち、そこからはみ出す者たちをマイノリティや弱者として、力のない存在へと落とし込んでしまう点にある。価値観を打破することは困難であるように思われる。

その一方で、サイバースペースに見られるような、今までの境界や国境を越えてコミュニティを形成しようとする動きがある。そこでは、価値基準が次々と変様し、多様化し、集団は作られては壊され、また別の集団が作られといったように、とどまるところがない。価値基準はいわば相対化されるのである。相対化された価値基準のもとで、差異は差異として承認されるかのようである。たとえ差異を認めない集団と対峙することがあったとしても、差異を受け入れてくれる別のグループやコミュニティを探し出したり作り出したりすればよい。私たちを取り巻いているのはただ一つの不動の世界ではないのである。

多文化主義の真の問題はここから始まる。多様化する価値基準と、変動し続ける世界や集団においては、相対主義が行き渡る。私たちは何一つ確固たる基準を提起することも、拠って立つ基盤を打ち立てることもできなくなる。しかしながら、様々な価値基準をどのように評価するか、様々な集団のあり方をどのように価値づけするかといった問いを蔑ろにすることはできない。なぜなら、多文化主義は単なる何でもありの世界ではなく、何らかの文化や発言や功績が、実現されたり達成されたりするたびに即座に相対化されるようなものではないからである。もしあらゆる価値が相対化されるのであれば、多文化主義というあり方もまた相対化され、世界はこれまで以上の渾沌へと巻き込まれていくだけになってしまう。

ある種の相対主義が成立するのは、まさに（もはや消滅したと言われる）一つの大きな物語、これまで私たちが培ってきた伝統的基準、権威といったものが力を持つからに他ならない。すなわち、伝統が壁として立ちはだかるからこそ、別の文化や基準が対抗して花開くのであり、伝統との距離をはかりつつ、伝統との比較をしつつ、それら後発の文化が成立する。この意味において、すでに乗り越えられたと考えられることも多い近代的な価値観は、一つの役割を果たす。この役割は、今後決して消えることはない。なぜなら、もし別の価値基準に取って代わられ、その基準がある種の伝統として今後受け継がれていくとするならば、その基準が従来の伝統的基準の役割を果たすのだからである。

伝統や権威を手放しで称揚するわけではない。ただし、大澤真幸がオタクと学者の違いについて述べていることが参考になろう[20]。オタクのあり方は一見、学者のそれと似ているかのように思われる。一つの事柄、一つの主題を追求し、知識を取り集め、ある種の競争の中に身を置いているからである。その探求心は、学者を彷彿とさせるかのようである。しかし大澤は、決定的に異なる点がそこにあると言う。オタクの知識は、世界における自らの存在価値や知識のあり方についてのマッピングを欠いている。学者は否応なしに、自らの研究の意義について意識的にならざるをえない。象牙の塔と揶揄されようと、自らの研究について、専門家以外にもその意義を語りうるのが学者である。逆に言えば、そのような意義について意識的ではない学者は学者の名に値しない。

伝統的な基準を心得ているか否かが、ここでのマッピングの問題へと繋がっていく。学者は自らの研究や知識がこれまでの歴史の中でどのように位置づけられているかを語りうる。それも長期のスパンにおいてである。たとえオタク文化が数年から数十年の歴史の中で自らの知を位置づけたとしても、より俯瞰的な視点へと上るのでなければ、それは閉じた世界の中での知識、ネットワークの中へ入り込むことのない知識にすぎないのである。

## 3-3　言論の自由と礼儀作法

もう一つ、相対主義に端を発する問題として、言論の自由が挙げられる。言論の自由とは何を言っても許されるという事態を認めることなのだろうか。誹謗中傷や悪意に満ちた表現を許すのか否かといった問題である。

一般に、ネット上での表現の「暴走」は、匿名性を許したところにあると人々は考えている。もしあらゆる記述が現実の名前の署名を伴うのであれば、大部分の暴力的発言は抑えられるであろう。しかしそれは同時に、現実の身分や社会的地位にとらわれず、技術的状況が許す限り、誰もが発言する機会を持つというインターネットのかけがえのない利点を奪うことになる。見ず知らずの人々が「私」に対して語りかけたり、その逆が可能であるのは、インターネットの恩恵に他ならない。そのような恩恵を無にしない倫理を私たちは考えるべきであろう。

ところで、本章の冒頭において私たちは、倫理を礼儀作法（civilité）の問題として捉えると述べた。[21] フランス語の civilité は、civilis（市民の de citoyen /civil という意味の形容詞）と語源を同じくする civitas（都市や国家 ville/état を意味する名詞）に由来する。すなわち、civilité とは一つの都市、一つの国家といった集合における作法であり、いわば場に対する敬意である。

市野川は、civilité を宮廷社会に関連づけて、特殊な空間の中で礼儀正しく振る舞うという意味をそこに読み取る。[22] そのうえで、ルソーの社会的人間（l'homme civil）を解釈していくのだが、私たちはここで、都市における振る舞いが civilité に繋がる途を別の観点から見ていこう。私たちが（グループであれ、都市であれ、国家であれ）他者と共有する場においてメッセージを発するとき、もしその発言が他の人々への配慮に欠けたものであったとすればどうか。そのとき、場は乱れ、人々は気分を害し、最悪の場合、もはや言論それ自体が成り立たなくなってしまうであろう。私たちはそもそも、言論を成立させる場、私たちが発言しうる可能性を確保しなくてはならない。場を破壊してしまっては、言論の自由を云々することもかなわないからである。また、私たちは自らの発言の意義や意味を他者に問わねばならない。たしかに、独り言であれば、私たちはまさに〈自由に〉発言できる。ただし、誰も聞くことのない呟きに制限が設けられないからといって、それを言論の自由と呼ぶ者はいないであろう。この意味において、私たちは他の人々に対し敬意を払い、いわばマナーや作法を守るようにして発言せざるをえない。礼儀作法とは、そもそも私たちの自由を保証する場を確保し、支持するためのものである。言論の自由は、共通の場において自らの発言の意義を問い、他者の承認を求めることに見出されるのであって、罵詈雑言を浴びせたり、誹謗中傷をしたりすることに求められるのではない。

以上のように考えるのであれば、私たちが優先すべきなのは場への敬意であって、無際限の自由ではない。それは、もはや匿名や記名の範疇を越えて守られるべき作法である。匿名性が高い（と捉えられている）サイバースペースだからこそ、その自由を享受するために、私たちは場に対する礼儀を払わねばならない。礼儀を欠いてしまえば、発言の機会そのものを奪われ、現実世界における制限や枠組みを越えうる脱領土的なサイバースペースの利点を活かすこともできなくなってしまう。それは、私たち自身で自己の可能性を奪うことであり、他者へと声を届ける契機を失うことである。多様性を受け入れうるサイバースペースの存続は、私たち自身のcivilitéにかかっている。

### 3-4　創造的で多層的なポリフォニー

米山優は、より具体的にポリフォニックな集合を論じている。彼が提起するのは連歌・連句モデルである。[23]彼の議論の特徴は、次の点にある。すなわち、ただ単に情報が伝達される場面ではなく、創造的なテクスト（情報）が生まれる場面を扱っていること、参加するメンバーや文脈や場によって、評価される句が変わってくる、すなわち価値基準が動的であると示していることである。連歌・連句は、情報創造の積極的側面を網羅する見事な例である。先に、私たちはインターネット上における誹謗中傷の議論をした。これを連歌・連句の場面で考えるならば次のようになろう。たとえば、誰かが場を乱すような句を詠んでしまえば、場そのものが損なわれてしまう。その行為は、他者だけではなく自己をも傷つけることになる。なぜなら、場と自己とは別のものではないからだ。これがまさに礼儀（civilité）を欠くということである。

ただし、ポリフォニックなあり方をある一つのグループやコミュニティの内部だけに限定して議論してしまうと、そこでなされる活動や解決は常に何らかの一つの目的や問題を念頭に置いているかのような誤解を生んでしまう。もし、ポリフォニックな空間がありうるとすれば、それは目的や問題すら共有しない者たちによって形成される空間となるに違いない。なぜなら、「私」は意識せずに、ときには何も気づくことなく、他の人間たちに対して深い感銘を与えたり、大きな影響を及ぼしたりしうるからである。また、「私」自身も逆に、他の人間たちから何らかの教えを受けたり、メッセージを受け取ったりすることであろう。受け取った時点でその意味に気づくことがないこともありうる。また「私」に影響を及ぼす者たちが、すでにこの世には存在しないということもありうる。二千年前に書かれたテクストを私たちが手にするとき、私たちはそのテクストの作者へと直接語りかけることはできない。しかしながらこれもまた一つの「相互的修習」の形なのである。私たちが古いテクストに心動かされ、別のテクストを著わし、私たちの死後にどこかで誰かがそのテクストを読むのであれば、それもまた一つの相互的関係となる。ポリフォニックな空間は、境界だけでなく時間をも超越する空間である。

同時に、ポリフォニックなあり方は個人のうちにおいても可能である。何らかの考えや感情を持ち、それを表明する主体が、同時にその考えに対する批判を想定したり、その感情に対する嫌悪感を持ったり、別の思惟を抱いたりすることがありうるからである。たとえば、怒りの感情を抱きつつ、なぜこれほどまでに怒ってしまうのかを反省することも、あるテクストについての独創的（だと思われる）解釈を思いつきながらも、それが独創性に値するかと慎重に吟味したりということが私たちには頻繁に起こる。それは、時間の流れの中で次々と線形的に生ずるというよりもむしろ、怒りを顕わにしつつ、あるいは解釈を表現しつつ、私たちの中で同時進行する。いわば個人のポリフォニーである。

この意味において、ポリフォニックなあり方もまた多層的である。個人のレベル、グループのレベル、諸グループの集まった集団のレベル、人間的知性をすべて取り集めた集合的知性のレベル、あらゆるレベルにおいて多声的でありうる。私たちはそのうちの一つの声を聴くことも、グループや集団の声を聴くこともできるし、個人の声と集合の声に対して同時に耳をすますこともできる。翻って、私の発する声は私という個人の声でもあり、グループの声でもあり、集合の声でもある。声は、様々なグループや文脈やネットワークの中に位置づけられ、意味を持ち、価値づけられる。その声が関係づけられる集団や文脈によって価値は変化する。このとき価値は相対的であると言われるであろう。しかし、位置づけによって様相を変える声のあり方は、様々な価値変化を通して事後的に現われるある種の一貫性、誤解を招く言い方かもしれないが、ある種の普遍的価値をもたらす。より正確に言えば、相対に対する絶対、構築主義に対する普遍主義は、このように事後的に確認する他ない。何もかもが相対的価値観の中で意味を持ち、いわば何でもありの状態の中でもなお、ある種の価値を持続しうる力、普遍的意味を持ちうると思わせる力は、声の中に見出される。ただしそれは、常に新たなエネルギーを注がれる場合に限られる。次々と別の主体、別の集団によって取り上げられ、批判され、賛同され、意味を与えられることによって、一つの力が事後的に確認される。

### 3－5　情報体の倫理

付け加えておくが、ただ互いに接続したり、集合を形成することだけが重要なのではない。もし小さなコミュニティが乱立し、しかも互いにまったく関わることなく存在するのであれば、それは諸島が互いの存在を知らないままに交易することがないように、閉じた世界のままにとどまる。自由であるためには、何よりもまず学ばねばならず、開かれねばならないのだ。

一般に、倫理を語ろうとする場合、「……すべき」という規律が問題となる。それは、弱者のためであるとか、社会や集団のためであるといった、自己以外の何ものかを優先すること、いわば他者を歓待することを私たちに要請する。問題は他者の歓待に私たちがどのようにして動機づけを見出すのかという点にある。すなわち、何ら利点をもたらさないもの、プラスとならないものを誰かに受け入れさせることは困難だという点から、私たちは目を逸らしてはならない。

加藤典洋は、倫理を語る際に、自己の利益を優先しつつそれが他者や集団の利益に繋がる途はないかを模索する。[24]私たちはここに一つの可能性を見出したい。すなわち、まずは自己の欲望から始めて、結果的にそれが他者の欲望を満たすように働けばいいわけである。このとき、レヴィの提唱する相互的修習のシステムは、私と他者の双方の欲望を満たしうる、少なくとも満たしうる側面を持っている。

私たちには何事かを知りたいという欲望がある。それは、子どもであれ老人であれ、強者であれ弱者であれ同じである。つまり、知というファクタとすべての人間は関わりうる。ところで、デカルトの自由論を考察した際、私たちは自らの知性の領域を広げることが自由の領域をもまた広げることに繋がるということに気づいた。レヴィの相互的修習と合わせて考えるならば、知りたい、学びたいという欲望が自己の自由を広げることとなる。相互に学び合い、教え合うことによって、私たちは互いに自由の領域を拡大していくことができる。ここで考えられている自由は、たとえばベンサムやミルが考える「他者の権利を阻害しない限りでの自由」という捉え方とは根本的に異なっている。自由は常に神との対比、大澤真幸の言葉を借りれば超越的な第三者の審級との対比から計られる。言うまでもなく、私たちは絶対的な自由（すなわち最大限に発揮された知性と意志との完全なる一致）を獲得することはできない。しかしながら、わずかずつであれ、私たちは発揮しうる自由を広げていくことができる。私たちは、より自由な自己を求めることができる。それはいわば自己の利益を優先するようにして、まず何かを学ぶということから開始されるかもしれない。しかし、学びながら私たちは、ただ吸収するだけでは物足りないことに気づくであろう。知は、エネルギーであり、ダイナミックである。情報がネットワークをめぐることによってそのリアリティや意義を獲得するのと同様に、知もまた、自己のうちに確保し眠らせておくのではなく、他者との関わりの中、連繫の中で発現させることに意義がある。なぜなら、連繫することによって、自らの知はさらに発展し、別のエネルギーを吸収しうるのであり、他者においてまた別の展開を見せるだろうからである。

ポリフォニックなこのあり方は、他者と私の間でも、個と集合の間でも、精神と身体の間でも、情報や知と主体の間でも成り立ちうる。むしろ、このあり方を目指すことが、倫理の一つの形となる。第一章からここまで貫く情報体という概念は、このようなポリフォニックなあり方を捉え、実現させる手がかりとなる。

ここまで私たちは様々な二項を見てきた。身体と精神、情報や知とその担い手である主体、テクストとその書き手や読み手、個と集合等々である。社会情報学における事物や事象を捉えるために二項の区別は有用であり、認識という点で理解の助けとなる。だが、区別にとどまっていては、固定的で平面的な捉え方しかできず、ネットワークや運動を把握するには到らない。情報体という概念は事物や事象の多層的で立体的な認識を可能にする。たとえば、「私」の内なる他者の議論があった。これはまさに、自己のうちに他者が生じ、切り離されていくということを意味していた。すなわち、他者は自己の外部であると同時に、内部でもあり、個はその意味において決定的に複数なのである。他者とどのような関係を築き、連繫していくかが倫理を論ずる際の一つの目的であるが、内なる他者を包含する自己、矛盾を含み自己の内に差異を内包している「私」は、単数であると同時に複数であって、すでに倫理的な存在である。この「私」は、他者と相対したときに、他者の複数的なあり方や、(そのメンバー、その目的、その価値基準など) 刻々と変化する集合にも、柔軟に対応し、常に「私」の別の側面を見せることができるであろう。「私」のこの多層的なあり方を、「他者」もまたするのであり、個も集合もまた同様にこのようなあり方をし、それぞれが複雑に絡み合っている。集合的知性の利点はここにこそある。固定的で一義的な仕方で存続するわけではない集合的知性は、想定されたものとは異なるあり方をしたり、思わぬ力を発揮したり、すでにあるネットワークとは別のネットワークを築きうる。

集合的知性は、以上のような形態のもとに、刻々と姿を変え、個によってエネルギーを備給されながら存在し続けるであろう。個はまた、翻って、集合から力や新たな意味を受け取り、両者の相互作用に終わりはない。私たちは、普遍主義にも相対主義にも偏ることなく、また全体主義にも個人主義にも偏向することなく、二項を一つのものとして捉える困難な観点を保ちながら、思考し、情報を表現し、解釈し、伝達し続けるだろう。

(1) 金子郁容『コミュニティ・ソリューション』一五頁。
(2) 同書、九頁。
(3) 同書、一〇頁。
(4) 同上。
(5) 同書、二五頁。
(6) 同書、二九－三〇頁。
(7)「われわれひとりひとりの生まれつきは、けっしてお互いに相似たものではなく、自然本来の素質の点で異なっていて、それぞれが別々の仕事に向いているのだ」(プラトン『国家』370B)。
(8) ルソーは共同体に参加し自らの意志を表明する「自由」を放棄することを徹底的に批判する。
(9) 皆川達夫『中世・ルネサンスの音楽』一五頁。
(10) 同書、一六頁。
(11) アリストテレス『形而上学(下)』三〇頁(1047b30)。
(12) センプリーニ『多文化主義とは何か』八二頁(Semprini, *Le multiculturalisme*, p. 57)。
(13) 同書、八三頁(*Ibid.*, p. 58)。

（14）チャールズ・テイラー「承認をめぐる政治」『マルチカルチュラリズム』五〇頁（Charles Taylor, "The politics of recognition", *Multiculturalism*, pp. 34 - 35）。
（15）同書、四七頁（*Ibid*., p. 32）。
（16）エイミー・ガットマン「序文」（一九九四年）『マルチカルチュラリズム』ｖ頁（Amy Gutmann, "Preface (1994)", *Multiculturalism*, p. xi）。
（17）ハーマッハー『他自律』三三頁。
（18）フロイト「ある錯覚の未来」『フロイト全集20』四 - 八頁（Freud, "Die Zukunft einer Illusion", *Gesammelte Werke, Bd. XIV*, S. 326 - 330）。
（19）ハンナ・アーレント『人間の条件』二八六頁（Arendt, *The human condition*, pp. 174 - 176）。
（20）大澤真幸『「自由」の条件』一一二 - 一一三頁。
（21）たとえば市野川容孝は、civilité を「礼儀正しさ」や「礼儀作法」と訳している。市野川容孝『社会』九一頁を参照のこと。
（22）同書、九三頁。
（23）米山優『情報学の展開』の第Ⅲ部第三章、第四章を参照せよ。
（24）加藤典洋『日本の無思想』。

# 結び

以上のように、本論では二元論における二項の区別と合一を、情報体という概念を導入して両立させることを目指した。デカルト哲学を基盤としつつ、現代的なテーマである情報学を論じたのであるが、この二つの領域は別々のようでありながら、深く関わっている。情報学を論ずることによって、デカルト哲学を新たに見直すことにもなり、デカルトに由来する概念をより動的に捉えることができた。翻って今度は、デカルト哲学の動的な理解を、社会情報学における各主題の展開に反映させることができた。それによって、精神と身体、情報と主体、私と他者、個と集合といった哲学的でも社会的でもある主題について、一つの解釈の形を、あるいは一つの倫理的な形を提起しえた。

第Ⅰ部で述べたように、デカルトの二元論は単なる二項対立を主張するものではない。二項の区別と合一の両立、すなわち精神と身体の区別と合一を両立させることによって、二元論の新たな可能性が拓かれるのである。そこでは、新たな情報を生み出す際に、精神と身体がどのような秩序に則して、どのように機能するかを考察した。ここで提起された情報体という概念は、第Ⅱ部以降の各主題において、重要な役割を果たした。

第Ⅱ部において、知や情報とその担い手である主体とは、情報体という概念を通して、それぞれが一つの持続する存在でありながら、ある種のエネルギーであり力であることが明らかになった。知や主体にまつわる固定的な印象、実体的なイメージは、知と主体の関わりそれ自体が情報体であるという考察によって、より動的なものに変わった。

第Ⅲ部では、情報の一つの価値としてのリアリティと、より具体的な展開としてのハイパーテクストのレクチュールとエクリチュールが扱われたが、これらもまた、柔軟性を持つ概念であることが明らかにされた。サイバースペースをめぐる情報は、主体に解釈されることによって、情報体として成立し、意味づけや価値づけがなされる。ただし、そのような図式は一方向的ではない。テクストを介して読み手と書き手が入れ替わったり、読み手とも書き手ともなりうる主体の間を、変容しながら情報が循環していく。この関係を表わしているものが情報体という概念であった。

第Ⅳ部においては、集合における一つのあり方、しかもある種の理想を標榜する倫理的あり方が提起された。私と他者の区別と合一、個と集合の区別と合一を両立させる情報体は、ポリフォニックなサイバースペースを形成する。多層的で多様な価値観を併せ持つ豊かな世界を切り開く可能性が、情報体という概念を通して示された。

たしかに情報体という概念は、捉えるのが容易ではない。そもそも、分けながら合一させるという試みは矛盾としか思われない。しかし、一見、固定的で閉じた理解にとどまるおそれのあるデカルトに由来する主体や客体を、集合体やネットワークへと結びつけうるものとして捉え直すことができたのは、柔軟性のある情報体概念のおかげである。この広い射程を持つ概念は、今後の社会情報学の研究においても、大きな示唆を与えてくれるであろう。

本論を通して得た最も大きな収穫は、情報体という概念を様々なレベルや側面において展開しうる可能性に気づいたことである。今後は、まさに書きながら生まれた情報体概念を、実際的研究と関連させて、たとえば情報工学や情報科学との共同研究へと結びつけることができれば幸いである。社会情報学の実践面に触れることによって、情報体概念もさらに彫琢され、深まっていくに違いない。

# あとがき

本書は、二〇一二年に受理された博士論文をもとに加筆修正を施したものである。出版まで思いのほか時間がかかってしまったが、議論そのものはそれほど古びていないのではないかと自負している。何よりも長年取り組んできたデカルト哲学と情報学の融合について、本書ではその一つの可能性を情報体という新しい概念とともに提起することができたことが大きな成果であった。

私に多大なる影響を与え、学部時代からながきにわたりきめ細やかな指導をしてくださった米山優先生に深く感謝をしたい。本書は、先生の思想の営みから何とか脱却しようとしつつ、しかしいまだにその枠組みにとらえられている私の研究が、一つの突破口を見つけることのできた軌跡でもある。

また、定期的に私の論文を読み、有益なコメントを惜しみなく与えてくれた研究室のメンバーにも感謝したい。とりわけ井上寛雄君と清水高志さんには、ゼミの時間だけでなく雑談やメールのやり取りでも大きなヒントをいただいた。私と非常に近い研究テーマに取り組みながらも、アプローチのまったく異なる立場からの指摘は、刺激的でもあり別の思考を喚起するものでもあった。本書には私の名前が冠されているが、その内容は、私と先生と研究室のメンバーの思考が重なり合い、入り組み合い、もはや誰のものとも言えない知の集合となっている。まさに、私の研究テーマの一つである集合的知性の一つの実現となった。

最後に、口頭で説明する私の粗い構想に冷静な反論を試みたり、最終原稿を読んだりと協力してくれた家族に心から感謝する。遅筆の私をここまで支え励ましてくれた家族の存在がなければ出版まで漕ぎ着けられなかったことと思う。

なお本書は大阪産業大学学会の出版助成を受けた。記して感謝する。

丸山圭三郎『カオスモスの運動』講談社学術文庫，1991 年
皆川達夫『中世・ルネサンスの音楽』講談社学術文庫，2009 年
米山優『モナドロジーの美学』名古屋大学出版会，1999 年
米山優『情報学の基礎』大村書店，2002 年
米山優『自分で考える本』NTT 出版，2009 年
米山優『情報学の展開』昭和堂，2011 年
和辻哲郎『倫理学（一)-（四)』岩波文庫，2007 年（初版 1937 - 1949 年）

大澤真幸『〈自由〉の条件』講談社，2008 年
大庭健『他者とは誰のことか』勁草書房，1989 年
岡本薫『著作権の考え方』岩波新書，2003 年
越智貢・土屋俊・水谷雅彦編『情報倫理学』ナカニシヤ出版，2000 年
越智貢編『情報倫理学入門』ナカニシヤ出版，2004 年
加藤典洋『日本の無思想』平凡社新書，1999 年
金子郁容『ボランティア――もうひとつの情報社会』岩波新書，1992 年
金子郁容『コミュニティ・ソリューション』岩波書店，1999 年
川本隆史『現代倫理学の冒険』創文社，1995 年
木田元『メルロ＝ポンティの思想』岩波書店，1984 年
木村敏『関係としての自己』みすず書房，2005 年
熊野純彦『差異と隔たり』岩波書店，2003 年
小林敏明『〈主体〉のゆくえ』講談社，2010 年
坂部恵『仮面の解釈学』東京大学出版会，1976 年
佐々木健一『作品の哲学』東京大学出版会，1985 年
清水高志『セール，創造のモナド』冬弓舎，2004 年
清水高志『来るべき思想史』冬弓舎，2009 年
舘暲『バーチャルリアリティ入門』ちくま新書，2002 年
中村雄二郎『中村雄二郎著作集Ｖ　共通感覚』岩波書店，1993 年
西垣通『基礎情報学』NTT 出版，2004 年
西垣通・竹之内禎編著訳，ルチアーノ・フロリディ，ラファエル・カプーロ，チャールズ・エス『情報倫理の思想』NTT 出版，2007 年
納富信留「知の創発性」『岩波講座哲学 04　知識／情報の哲学』岩波書店，2008 年
濱野智史『アーキテクチャの生態系』NTT 出版，2008 年
福居純『デカルト研究』創文社，1997 年
藤澤令夫『藤澤令夫著作集Ｖ』岩波書店，2001 年
干川剛史『公共圏とデジタル・ネットワーキング』法律文化社，2003 年
松岡正剛『知の編集工学』朝日新聞社，1996 年
松岡正剛『知の編集術』講談社現代新書，2000 年
松岡正剛『フラジャイル』ちくま学芸文庫，2005 年（底本 1995 年）
丸山圭三郎『言葉と無意識』講談社現代新書，1987 年

Rousseau, Jean-Jaques, *Du contrat social*, 1762（ジャン＝ジャック・ルソー『社会契約論』桑原武夫・前川貞次郎訳，岩波文庫，1954 年）
Ryle, Gilbert, *The concept of mind*, A Peregrine book, 1963（1st ed. 1949）（ギルバート・ライル『心の概念』坂本百大・井上治子・服部裕幸訳，みすず書房，1987 年）
Semprini, Andrea, *Le multiculturalisme*, P.U.F., 1997（アンドレア・センプリーニ『多文化主義とは何か』三浦信孝・長谷川秀樹訳，白水社，2003 年）
Serres, Michel, *Le parasite*, Grasset, 1980（ミシェル・セール『パラジット』及川馥・米山親能訳，法政大学出版局，1987 年）
Serres, Michel, *Atlas*, Editions Julliard, 1994（『アトラス』及川馥・米山親能・清水高志訳，法政大学出版局，2004 年）
Shannon, Claude and Weaver, Warren, *The Mathematical Theory of Communication*, The University of Illinois Press, 1949（シャノン，ウィーヴァー『コミュニケーションの数学的理論』長谷川淳・井上光洋訳，明治図書，1969 年）
Taylor, Charles, Appiah, K. Anthony, Habermas, Jürgen, Rockefeller, Steven C., Walzer, Michael and Wolf, Susan, Edited and Introduced by Gutmann, Amy, *Multiculturalism: Examining the Politics of Recognition*, Princeton University Press, 1994（チャールズ・テイラー，ユルゲン・ハーバーマス他著『マルチカルチュラリズム』佐々木毅他訳，岩波書店，1996 年）
Virilio, Paul, *Cybermonde, la politique du pire*, Textuel, 1996（ポール・ヴィリリオ『電脳世界――最悪のシナリオへの対応』本間邦雄訳，産業図書，1998 年）
芥川龍之介『芥川龍之介全集（4）』ちくま文庫，1987 年
東浩紀『情報環境論集』講談社，2007 年
市野川容孝『社会』岩波書店，2006 年
井上忠『哲学の現場』勁草書房，1980 年
井上忠『モイラ言語――アリストテレスを越えて』東京大学出版会，1988 年
井上達夫『共生の作法』創文社，1986 年
井上達夫・名和田是彦・桂木隆夫『共生への冒険』毎日新聞社，1992 年
今福龍太『身体としての書物』東京外国語大学出版会，2009 年
今村仁司『交易する人間――贈与と交換の人間学』講談社，2000 年
大澤真幸『電子メディア論』新曜社，1995 年

Merleau-Ponty, Maurice, *Phénoménologie de la perception*, Gallimard, 1985（1er éd. 1945）（モーリス・メルロ＝ポンティ『知覚の現象学１』竹内芳郎・小木貞孝訳，みすず書房，1967 年）

Merleau-Ponty, Maurice, *La structure du comportement*, P.U.F., 1977（1er éd. 1942）（モーリス・メルロ＝ポンティ『行動の構造』滝浦静雄・木田元訳，みすず書房，1964 年）

Nietzsche, Friedrich, *Jenseits von Gut und Böse*, Nauman, 1886（フリードリヒ・ニーチェ『善悪の彼岸』木場深定訳，岩波文庫，1970 年）

Ong, Walter, *Orality and Literacy*, Methuen, 1982（ウォルター・オング『声の文化と文字の文化』桜井直文・林正寛・糟谷啓介訳，藤原書店，1991 年）

Pascal, Blaise, *Pensées*（ブレーズ・パスカル『世界の名著 パスカル』『パンセ』前田陽一訳，中央公論社，1966 年）

Plato, *Apologia Socaratis*（プラトン『ソクラテスの弁明・クリトン』久保勉訳，岩波文庫，1964 年）

Plato, *Meno*（プラトン『メノン』藤澤令夫訳，岩波文庫，1994 年）

Plato, *Phaedrus*（プラトン『パイドロス』藤澤令夫訳，岩波文庫，1967 年）

Plato, *Theaetetus*（プラトン『テアイテトス』田中美知太郎訳，岩波文庫，1966 年）

Plato, *Republic*（プラトン『国家（上）』『国家（下）』藤澤令夫訳，岩波文庫，1979 年）

Polanyi, Michael, *The tacit dimension*, Peter Smith, 1966（マイケル・ポランニー『暗黙知の次元』高橋勇夫訳，ちくま学芸文庫，2003 年）

Polanyi, Michael, *Personal knowledge*, The University of Chicago Press, 1958（マイケル・ポランニー『個人的知識』長尾史郎訳，ハーベスト社，1985 年）

Poster, Mark, *The mode of information*, Polity Press, 1990（マーク・ポスター『情報様式論』室井尚・吉岡洋訳，岩波現代文庫，2001 年）

Renaut, Alain, *L'ère de l'individu: contribution à une histoire de la subjectivité*, Gallimard, 1989（アラン・ルノー『個人の時代：主観性の歴史』水野浩二訳，法政大学出版局，2002 年）

Rousseau, Jean-Jaques, *Discours sur l'origine et les fondements de l'inégalité parmi les hommes*, 1755（ジャン＝ジャック・ルソー『人間不平等起原論』本田喜代治・平岡昇訳，1972 年）

2002 年）
Kant, Immanuel, *Grundlegung zur Metaphysik der Sitten*, 1785（イマヌエル・カント『世界の名著カント』「人倫の形而上学の基礎づけ」野田又夫訳，中央公論社，1972 年）
Kripke, Saul A., *Naming and necessity*, B. Blackwell, 1980（ソール・A・クリプキ『名指しと必然性』八木沢敬・野家啓一訳，産業図書，1985 年）
Landow, George P., *Hypertext: The convergence of contemporary critical theory and technology*, Johns Hopkins University Press, 1992（ジョージ・P・ランドウ『ハイパーテクスト』若島正・板倉厳一郎・河田学訳，ジャストシステム，1996 年）
Lévinas, Emmanuel, *Totalité et infini: essai sur l'extériorité*, 4e éd, Nijhoff, 1971（1er éd. 1961）（エマニュエル・レヴィナス『全体性と無限（上）』熊野純彦訳，岩波文庫，2005 年，『全体性と無限（下）』熊野純彦訳，岩波文庫，2006 年）
Lévinas, Emmanuel, *Autrement qu'être ou au-delà de l'essence*, Nijhoff, 1974（『存在するとは別の仕方で』合田正人訳，朝日出版社，1990 年）
Lévi-Strauss, Claude, *La pensée sauvage*, Plon, 1962（レヴィ＝ストロース『野生の思考』大橋保夫訳，みすず書房，1976 年）
レヴィ＝ストロース，クロード『構造・神話・労働』大橋保夫編，みすず書房，1979 年
Lévy, Pierre, *L'intelligence collective*, La Découverte, 1994（ピエール・レヴィ『ポストメディア人類学に向けて――集合的知性』米山優・清水高志・曽我千亜紀・井上寛雄訳，水声社，2015 年）
Lévy, Pierre, *Qu'est-ce que le virtuel?*, La Découverte, 1995（ピエール・レヴィ『ヴァーチャルとは何か？』米山優監訳，昭和堂，2006 年）
Lih, Andrew, *The Wikipedia revolution*, Hyperion, New York, 2009（アンドリュー・リー『ウィキペディア・レボリューション』千葉敏生訳，早川書房，2009 年）
Lyotard, Jean-François, *La condition postmoderne*, Editions de Minuit, 1979（ジャン＝フランソワ・リオタール『ポスト・モダンの条件』小林康夫訳，星雲社，1986 年）
Marion, Jean-Luc, *Sur l'ontologie grise de Descartes*, Vrin, 2000（1er éd. 1975）
Marion, Jean-Luc, *Questions cartésiennes II*, P.U.F., 1996

Fichant, Michel, *Science et métaphysique dans Descartes et Leibniz*, Paris, PUF, 1998
Foucault, Michel, *L'archéologie du savoir*, Gallimard, 1969（ミシェル・フーコー『知の考古学』中村雄二郎訳，河出書房新社，1970 年）
フーコー，ミシェル『ミシェル・フーコー思考集成Ⅲ』蓮實重彦・渡辺守章監修，筑摩書房，1999 年
Freud, Sigmund, *Gesammelte Werke, Bd. XIV*, Frankfurt/M., 1986（ジグムント・フロイト『フロイト全集第 20 巻』高田珠樹訳，岩波書店，2011 年）
Gouhier, Henri, *La pensée métaphysique de Descartes*, Paris, Vrin, 1962
Gourdain, Pierre, O'Kelly, Florence Roman-Amat, Béatrice Soulas, Delphine et von Droste zu Hülshoff, Tassilo *La révolution wikipédia: Les encyclopédies vont-elles mourir ?*, Mille et une nuits, 2007
Guéroult, Martial, *Descartes selon l'ordre des raisons*, tome I et II, Paris, Aubier, 1968（1er éd. 1953）
Habermas, Jürgen, *Strukturwandel der Öffentlichkeit*, H. Luchterhand Verlag GmbH, 1962（ユルゲン・ハーバーマス『公共性の構造転換』細谷貞雄訳，未來社，1973 年）
Habermas, Jürgen, *Faktizität und Geltung*, Suhrkamp, 1992（『事実性と妥当性（上）』河上倫逸・耳野健二訳，未來社，2002 年，『事実性と妥当性（下）』河上倫逸・耳野健二訳，未來社，2003 年）
Habermas, Jürgen, *Die Einbeziehung des Anderen*, Suhkamp Verlag, 1996（『他者の受容』高野昌行訳，法政大学出版局，2004 年）
Halavais, Alexander, *Search engine society: Digital media and society series*, Polity, 2008（アレクサンダー・ハラヴェ『ネット検索革命』田畑暁生訳，青土社，2009 年）
Hamacher, Werner, *Heterautonomien*, Berlin, Akademie Verlag, 2003（ヴェルナー・ハーマッハー『他自律――多文化主義批判のために』増田靖彦訳，月曜社，2007 年）
Jay, Martin, *Refractions of violence*, Routledge, 2003（マーティン・ジェイ『暴力の屈折』谷徹・谷優訳，岩波書店，2004 年）
Johnson, Deborah, *Computer ethics*, 3rd ed, Prentice Hall, 2001（1st ed. 1985）（デボラ・ジョンソン『コンピュータ倫理学』水谷雅彦・江口聡監訳，オーム社，

（ハンス・ブルーメンベルク『コペルニクス的宇宙の生成 I』後藤嘉也・小熊正久・座小田豊訳，法政大学出版局，2002 年）
Bolter, Jay David, *Writing Space*, Lawrence Erlbaum Associates, 1991（ジェイ・ディヴィッド・ボルター『ライティングスペース』黒崎政男・下野正俊・伊古田理訳，産業図書，1994 年）
Bolz, Norbert, *Weltkommunikation*, Wilhelm Fink Verlag, 2001（ノルベルト・ボルツ『世界コミュニケーション』村上淳一訳，東京大学出版会，2002 年）
Bolz, Norbert, *Am Ende der Gutenberg-Galaxis: die neuen Kommunikations verhältnisse*, Wilhelm Fink Verlag, 1993（ノルベルト・ボルツ『グーテンベルク銀河系の終焉――新しいコミュニケーションの姿』識名章喜・足立典子訳，法政大学出版局，1999 年）
Debray, Regis, *Manifestes médiologiques*, Gallimard, 1994（レジス・ドゥブレ『メディオロジー宣言』西垣通監修，嶋崎正樹訳，NTT 出版，1999 年）
Debray, Regis, *Cours de médiologie générale*, Gallimard, 1991（レジス・ドゥブレ『一般メディオロジー講義』西垣通監修，嶋崎正樹訳，NTT 出版，2001 年）
Deleuze, Gilles, *Différence et répétition*, PUF, 1968（ジル・ドゥルーズ『差異と反復』財津理訳，河出書房新社，1992 年）
Deleuze, Gilles, *Deux régimes de fous*, Editions de Minuit, 2003（ジル・ドゥルーズ『狂人の二つの体制 1975－1982』宇野邦一監修，河出書房新社，2004 年）
Derrida, Jacques, *De l'hospitalité*, Calmann-Lévy, 1997（ジャック・デリダ『歓待について』廣瀬浩司訳，産業図書，1999 年）
Derrida, Jacques, Papier machine, Galilée, 2001（『パピエ・マシン（上）』『パピエ・マシン（下）』中山元訳，ちくま学芸文庫，2005 年）
Dosse, François, *Histoire du structuralisme: I. Le champ du signe, 1945－1966*, La Découverte, 1991（フランソワ・ドッス『構造主義の歴史（上）』清水正・佐山一訳，国文社，1999 年）
Dosse, François, *Histoire du structuralisme: II. Le chant du cygne, 1967 à nos jours*, La Découverte, 1992（フランソワ・ドッス『構造主義の歴史（下）』仲澤紀雄訳，国文社，1999 年）
Eco, Umberto, *Opera aperta*, Bompiani, Milano, 1967（ウンベルト・エーコ『開かれた作品』篠原資明・和田忠彦訳，青土社，2002 年）

Alain, *Éléments de philosophie*, Éditions Gallimard, 1941
Alain, *Idées*, Paul Hartmann, 1939（アラン『デカルト』桑原武夫・野田又夫訳，みすず書房，1971 年）
Arendt, Hannah, *The Human Condition*, 2nd ed. University of Chicago Press, 1998（1st ed. 1958）（ハンナ・アレント『人間の条件』志水速雄訳，ちくま学芸文庫，1994 年）
Aristoteles, *Metaphysica*（アリストテレス『形而上学（上）』出隆訳，岩波文庫，1959 年，『形而上学（下）』出隆訳，岩波文庫，1961 年）
Aristoteles, *De Arte Poetica*（アリストテレス『詩学』松本仁助・岡道男訳，岩波文庫，1997 年）
Aristoteles, *Pavra Naturalia*（『自然学小論集』副島民雄訳，『アリストテレス全集 6』1968 年）
Assouline, Pierre, et al., *La révolution Wikipédia: les encyclopédies vont-elles mourir?*, Mille et une nuits, 2007（ピエール・アスリーヌ他『ウィキペディア革命――そこで何が起きているのか？』佐々木勉訳，岩波書店，2008 年）
Bakhtin, Mikhail, *Problemy poetiki Dostoevskogo*, Sovetskie pisately, 1963（ミハイル・バフチン『ドストエフスキイ論』新谷敬三郎訳，冬樹社，1974 年）
Barthes, Roland, *Œuvres complètes III 1968 - 1971*, Seuil, 2002（ロラン・バルト『S/Z』沢崎浩平訳，みすず書房，1973 年）
Baudrillard, Jean, *Simulacres et simulation*, Galilee, 1981（ジャン・ボードリヤール『シミュラークルとシミュレーション』竹原あき子訳，法政大学出版局，1984 年）
Baudrillard, Jean, *Les stratégies fatales*, Grasset, 1983（ジャン・ボードリヤール『宿命の戦略』竹原あき子訳，法政大学出版局，1990 年）
Bergson, Henri, *L'evolution créatrice*, P.U.F., 1907（アンリ・ベルクソン『創造的進化』真方敬道訳，岩波文庫，1979 年）
Bergson, Henri, *Les deux sources de la morale et de la religion*, P.U.F., 1932（『道徳と宗教の二源泉』平山高次訳，岩波文庫，1977 年）
Bergson, Henri, *La pensée et le mouvant*, P.U.F., 1934（『思想と動くもの』河野与一訳，岩波文庫，1998 年）
Beyssade, Jean-Marie, *Descartes au fil de l'ordre*, P.U.F., 2001
Blumenberg, Hans, *Die Genesis der kopernikanischen Welt*, Suhrkamp, 1975

# 参考文献一覧


## Ⅰ. デカルトの著作

*Œuvres de Descartes*, publiées par Ch. Adam et P. Tannery, Paris, 1897 - 1909, réédition Vrin-C.N.R.S., 11 vol., 1964 - 1974

*Correspondance*, publiées par Ch. Adam et G. Millaud, 8 vol., P.U.F., 1936 - 1963

*Œuvres philosophiques de Descartes*, éd. par F. Alquié, 3 vol., Garnier, 1963 - 1973

*Entretien avec Burman*, traduction et annotation par J.-M. Beyssade, P.U.F., 1981

*Règles utiles et claires pour la direction de l'esprit en la recherche de la vérité*, traduction selon le lexique cartésien, et annotation conceptuelle par J.-L. Marion, avec des notes mathématiques de Pierre Costabel, Martinus Nijhoff, La Haye, 1977

『世界の名著　デカルト』野田又夫編，中央公論社，1967 年

『デカルト著作集』全四巻，三宅徳嘉他訳，白水社，1973 年

『精神指導の規則』野田又夫訳，岩波文庫，1974 年

『デカルト＝エリザベト往復書簡』山田弘明訳，講談社学術文庫，2001 年

『省察』山田弘明訳，ちくま学芸文庫，2006 年

『デカルト全書簡集』全八巻，山田弘明他訳，2012 - 2016 年

## Ⅱ. その他の著作

Agamben, Giorgio, *La potenza del pensiero: Saggi e conferenze*, Neri Pozza, 2005（ジョルジョ・アガンベン『思考の潜勢力』高桑和巳訳，月曜社，2009 年）

Alain, *Système des beaux-arts*, Éditions Gallimard, 1920（アラン『芸術の体系』長谷川宏訳，光文社古典新訳文庫，2008 年）

Alain, *Vingt leçons sur les beaux-arts*, Éditions Gallimard, 1931（アラン『アラン著作集 5　芸術についての二十講』安藤元雄訳，白水社，1983 年）

## タ　行



## ナ　行



## ハ　行



## ラ　行

## カ　行



## サ　行

## マ　行



## ヤ・ラ・ワ　行



# 事項索引

## ア　行

# 人名索引

■著者略歴
曽我千亜紀（そが・ちあき）
1996年　名古屋大学文学部哲学科卒業。
1998年　名古屋大学人間情報学研究科博士前期課程修了。
2001年　カン大学文学部哲学科 D.E.A. 課程修了。
2004年　名古屋大学人間情報学研究科博士後期課程単位取得満期退学。
現　在　大阪産業大学人間環境学部准教授（専攻／哲学・倫理学）。D.E.A.（哲学）（カン大学）。博士（情報科学）（名古屋大学）。
著　作　『よくわかる社会情報学』〔共著〕（ミネルヴァ書房，2015年），ピエール・レヴィ『ポストメディア人類学に向けて——集合的知性』〔共訳〕（水声社，2015年），『デカルト全書簡集〈第3巻〉1638－1639』〔共訳〕（知泉書館，2015年），ピエール・レヴィ『ヴァーチャルとは何か？』〔共訳〕（昭和堂，2006年），他。

情報体の哲学
——デカルトの心身論と現代の情報社会論——

2017年1月27日　初版第1刷発行

著　者　曽　我　千　亜　紀
発行者　中　西　健　夫

発行所　株式会社　ナカニシヤ出版
〒606－8161　京都市左京区一乗寺木ノ本町15
TEL　(075)723－0111
FAX　(075)723－0095
http://www.nakanishiya.co.jp/


装幀／白沢　正　印刷・製本／創栄図書印刷
＊乱丁本・落丁本はお取り替え致します。
ISBN978-4-7795-1104-2　Printed in Japan.

## 〈他者〉の逆説
―レヴィナスとデリダの狭き道―
吉永和加

徹底された他者論は、宗教もしくは形而上学へ回帰せざるを得ないのか。あるいは、哲学、宗教、倫理の間に〝狭き道〟を見出すことは可能か。他者、神、言語の境界を問う著者渾身の書。

四二〇〇円＋税

## ドイツ啓蒙主義哲学研究
―「蓋然性」概念を中心として―
手代木 陽

ライプニッツから、ヴォルフ、ランベルト、クルージウス、そしてカント。彼らの「蓋然性」概念の展開を追い、それぞれの哲学体系における蓋然性の位置づけや、合理性との関係まで包括的に解明。

三四〇〇円＋税

## ウィトゲンシュタインの「はしご」
―『論考』における「像の理論」と「生の問題」―
吉田 寛

従来の『論理哲学論考』解釈で断絶して扱われてきた、言語論と倫理という二つのテーマを統合し、本来の思想的内実を浮き彫りに。愚直にも、内在的にウィトゲンシュタインの倫理を読み解いた一冊。

四〇〇〇円＋税

## キリギリスの哲学
―ゲームプレイと理想の人生―
バーナード・スーツ／川谷茂樹・山田貴裕 訳

人生にゲーム以上の意味は無い⁉ 寓話「アリとキリギリス」の〝主人公〟たるキリギリスが、その弟子達と繰り広げる、とびきりユニークで超本格の哲学問答！「ゲームの哲学」の名著、待望の初訳。

二六〇〇円＋税

表示は二〇一七年一月現在の価格です。